# 消費税10%後の日本経済

安達誠司

すばる舎

# プロローグ

２０１９年10月より、いよいよ消費税率が10％に引き上げられる。今回の消費税率引き上げについては最後の最後まで本当に引き上げられるのか、はたまた3度目の凍結になるのかがわからなかった。

その主な理由は最近の経済情勢をめぐる混乱であった。世界的に今、景気は「踊り場」にあり、しかも将来、景気がさらに悪化するリスクが世界中至るところにある。その中でわざわざこのタイミングで消費税率の引き上げを行う意味はどれほどあるのか、という根強い批判が識者だけではなく、多くの国民から寄せられた。

これに参院選や衆議院の解散・総選挙をめぐる政治的な思惑、そして、駆け引きが加わり、7月の参議院選直前まで消費増税見送り論がくすぶった。いろいろと紆余曲折あったものの、最終的には、政府与党は従来通り、消費税率の引き上げを２０１９年10月より実施することを選択した。

これまでの増税不可避論は、「財政破綻」の危機がいつ到来してもおかしくないといわれる日本の財政状況を危ぶみ、できるだけ早いタイミングでの財政再建を訴えるものであった。しかし、今回の消費税率引き上げは（むろん、そのような意味合いもあるとは思うが）主に「社会保障の充実を目的としたもの」という建前になっている。

日本の少子高齢化はこれからますます加速していくことが確実な状況である。したがって、これまた雪だるま式に増えていくことが確実な社会保障費をいかに捻出、充実させていくかは中長期的な日本の課題であることは間違いない。

もし、政府与党が蛮勇をふるって年金支給額の削減などを断行するのであれば話は変わるが、高齢化社会では高齢者の投票率が高くなり、高齢者の意向がより政治に反映されやすくなる。または、そういう状況を候補者が「忖度」することによって、高齢者により手厚い政策に傾斜するリスクが今後さらに高まるかもしれない。

もちろん、何かがきっかけで、高齢者がより若い世代のことを気にかけるようになる可能性も全くなくはない。だが、高齢者寄りの政策が実施されると考えるのであれば、やはり今後もさまざまな形で増税は続くと考えたほうがよいだろう。したがって、もし、読者の方々、特に若い世代がこれ以上の増税に反対であるならば、選挙でもって、政権交代を可能にするよう積極的に政治に参加しなければならない。

強引な増税によって国民生活を困窮させた与党にお灸を据えるのはよい。だが、与党に代わって、現在の野党の中に増税に頼らず社会保障を充実させ、国民生活を豊かにしてくれる政治家は存在するのだろうか。

現状で考えれば、極めて残念ながら、対抗する野党の多くの議員も、選挙直前までは日本の財政状況は危ういとして増税に賛成していた。さらにいえば、特に「マニフェスト（今や懐かしい響きだが）」で、「増税に頼らず、大胆な歳出削減で財政再建を断行する」ことを公約していた旧民主党は、いざ、政権を獲るとそれをあっさり反故にし、自民党、公明党との「三党合意」をリードして消費税率引き上げを決めた。このような野党の重大な「前科」を考えると、野党がいくら増税反対を叫んでも、それは単なる選挙のための戦術に過ぎないかもしれず、そのまま信じるわけにもいくまい。

もっとも野党の中には、この旧民主党の影響力の枠外に位置する議員も少数だが存在する。彼らは「緊縮財政（増税も含む）からの脱却」を強く主張しており、2019年7月の参院選では一定の評価を得たと考えられるが、筆者は、彼らが提案する財政政策も多くの問題点を抱えており、彼らの主張する政策がそのまま実際の政策に適用可能とも思えない。

このような、ある意味「絶望的」な政治状況の中で、われわれが真剣に考えるべきことは、これから本格化するであろう「増税時代」をどう生き抜くかではなかろうか。

そして、この点については、個々人の置かれた立場で状況はかなり異なってくると思う。重要なのは、メディアで流される情報を鵜呑みにするのではなく、「自分の頭で考える」ということではなかろうか。

本書は、読者自身が来たるべき増税時代の中をどのように生きていけばいいのかを「自分の頭で考える」ための一助になればと思い、執筆した。

そこで本書では、まずは、公表されている経済データを用いて、

❶現在の日本経済の現状を客観的に記述する。

❷特に、前回（2014年4月から）の消費税率引き上げに際して、家計、および家計に関連する産業の業況がどのように変わったのかを検証し、その背景にどのような経済原理が隠されているのかを考える。

これらの作業を通じて、安倍政権での2回目の消費税率引き上げで、日本経済にどのよ

うな変化が起きるかを展望する。

もちろん、増税の影響は個々の企業や個々の家計、もしくは個人によって大きく異なる。そのため、「一般論」ではいえないことがたくさんある。

例えば、親が資産家で土地や有価証券を多く有する人、親から事業を継承する可能性が高い人にとっては、相続税などの資産課税を強化すれば、その負担が大きく増えるため、資産課税の強化には大反対であるし、将来の生活にも深刻な影響が及ぶかもしれない。

一方、筆者のように、親から相続する資産がほとんどない人間にとっては、１８００兆円にも上る、莫大な個人金融資産残高の70％以上を60歳以上の高齢者が保有する現在の日本にとって、相続税をはじめとする資産残高に対する大幅増税が「正しい道」だと考えるのはある意味当然のことだろう。

このように、税の問題を一般論として考えるのは非常に難しい。しかも、「増税」といっても所得税、法人税、消費税、相続税等、さまざまであり、どの税が増税になるかで企業や個人に対する影響は大きく異なる。そのため、増税後の日本経済の下では、読者一人ひとりが自分の頭で考えて自分の責任でもって行動することが必要なのであり、本書では、そのための考え方の材料、フレームワークを提供することを目的としたい。したがって、現在の政府与党をいたずらに批判して「溜飲を下げて」終わるというような無意味なエンターテインメントはやらないし、有利な節税方法を指南するような杓子定規な「お手軽ハウツー本」でもない。

また、重要な論点を捨象《しゃしょう》して過度に議論を単純化して表面的なわかりやすさを提供することもしない。筆者の印象では、現在の経済状況の下では、経済に関する話はわかりやすさだけを求めて議論を単純化すると、むしろ大間違いをしでかして、大きな損失を被りかねない状況になっているからである。

すでに言及したように、10月より消費税率が8%から10%に引き上げられる。今回の消費税率引き上げは、主に社会保障の充実のための財源に充てるとされており、これに納得した国民が多かったので政府与党は2019年7月の参院選で負けなかったのであろう。

また、今回の消費税率引き上げを好意的に捉えれば、消費税で徴収したお金は、子育て世帯へ支給され、子育てのために還元される。その結果、全体でみれば影響はプラスマイナスゼロになるという見方も成立しなくもない。さらにいえば、消費税率引き上げの際のさまざまな混乱（突然の値上げなど）の緩和策として、軽減税率や中小小売店等でのポイント還元といった措置も講じられている。

この今回の消費税率引き上げの影響については後の章で詳細に言及したいと思うが、筆者の考えを先にいうと、現在、メディアなどで取り上げられている話題は、表面的な「収支」の問題であって、経済全体への影響は別の面に大きく現れると考える。

具体的にいえば、まだデフレの影響下にある経済では、中長期的にみて将来の所得が増えていく展望が描けないので、増税には節約でもって対応するしかないというのが多くの家計の考え方のベースになるだろう。

節約志向が高まれば高まるほど消費量は落ちていく。したがって、社会保障の充実という「正当な」理由があるとしても、今、政府が優先すべきはデフレ脱却によって将来の所得増が見込める経済環境に変えることであると考える。

しかも現状は、デフレ脱却は、まだはるか遠くで全く見渡せないというわけではない。むしろ、これまで20年以上の長きにわたって実現できなかったデフレ脱却があともう少しのところまで来ている状況でもあるのだ。

現に、長期間ほぼ横ばいトレンドであった名目ＧＤＰの水準は、最近になって、その横ばいトレンドを突破しつつある(↓次ページ図表1－1)。

図表1-1. 日本の名目GDPの水準の推移

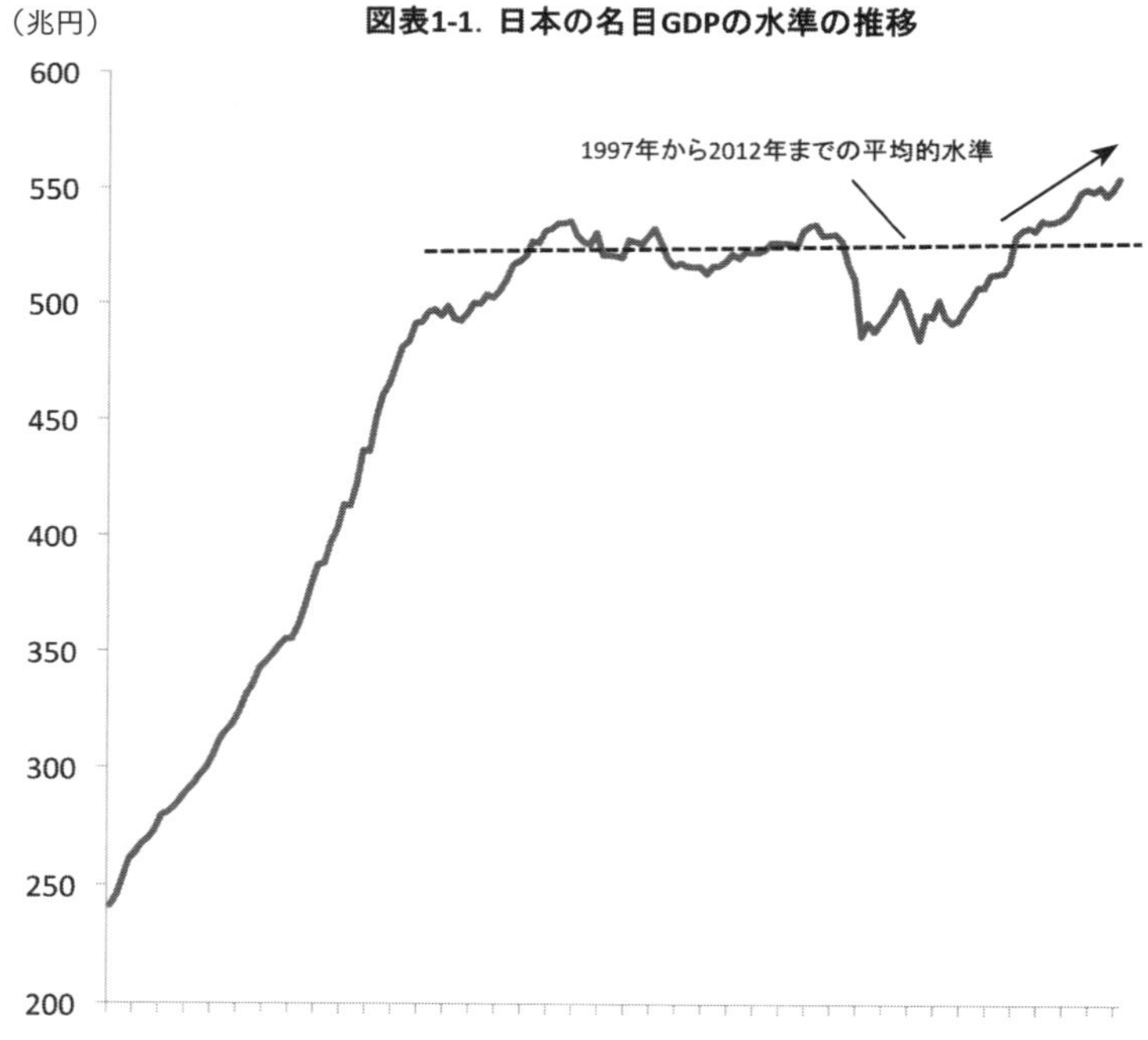


出所：内閣府データより作成

筆者の個人的な見方では、今はデフレ脱却の絶好の好機であり、このタイミングでの消費増税は「もったいない」という気持ちでいっぱいなのである。

今回の増税それ自体が日本経済を再びデフレの罠に陥れるほどのインパクトがあるわけではないと思うが、その一方で、世界経済をはじめ、外部環境の不透明さも日に日に増している。したがって、一転、外部環境の暗転との相乗効果で日本経済が再デフレに陥る可能性もないとはいえない。

そこで、本書では、最近の財政政策に対する考え方の変化についても言及したい。より具体的にいうと、日本のメディアでは、いまだに日本の財政危機を案ずる論調がほとんどすべてであるが、最近は世界的な超低金利を背景に、以前ほど財政再建に執着する必要はないとの見解が出始めている。

すなわち、「低成長から脱するためには、財政の力を借りざるを得ない」という認識が世界で共有されつつある。日本も「デフレ脱却が確かなものになるまで」という条件で財政を発動する時期に来ているのかもしれない。

債券市場では国債利回りが急低下し(これは、投資家が国債購入を急激に増やした結果だが)、スイスやドイツ、日本では10年物の国債利回りがマイナスに、アメリカも2%を割り込む状況である。この国債利回り急低下の背景についてもさまざまな議論があるが、リーマンショック後の世界景気は、最悪期は脱したものの、リーマンショック以前の成長経路になかなか戻れない状況が続いていることが大きな要因ではないかと考える(図表1-2)。

特に先進国がリーマンショックの痛手から完全に立ち直っていない状況であるのに加え、中国を中心とした新興国も構造的に高成長局面を終えつつある。これにさらに輪をかけたのが米国トランプ大統領の「対中冷戦」政策である。これによって、中国経済の成長率はさらに低下し、この煽りを喰う形で、これまで中国経済に依存していた東アジア周辺諸国の経済成長率も軒並み低下している。日本もその例外ではない。

世界的に経済成長の余力が減少しつつある局面では、株式市場は元気を失う。基本的に株式投資とは、企業の将来の成長力にベット(賭ける)することを意味するからだ。そうすると、世界の投資家のマネーは債券市場(特に国債市場)に流入するしかない。世界的な低成長期の金利低下はこのようなメカニズムで生じていると考えられる。

このような株式投資の魅力度が相対的に低下してしまった低成長局面において、主要国の政府は財政再建のために緊縮財政を断行した。これは、リーマンショック時の危機対応

図表1-2. 世界の実質GDP成長率の推移

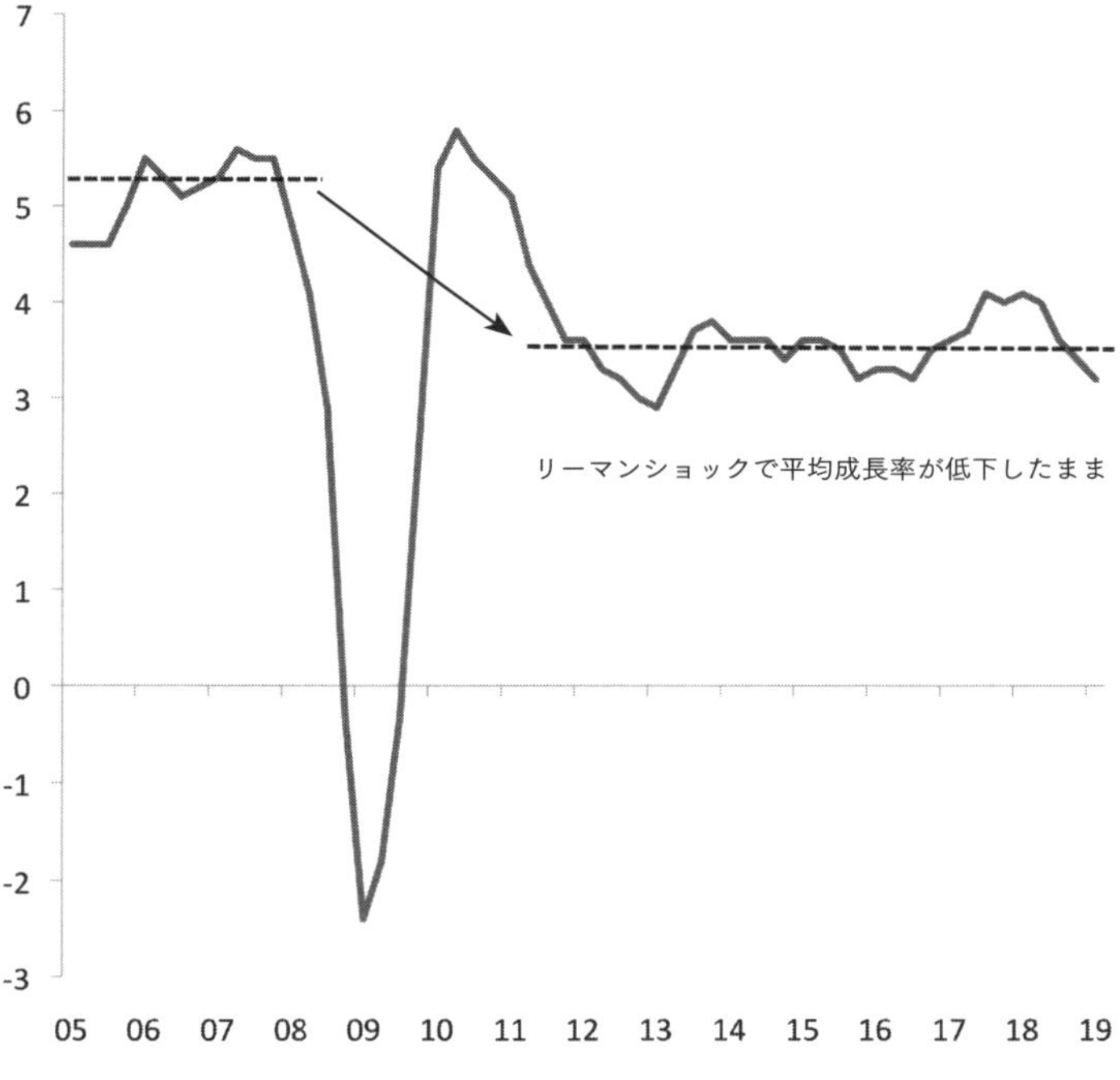


出所：IMFデータより作成

として緊急避難的に財政支出を拡大し、この結果、政府債務残高が累増してしまったからである。

また、リーマンショック後、間髪を入れず、財政状況が悪化していることが判明したギリシャ、ポルトガル、スペイン、イタリア等を中心に、ユーロ圏で欧州債務危機が発生したことも、主要国政府が緊縮財政に傾斜する要因になったかもしれない。

この結果、世界の投資マネーが株式市場から国債市場に流れ込むという状況が生じた。先進主要国の国債はまずデフォルト（債務不履行）にはならないので「安全資産」といわれているが、この「安全資産」である国債が世界で品薄状態となり、金利が急低下する事態に陥ったという側面もある。これは経済学者の間では、「Safety Trap（安全資産の罠）」といわれている。

このような低成長局面が短期で終息する見通しがあれば、やるべきマクロ経済政策は金融緩和というのが、これまでの主流派経済学のセオリーであった。だが、リーマンショック以降、主要国で金融緩和は大幅に進んでおり、中央銀行が金融政策で操作する政策金利は軒並みゼロ、もしくは、特殊な仕組みでもってマイナスになってしまっていた。

先進主要国の中央銀行の多くは、この政策金利の引き下げに加え、積極的な資金供給を行う「量的緩和政策」を実施していた。この中央銀行による「量的緩和政策」は、中央銀行が国債市場でもって金融機関から国債を購入する代わりに資金(現金等価物)を金融機関に供給する仕組みである。だが、前述のように、先進主要国では、財政再建という「縛り」から国債を十分に供給できていない状況であった。そのため、政府が財政再建を行っている状況下では、これ以上中央銀行が国債を購入することも困難となり、事実上、金融政策主導の経済政策は限界を迎えつつある。

以上のような状況をみて、米国を中心に学界のスタンスが変化し始めた。「現状のような低金利低成長局面がしばらく続くのであれば、必ずしも政府は財政再建にとらわれる必要性はないのではないか」という議論がなされるようになったのである。

一方、政治を取り巻く環境も変わりつつある。

イギリスでは、国民による景気低迷下での緊縮財政に対する批判が、「Brexit(イギリスのEUからの離脱)」という形で結実し、イギリス政界を大混乱させている。フランスでも政府の財政緊縮策に抗議した暴動が起きている。米国では、民主党左派のバーニー・サンダース上院議員のブレーンといわれる経済学者の間で、思い切った財政出動をサポートする主張がなされ、それが大きな反響を呼んでいる（MMTといわれる）。

そして、このような財政政策をめぐる新しい流れが日本にも押し寄せつつある。特に、2019年7月の参院選で一大旋風を巻き起こした「れいわ新撰組」は、米国で旋風を巻き起こした左派の財政の考え方を日本に取り入れて選挙活動を展開させた。「れいわ新撰組」は典型的なポピュリズム政党である（党首自身がそれを認めている）と考えるが、彼らの主張が決して少なくない国民をひきつけているのもまた事実である。

これまで日本の報道では、「日本の財政状況が主要先進国の中でも突出して厳しく、財政再建に最優先で取り組まなければ日本の将来は危うい」という話が「常識」のように語られていたが、今後、日本がこの財政再建の制約から解き放たれるか否かも重要な論点だろう。

これに関連して本書では、最近の世界における財政政策論の動きについても言及したいと思う。

もし、今回の10％への消費税率引き上げが、少子高齢化社会の進展にともなう「大増税時代」の第一歩であるならば、今後の増税スケジュール次第では、日本経済はますます活力を失うことが懸念される。

日本は少子高齢化で人口は減少していく可能性が高い。このような状況下で、高い成長率を回復していくとすれば、かなり大胆な技術革新のための投資が行われるだろう。この手の投資は「ハイリスク・ハイリターン」で競争も激しい。

一方、今後も低成長が続くとすれば、限られた「パイ」を奪い合うという争いが企業でも個人でも激化することが容易に想像できる。

いずれにせよ、厳しい競争に晒《さら》される、これからの社会・経済をどう生き抜いていけばよいのか。本書を真剣に読んでいただいた方が、この競争に勝ち抜くことを期待しながら、章を進めていきたい。

消費税10％後の日本経済　目次



## 第1章 日本および世界経済の現状

## 第2章 財政再建論の転換
### ～世界の潮流から取り残されつつある日本～

第3章

# 「消費税10％時代」の日本経済の姿

# 第4章 日本の税のあり方をどのように考えるか？

## ～国民目線の税制改革の方向性～

# 第1章 日本および世界経済の現状

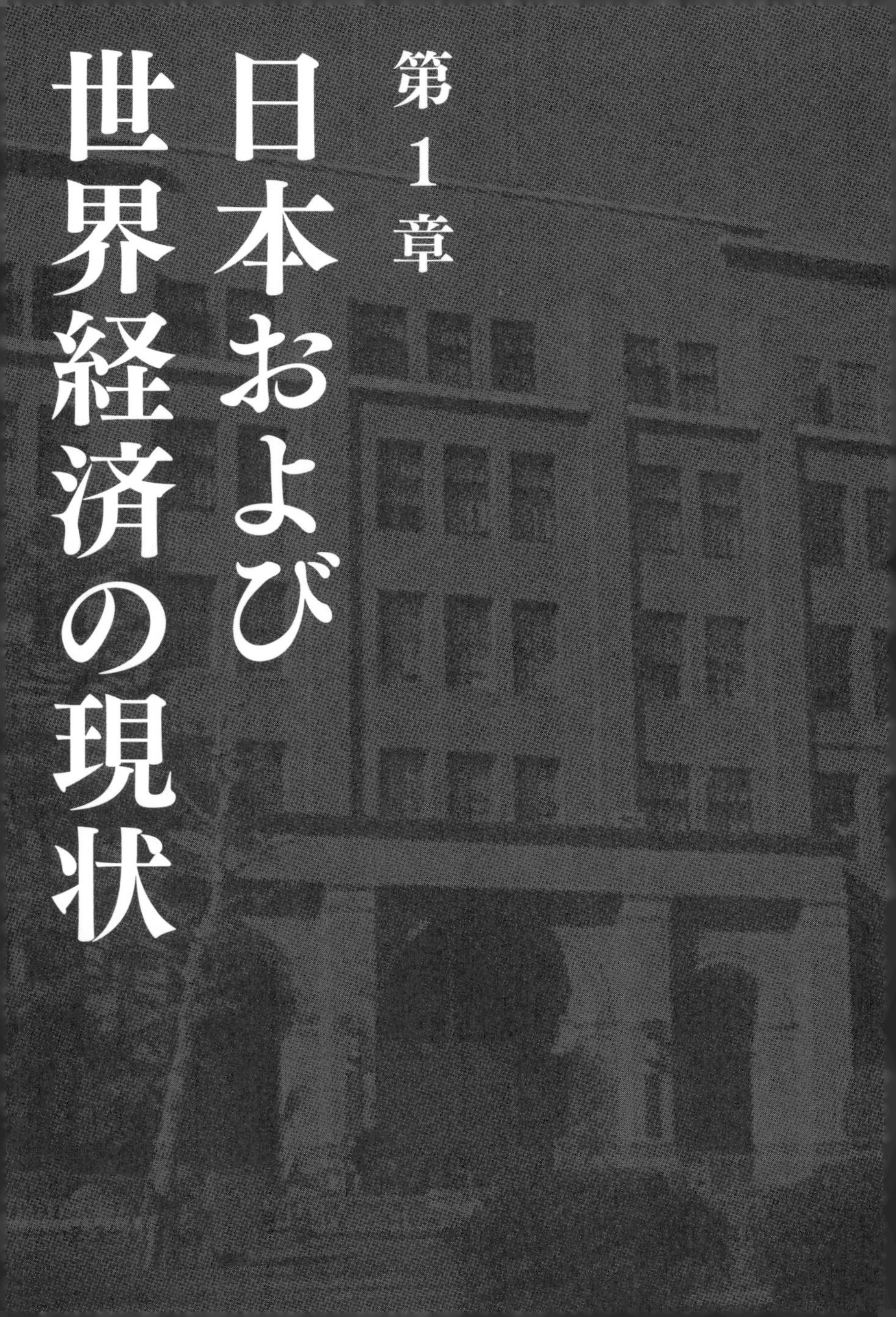

# 1. GDP統計からみる日本経済の現状

ここではまず、現在の日本、および世界経済の状況を確認したいと思う。

まず日本経済だが、日本経済全体の状況を示す、最も有名な経済指標が「GDP」である。GDP統計は、家計消費、民間設備投資、民間在庫投資、住宅投資、政府（公共）投資、輸出入などの項目に分かれている。そもそも「GDP」という統計指標自体は存在しない。GDPは、それぞれに関連する膨大な経済指標を組み合わせて人工的に作成されている。つまり、GDPはいわば人工的な経済の総合指標である。

その直近（執筆時）のデータは、2019年8月9日に発表された2019年4～6月期のGDP第1次速報値である。「ヘッドライン」といわれる2019年4～6月期の実質GDP成長率は、季節調整済み前期比で+0.4%（年率換算では+1.7%）と、事前のエコノミスト予想を上回る伸びで、まずまずの結果であった。

内訳をみると、輸出から輸入を差し引いた「外需（正式には純輸出といわれる）」の実質GDP成長率全体に対する寄与度は-0.3%と全体の成長率を押し下げた。だが「内需」は+0.7%

と堅調であった（寄与度なので、両者を足すと+0.4%となり、実質ＧＤＰ成長率の伸び率に一致する）。

そこで、あらためて、２０１９年４～６月期のＧＤＰ統計の内容を主要項目別に振り返ってみよう。

まず、ＧＤＰ統計で景気をみる際に重要な項目は、民間最終消費（簡単にいえば個人消費）、民間設備投資、輸出の３項目である。民間最終消費支出は前期比で+0.6%、民間設備投資が同+1.5%、輸出は-0.1%であった。輸出を除けばまずまずの結果であった。

このうち、個人消費は、前回の消費税率引き上げが実施される前の２０１３年７～９月期に、金額ベースでは３００兆円に到達した。だが、２０１４年４月に実施された消費税率引き上げ直後から３００兆円を割り込み、２０１８年７～９月期まではずっと３００兆円割れで推移してきた。だが、２０１８年末（10～12月）に再び３００兆円台に回帰して以降、増加基調を強めつつある。

ＧＤＰ統計は１９９４年１～３月期以降から現在の基準で算出されているが、１９９４年以降の個人消費の動きをみると、２度の消費税率引き上げ（１９９７年4月、２０１４年４月）を契機に、増加トレンドが鈍化していることがわかる（↓次ページ図表２－１）。

今回、２０１９年10月より消費税率引き上げが実施されるが、過去２回の事例を鑑みる

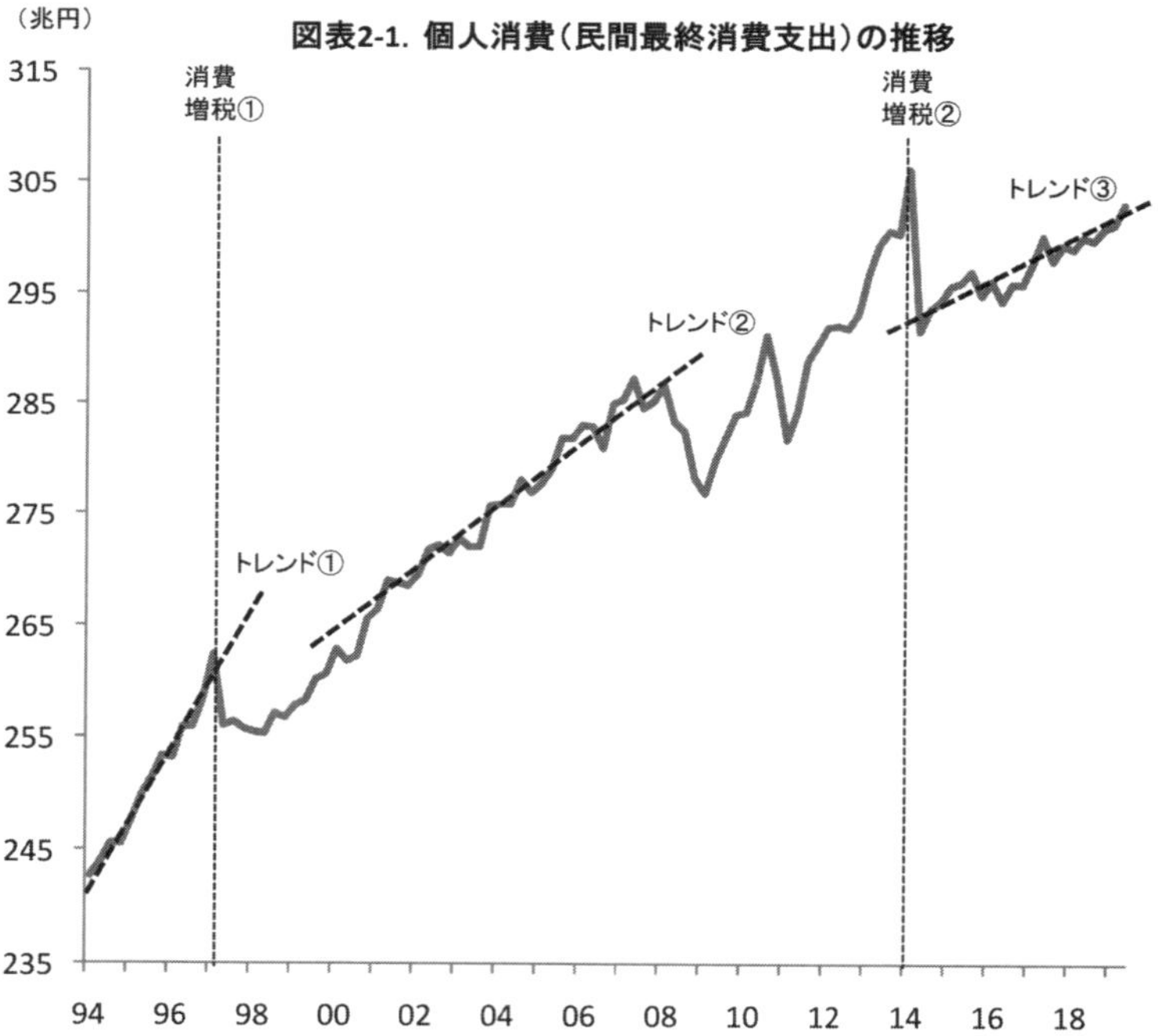

出所：内閣府データより作成

図表2-2. 民間設備投資の推移

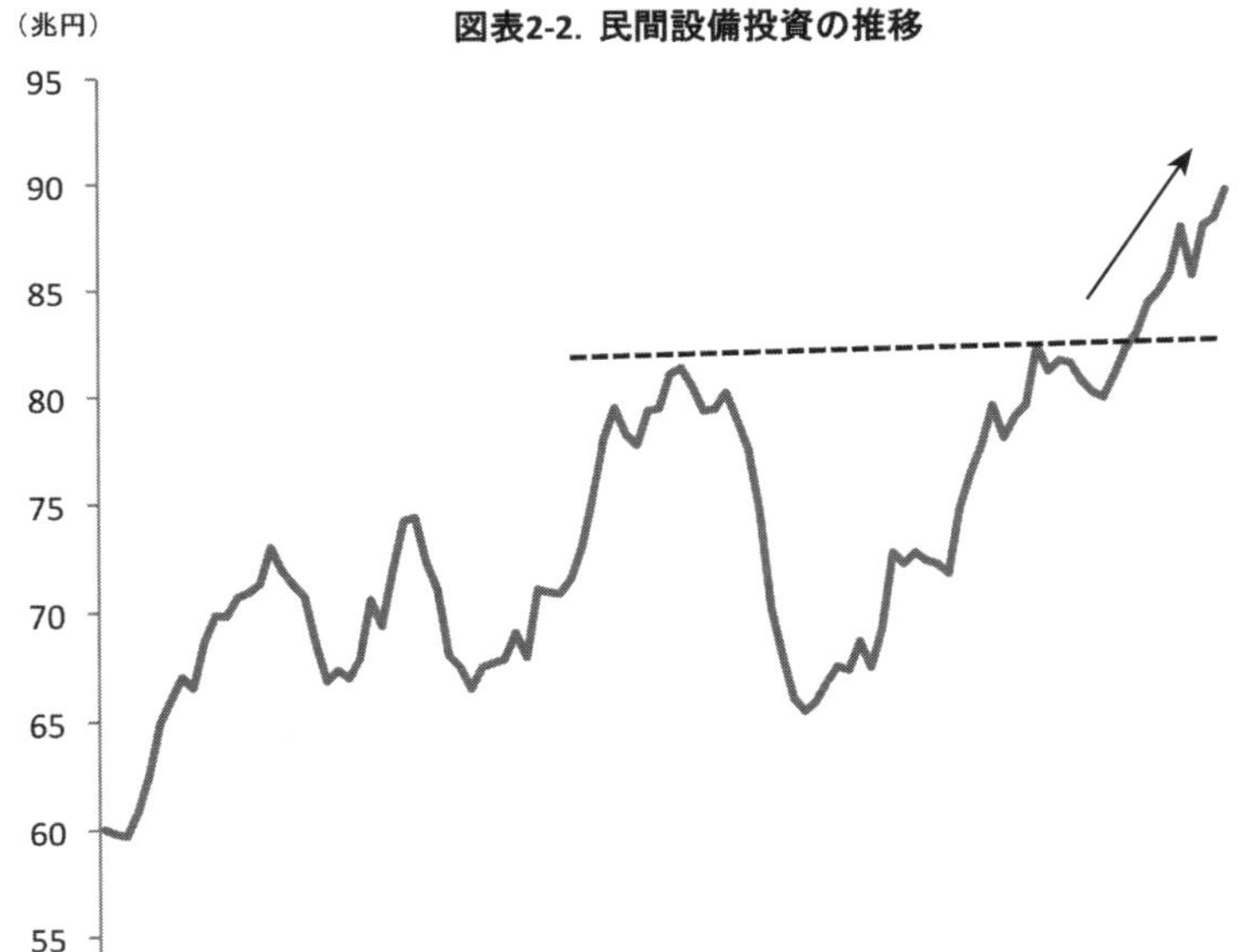

出所：内閣府データより作成

と、10～12月期以降、再び個人消費の増加トレンドが鈍化する懸念がある。

一方、民間設備投資は、2017年4～6月期頃から本格的な拡大基調に転じた（↓前ページ図表2－2）。一般な景気サイクルで考えると民間設備投資は、雇用とほぼ同時平行的に動く傾向があった（労働力を「人的資本」という意味では資本と経済学的には同じ意味である）が、アベノミクスの下でのデフレ圧力緩和局面では、雇用の回復が先行し、設備投資はそれに遅れてようやく拡大基調に転じてきた。

雇用については、「団塊世代の引退」による人手不足が1990年代から警告されていた。だが、旧民主党政権下でのデフレスパイラルによって、国内産業は事業基盤の縮小を余儀なくされた。そのため、需要収縮からこの人手不足は意識されることはなく、逆に若年層を中心に雇用削減や新規採用を抑制する動きが進んでいた。

2013年以降、アベノミクスによるデフレ緩和の動きが強まる中、国内需要が底打ち反転し、やがて将来の需要拡大を徐々に見通せる環境になったことから、従来あった「団塊世代の引退」要因による人手不足が再認識され、企業は将来の人員不足の対策含みで新卒中心に若年層の雇用を積極的に推し進めた。そのため設備投資に先行して、まずは雇用の拡大がみられたものと推測される。

その後、ＩＴやＡＩ（人工知能）などの核心的な技術が世界的に発展したことを機に、人手不足を機械で補完する動きが強まり、国内でも人手不足対応からの設備投資が増え始めた。そしてこれが現在まで継続している。

だが、国内需要の底打ちとは裏腹に、輸出は主に中国での需要の急激な減少が、東アジア全体を巻き込む形で２０１８年10～12月期以降、急激に悪化している。

この中国を中心とした東アジア経済圏の急激な景気悪化だが、主に、スマートフォンなどの電子機器の需要の急激な減少に端を発したものである。

従来から、日本を含み、韓国や台湾をはじめとする東アジア諸国の多くは、電子機器市場において、中国を最終組立地、および市場として工程や部品別に高度に分業化している。これを「サプライチェーン」と呼ぶが、これが２０１８年終盤の中国経済の突然の失速によって、このサプライチェーン全体が大きな影響を受けた。その一部は、トランプ米大統領による中国封じ込め政策（「米中貿易戦争」）の影響であるといわれている。

主要国のスマートフォン需要の普及率が１００％に近づき、しかも、スマートフォンの機能において画期的な技術革新も起こらなくなっていたことから、東アジアの電子機器市場の「飽和」も以前から囁かれていた。したがって、必ずしも「米中貿易戦争」だけの要因で輸出が減速しているわけでもないだろう。また、世界的に自動車（乗用車）の需要が減退している点も同様の意味で日本の輸出の不振につながっている。

ところで、日本の実質GDP成長率を下支えしている要因として、住宅投資と公共投資の拡大が指摘できる。このうち、住宅投資は日本銀行の「マイナス金利政策」による超低金利が住宅ローン金利にも影響を及ぼしており、従来よりもかなり低水準な住宅ローン金利の存在が住宅投資の堅調を支えている側面もある。そして、これに景気浮揚のための公共投資拡大（2020年のオリンピックのための建設ラッシュもあるだろう）が加わって、内需を下支えしていると思われる。

GDP統計は日本の景気を総合的に判断するために、公表されている経済指標を組み合わせて人為的に作成される経済指標である。そのため、GDP統計はどうしても発表のタイミングが遅れてしまう欠点がある。したがって、現在の経済状況は、毎月発表される月次経済指標の動きから直近の経済状況を推測する必要がある。

そこで、月次指標をみると、輸出の回復は見込めない状況である。したがって、外需の低迷を内需で支えるという構図もまだまだ続くだろう。だが、10月からは消費税率が8％から10％に引き上げられることもあり、10月以降は個人消費の動向が心配である。

もし、個人消費が減速するようであれば、それに関連する企業の売上が落ちるため、需要減から雇用が減速する可能性もある。雇用が減速すれば、設備投資も減速する懸念がある。このように、外需が低迷している現状の下、消費増税で内需を冷やしてしまうことを多くの人が懸念しているのである。

この消費増税の影響について、２００８年９月の「リーマンショックの再来」を懸念する声も聞かれる。筆者は消費増税自体がリーマンショック級の危機を日本経済にもたらすとは考えないが、海外情勢が不安定な折、何らかの「外的ショック」の合わせ技で危機が勃発する可能性は「ゼロではない」状況だろう。

そこで次に、今後危機が発生するとすれば、ＧＤＰ統計にどのような変化が現れるかに言及したい。

ＧＤＰ統計が現在の基準（２０１１年基準）で作成されていたのは１９９４年１～３月期以降だが、「経済危機」といえるような大幅な景気悪化の際には、前述の三つの主要項目

| 純輸出(寄与度) | 輸出 | 輸入 | 備考 |
|---|---|---|---|
| -0.2 | **-2.6** | -0.7 | アジア・ロシア通貨危機 |
| 0.2 | **-1.9** | -4.5 | アジア・ロシア通貨危機 |
| 0.0 | **-1.8** | -2.5 | アジア・ロシア通貨危機 |
| 0.0 | **-2.3** | -2.9 | ITバブル崩壊 |
| 0.1 | **-1.9** | -3.0 | ITバブル崩壊 |
| 0.1 | **-1.9** | -2.9 | リーマンショック直前 |
| -2.6 | **-12.7** | 1.6 | リーマンショック |
| -1.3 | **-25.5** | -16.0 | リーマンショック |
| -0.5 | **-3.6** | -0.4 | ギリシャ危機 |
| 0.0 | **-0.9** | -1.0 | チャイナショック |
| 0.1 | **-0.5** | -1.1 | チャイナショック |
| -0.2 | **-2.0** | -1.0 | |

(個人消費、民間設備投資、輸出）がすべて前期比でマイナスとなっている。

このような局面は１９９４年以降、全１０１四半期中12回に過ぎない（図表２－３）。そして、これら12回のうち、10回はＧＤＰ成長率自体もマイナスになっている。

この局面は、いずれも世界危機時（アジア通貨危機、ロシア通貨危機、ＩＴバブル崩壊、リーマンショック、チャイナショック）の景気悪化局面であった。

このうち、アジア通貨危機、ロシア通貨危機とは、当時、先進国からの大量の資本流入によって高成長を享受していた東南アジア諸国において、１９９７年夏に、先進国の大量の投機的な資金流入がもたらしたバブルが崩

図表2-3. 主要3項目（民間消費、民間設備、輸出の伸び率がマイナスになった時期

| 年 | 四半期 | GDP | 民間消費 | 民間住宅 | 民間設備 | 公共投資 |
|---|---|---|---|---|---|---|
| 1998 | 1Q | -1.1 | **-0.1** | -0.4 | **-1.5** | -5.7 |
| 1998 | 2Q | -0.4 | **-0.1** | -2.2 | **-0.9** | -1.0 |
| 1998 | 4Q | 0.8 | **-0.2** | -3.2 | **-3.0** | 10.4 |
| 2001 | 3Q | -1.0 | **-0.1** | -0.7 | **-1.8** | 0.0 |
| 2001 | 4Q | -0.3 | **-0.1** | 0.4 | **-4.2** | -2.5 |
| 2008 | 2Q | -0.5 | **-1.2** | 5.0 | **-1.6** | -3.7 |
| 2008 | 4Q | -2.4 | **-1.5** | 0.0 | **-3.8** | -0.2 |
| 2009 | 1Q | -4.8 | **-0.5** | -8.2 | **-6.0** | 3.3 |
| 2012 | 3Q | -0.4 | **-0.1** | 2.0 | **-0.5** | -2.8 |
| 2015 | 4Q | -0.4 | **-0.7** | -0.4 | **-0.1** | -0.9 |
| 2016 | 2Q | 0.1 | **-0.5** | 2.8 | **-0.7** | 1.7 |
| 2018 | 3Q | -0.6 | **-0.3** | 0.8 | **-2.5** | -1.9 |

注：1Qは1-3月期、2Qは4-6月期、3Qは7-9月期、4Qは10-12月期を指す
出所：内閣府データより作成

壊し、逆に大量の投機資金が、これらの国から大量に流出する事態となったことがきっかけで発生した。アジア諸国の高成長の持続性に疑問が持たれ、さらに通貨や株価が暴落し、経済危機が深化した事件である。

これは次に資本主義国になったばかりのロシアに飛び火し、さらにロシア国債への投機を大量に行っていた米国のヘッジファンドを破綻させ、他の先進国を巻き込んだ世界的な経済危機に発展した。

また、「チャイナショック」とは、中国株式市場の暴落をきっかけとした中国経済の危機が他国に波及した事件である。中国は2008年のリーマンショック期に約4兆元の大量の公共投資を実施し、経済悪化を未然

に防ぐとともに、世界景気のさらなる落ち込みを防ぐ世界経済の防波堤の役割を果たした。だが、これをきっかけに中国経済による過度な成長期待が台頭し、それをきっかけにリーマンショック前後に暴落していた株価が急騰し、再びバブル的な様相を呈した。

このバブルは2015年6月に一度崩壊しそうになったが、このときには中国当局が懸命の金融緩和によって食い止めた。だが、今度は金融緩和によって中国人民元相場に大きな下げ圧力がかかり、当局は人民元を切り下げざるを得なくなった。

そして、今度は人民元切り下げをきっかけに中国からの資本流出懸念(今思えば、東アジア通貨危機と同じ構図)から中国株が大暴落し、それをきっかけに世界景気の先行きに暗雲が立ち込めるという事態になった。だが、その後、米国を中心に世界景気は回復し、難を逃れた。

以上より、民間消費、民間設備投資、輸出がそろって減少するという現象は、世界的な経済危機が発生した局面で実現したものである。2019年10月以降、このような現象が再び発生するということになれば、これは日本だけでなく世界的な経済危機ということになる。

## 2. 減少局面に入りつつある世界貿易量

次に世界景気の状況に目を転じてみよう。世界景気全体をみる経済指標として最もわかりやすいものは、世界全体の貿易量、および生産量の指標である。

この指標は、オランダの経済政策の分析・企画立案を行うCPBという政府機関から毎月集計・発表されている。これは、「World Trade Monitor」というデータだが、これによれば、世界全体の貿易量は、直近（2019年6月）時点でピーク比-0.9%の減少となっている。

この「0.9%の減少」をリーマンショック前後の世界貿易量の減少局面と比較してみよう。当時のピークである2008年1月から計算すると、ちょうど、2008年5月と2008年6月の中間くらいの減少幅ということになる。2008年9月が、リーマンショックが発生した月であることを考えると、現時点の世界貿易量の減少は、リーマンショック発生前の状況と類似していなくもない（↓次ページ図表2－4）。

**図表2-4. 世界の貿易数量指数の推移**

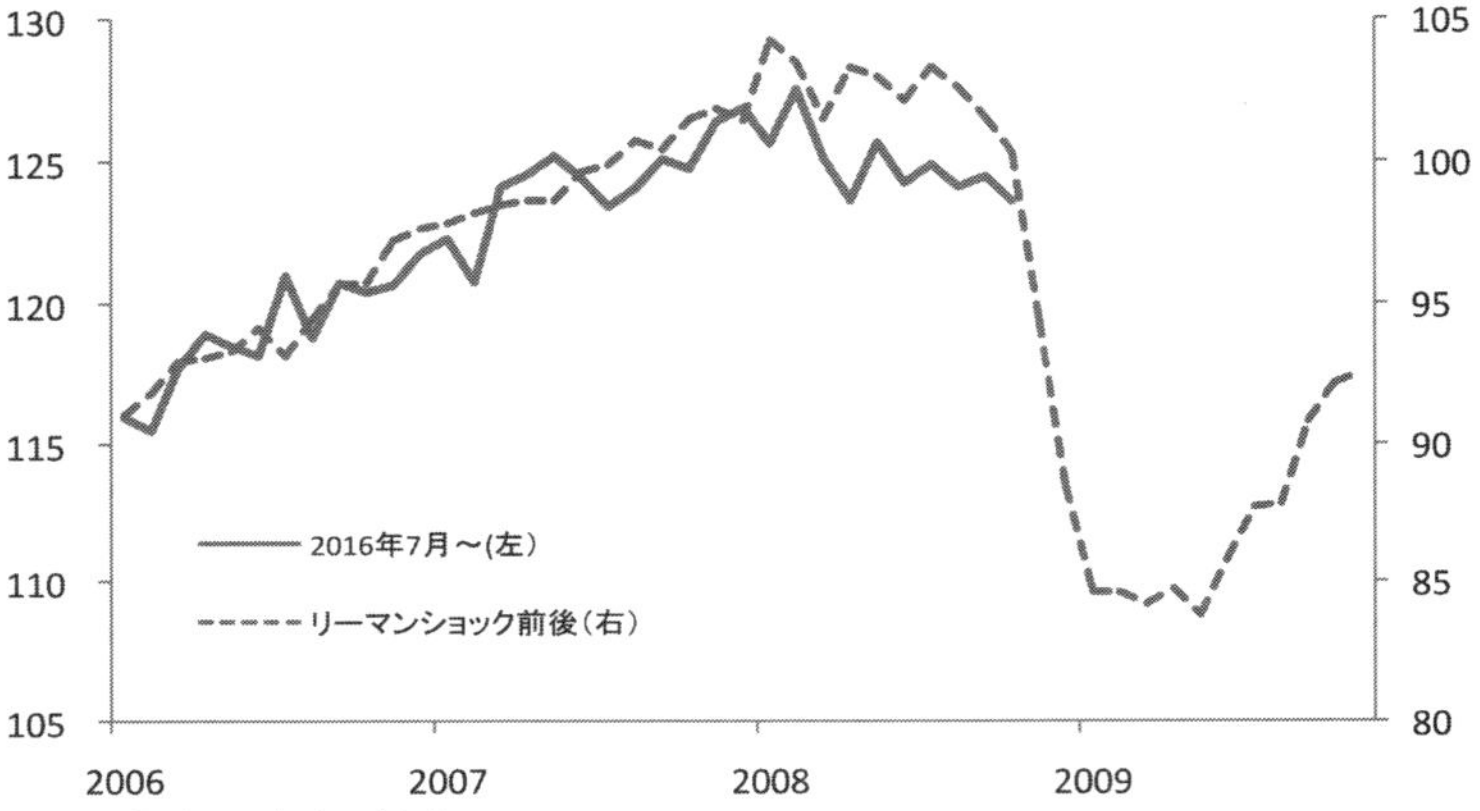


出所：CPBデータより作成

ちなみにリーマンショックで貿易量が激減し始めたのは10月からであった。したがって、リーマンショック時との比較では、現状はまだ危機的な状況ではないということになる。したがって「今後、世界経済にリーマンショック並みの危機が到来するか否かはわからない」ということになる。

だが、だからといって「今回はリーマンショックとは異なる」というように高を括っていてはならない。リーマンショック直後、２００８年9月時点での政府のリーマンショックに関する見解は、「日本経済にとってリーマンショックは蚊に刺された程度である」というものであった。当時、その後の大幅な貿易量の収縮を予想できな

図表2-5. 世界輸出量の伸び率の推移

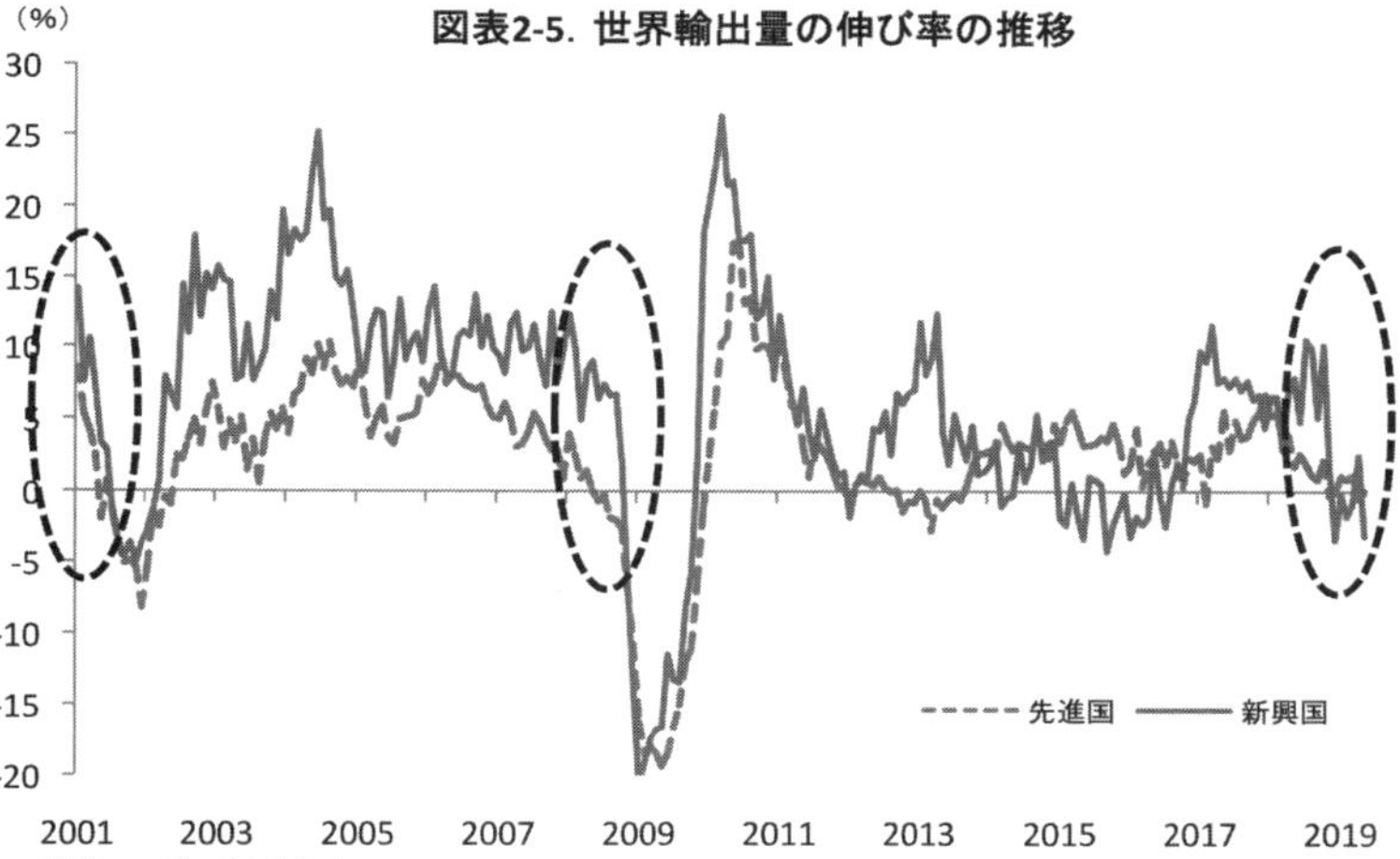


出所：CPBデータより作成

かったのは仕方ないとして、最大の問題は当時の政府が、リーマンショックのもたらす影響を軽視していた点である。そして、軽視していたが故にリーマンショックへの対応が後手後手にまわり、最も影響を受けないはずが、世界の国の中でも最も大きな影響を受けた国の一つになってしまった。

そして、今回も「その可能性はなし」とはいえない。リーマンショックの教訓に学ぶとすれば、決して油断することなく、現在進行形で進んでいる影響を丹念に分析する必要があろう。

また、同じデータでもって世界の輸出量の伸び率の推移をみると、足元の伸び率の低下幅が、２００１年のＩＴバブル崩壊時、もしくは、２００８年半ばのリーマンショック時の減少パターンに酷似した急落局面であることがわかる（↓前ページ図表２－５）。その中でも特に、新興国からの輸出の伸び率の急激な低下はリーマンショック時と酷似している。そして、現在の世界貿易量の動きだが、２０１８年10月をピークに、その後縮小しつつあるようにみえる。

そこで、多くの人があらためて「今後、リーマンショック級の経済危機が起こり得るか」という問いを発することになるだろう。それに対する答えを考える場合、注意を要することがある。このような問いに対して多くの人が陥って答えがちなのは、この問いを「今後、リーマンショックと同じパターンで同じ規模の経済危機が起こり得るか」という問いに置き換えてしまうことではなかろうか。一見同じようにみえる二つの問いだが、実は全く異なる問いである。

リーマンショックとは、証券化商品に対する行き過ぎた投機によって金融機関が破綻したことによって、網の目のように複雑化した銀行間の資金のやり取りに齟齬が生じ、これをきっかけに金融機関の資金仲介機能が麻痺したために発生した危機である。

最終的には、金融機関の資金仲介機能の麻痺によって、貿易信用が機能不全に陥ったことで、世界貿易量が急激に収縮したために、金融市場だけではなく、実体経済にも深刻な影響が生じた。

このリーマンショックのプロセスだけを考えると、今回は、リーマンショックにおける「サブプライムローン」のような投機的取引が世界中で蔓延しているわけではなく、金融機関の破綻による銀行間市場の崩壊と、それによる資金仲介機能の毀損というリーマンショック型の危機が発生する可能性は現段階では非常に低いのは確かである（ただし、ドイツ銀行のように、経営状態が思わしくない大手金融機関が全く存在していなくもないので、何らかの要因でその金融機関が経営破綻した場合にリーマンショック型の世界危機が発生する可能性が完全に否定されるわけではない。ただ、リーマンショックの教訓を含む政府による救済の可能性が高いので、現時点でそのリスクを過大に見積もるのは早計であろう）。

したがって、後者（「今後、リーマンショックと同じパターンで同じ規模の経済危機が起こり得るか」）の問いにすり替えてしまうと、当然のように「今回はリーマンショック級の経済危機が発生する可能性は極めて低い」という答えになる。

だが、本来の問いである前者（「今後、リーマンショック級の経済危機が起こり得るか」）の答えが同様の答えになるとは限らない。世界貿易が急激に収縮していくパターンは、何もリーマンショック型の貿易信用収縮だけではないためだ。考えてみれば当たり前だが、今回のケースでいえば、世界貿易量が減少した主因だといわれる米中貿易戦争が激化することによって世界貿易量が激減するシナリオも想定されなくもないだろう。

現に、2019年8月に入り、米中貿易戦争は予想以上に激化しつつある。中国は米国からの農作物の輸入を停止した（その代わりに主にブラジルからの農作物の輸入を増やす予定である）。対する米国は、中国を不当に自国通貨（人民元）を低く維持し、輸出に有利なように働きかけている「為替操作国」に指定した。中国が米国から「為替操作国」に指定されるのは1994年以来である。

米国によるこの措置は、米国が本格的に中国と貿易戦争を始めるという号令のようなものであろう。これまでは関税率の引き上げなどで対抗してきたが、せっかくの制裁関税も、人民元安で相殺されてしまうと効果がないので、今後はさらなる制裁関税の引き上げ、ないしは中国からの輸入制限、もしくは輸入停止という、より厳しい措置に転じていく可能性がある。

米中貿易協議は2019年5月のゴールデンウィーク明けにも妥結というのが多くの人が描く4月までのメインシナリオだったが見事に覆された。米国トランプ政権側が中国の要求を撥ね付け、一転、中国からの輸入品全品に25%の制裁関税を課すという事態になったが、とりあえず、２０１９年9月にさらに関税を引き上げる方針であるとした。

米国は、中国の通信機器に対する締め付けも強化していることから、廉価ということで市場シェアを拡大しつつあった中国製通信機器（スマホ）の売上は急激に減少することが懸念される。この中国製通信機器を中心としたサプライチェーンに組み込まれている東アジアの関連製造業（日本のメーカーも含まれると思われる）の取引量減少、そして、それにともなう意図せざる在庫調整、生産調整という負の連鎖が今後、さらに強まる可能性が高い。

このような事態に陥ると、当該企業の設備投資も減少せざるを得なくなる。関連する設備の多くを日本企業が生産・出荷していることを考えると、すでに工作機械や産業用機械の受注は激減しているが、これが底打ちするタイミングはますます見通せなくなる。

このような米国トランプ政権の制裁に対し、中国習近平サイドも黙っておらず、強硬な姿勢を続けるならば、米国側の制裁と中国側の報復はますますエスカレートすることも考えられる。

リスクはそれだけではない。中国だけではなく、米国のイランに対する制裁は、中東諸国からアフリカ、場合によっては欧州諸国をも巻き込むリスクをはらんでいる。また、中

**図表2-6. 中国の外貨準備残高の推移**

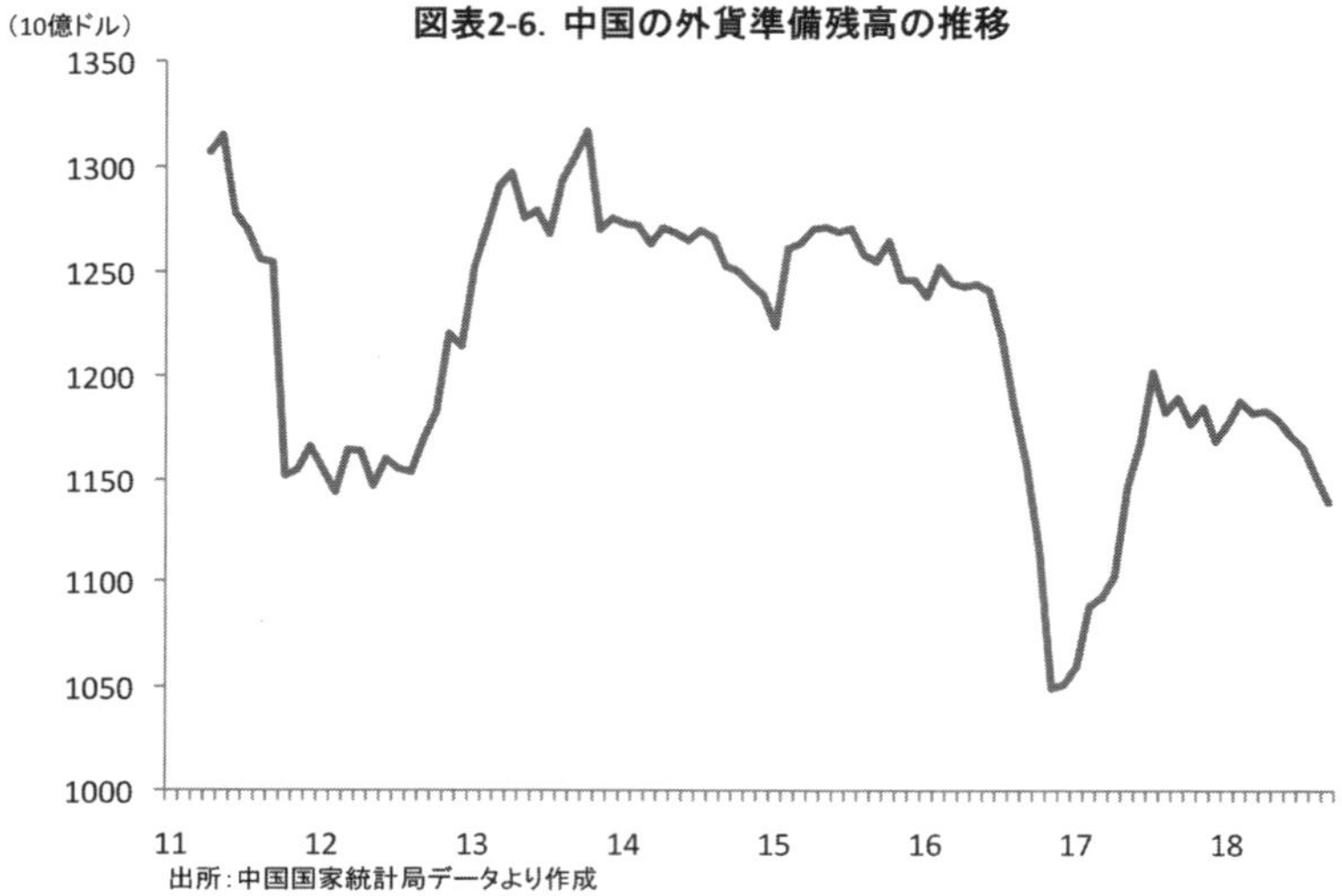


出所：中国国家統計局データより作成

国は「ブラジル等から代替的に農産物の輸入をする」といっているが、米国がこれに対抗して、例えばブラジルに何らかの圧力をかけるような事態になれば、ますます事態は混迷する。したがって、金融危機が起きなくても、今後、世界貿易量が急激に縮小していくストーリーを描くことが可能ではなかろうか。

もう一つ、今後の世界貿易量の急激な減少の要因となり得る懸念材料がある。それは「中国の外貨（ドル）不足」の懸念である。

中国の米国債保有残高の推移をみると、米中貿易摩擦が激化した2018年半ば以降、減少傾向にある（図表2－6）。

このところ減少ペースは鈍化しているが、この先どうなるかは不透明である。過去において、この中国の米国債保有残高が急激に減少する局面では中国経済が非常に大きな減速を経験している。2015年半ばから2016年にかけての「チャイナショック」がその代表例である。当時も中国の米国債保有残高が急激に減少したが、同時に米国長期金利が上昇し、これをきっかけに世界のマーケットが大きく動揺した。

このところ中国企業のドル不足、もしくは、ドル建てで発行した社債の償還資金（ドル）の調達に苦慮する中国企業の話などがメディアで出てきており、中国がドル不足に直面するようであれば、これをきっかけに中国経済が急激に悪化し、世界全体の景気を悪化させる懸念もある（その他、中国が膨大な金額の資金提供をしているベネズエラの情勢も気になる）。

現在、中国人民元は下落基調にある。これは、中国当局が輸出促進のため政策的にやっているのか否かは意見が分かれるところだが、人民元安は中国から他国への資本流出を加速させる。中国の1～3月期の国際収支統計をみると、「誤差脱漏《ごさだつろう》」という項目が8780億ドルの「流出超」（国際収支統計では符号がマイナスであれば、その国から資金が流出したことを意味する）になっていることがわかる（↓次ページ図表2－7）。

この「誤差脱漏」というのは、中国当局が把握できない中国から他国への資金流出額を

図表2-7. 中国の国際収支

(10億ドル)

| 年・四半期 | 経常収支 | | | | 金融・資本収支 | | | | | | 対外純資産 | | |
|---|---|---|---|---|---|---|---|---|---|---|---|---|---|
| | | GDP比(%) | うち財収支 | うち所得収支 | | 直接投資 | 対内 | 対外 | 外貨準備増減 | 誤差脱漏 | ネット | 資産 | 負債 |
| 2005 | 132.4 | 5.8 | 130.1 | -16.1 | -155.3 | 90.4 | 104.1 | -13.7 | -250.6 | 22.9 | 407 | 1,223 | 816 |
| 2006 | 231.8 | 8.4 | 215.7 | -5.1 | -235.5 | 100.1 | 124.1 | -23.9 | -284.8 | 3.6 | 640 | 1,690 | 1,050 |
| 2007 | 353.2 | 9.9 | 311.7 | 8.0 | -366.5 | 139.1 | 156.2 | -17.2 | -460.7 | 13.3 | 1,188 | 2,416 | 1,228 |
| 2008 | 420.3 | 9.1 | 359.9 | 28.6 | -439.4 | 114.8 | 171.5 | -56.7 | -479.5 | 18.8 | 1,494 | 2,957 | 1,463 |
| 2009 | 243.3 | 4.8 | 243.5 | -8.5 | -201.9 | 87.2 | 131.1 | -43.9 | -400.3 | -41.4 | 1,491 | 3,437 | 1,946 |
| 2010 | 237.8 | 3.9 | 246.4 | -25.9 | -184.9 | 185.7 | 243.7 | -58.0 | -471.7 | -52.9 | 1,688 | 4,119 | 2,431 |
| 2011 | 136.1 | 1.8 | 228.7 | -70.3 | -122.3 | 231.7 | 280.1 | -48.4 | -387.8 | -13.8 | 1,689 | 4,735 | 3,046 |
| 2012 | 215.4 | 2.5 | 311.6 | -19.9 | -128.3 | 176.3 | 241.2 | -65.0 | -96.6 | -87.1 | 1,866 | 5,213 | 3,347 |
| 2013 | 148.2 | 1.5 | 359.0 | -78.4 | -85.3 | 218.0 | 290.9 | -73.0 | -431.4 | -62.9 | 1,996 | 5,986 | 3,990 |
| 2014 | 235.0 | 2.3 | 435.0 | 13.3 | -169.2 | 208.7 | 268.1 | -123.1 | -117.8 | -66.9 | 1,602 | 6,438 | 4,836 |
| 2015 | 304.2 | 2.7 | 576.2 | -41.1 | -91.2 | 68.1 | 242.5 | -174.4 | 342.9 | -213.0 | 1,673 | 6,156 | 4,483 |
| 2016 | 202.2 | 1.8 | 488.9 | -44.0 | 27.2 | -41.7 | 174.7 | -216.4 | 443.7 | -229.5 | 1,950 | 6,507 | 4,557 |
| 2017 | 164.9 | 1.4 | 476.1 | -34.4 | 57.0 | 66.3 | 168.2 | -101.9 | -91.5 | -221.9 | 1,814 | 6,926 | 5,112 |
| 2018 | 49.1 | 0.4 | 395.2 | -51.4 | 40.7 | 107.4 | 203.5 | -96.1 | -18.9 | -89.8 | 2,130 | 7,324 | 5,194 |
| 2016 | 45.9 | 1.9 | 105.7 | -4.1 | -5.5 | -18.6 | 41.3 | -59.9 | 123.3 | -40.4 | 1,773 | 6,191 | 4,418 |
| | 66.2 | 2.4 | 126.6 | -5.5 | -23.8 | -26.0 | 37.7 | -63.7 | 34.5 | -42.4 | 1,910 | 6,318 | 4,408 |
| | 75.4 | 2.6 | 140.5 | 2.9 | 2.7 | -30.7 | 25.7 | -56.4 | 136.3 | -78.1 | 1,949 | 6,479 | 4,530 |
| | 14.7 | 0.5 | 121.3 | -37.3 | 53.9 | 33.5 | 70.0 | -36.4 | 149.5 | -68.6 | 1,950 | 6,507 | 4,557 |
| 2017 | 15.7 | 0.6 | 82.3 | -0.4 | 39.3 | 12.6 | 33.1 | -20.5 | 2.6 | -55.0 | 1,899 | 6,521 | 4,622 |
| | 52.6 | 1.8 | 132.1 | -3.0 | -0.4 | 1.4 | 21.9 | -20.5 | -31.6 | -52.1 | 1,918 | 6,683 | 4,765 |
| | 34.3 | 1.1 | 120.4 | -14.4 | 14.2 | 8.9 | 32.9 | -24.0 | -29.9 | -48.6 | 1,868 | 6,832 | 4,964 |
| | 62.3 | 1.8 | 141.4 | -16.7 | 3.9 | 43.5 | 80.4 | -36.9 | -32.6 | -65.2 | 1,814 | 6,926 | 5,112 |
| 2018 | -34.1 | -1.1 | 51.7 | -9.7 | 72.5 | 55.0 | 73.0 | -17.9 | -26.2 | -38.4 | 1,573 | 7,025 | 5,453 |
| | 5.3 | 0.2 | 103.6 | -20.7 | 6.0 | 24.8 | 52.7 | -27.9 | -23.9 | -11.3 | 1,736 | 7,033 | 5,297 |
| | 23.5 | 0.7 | 100.8 | 1.7 | 16.8 | 0.1 | 25.2 | -25.1 | 3.0 | -40.1 | 1,693 | 7,047 | 5,354 |
| | 54.6 | 1.5 | 139.1 | -22.8 | -54.6 | 27.5 | 52.7 | -25.2 | 28.2 | -70.4 | 2,130 | 7,324 | 5,194 |
| 2019 | 49.0 | 1.5 | 94.7 | 15.6 | 38.8 | 26.5 | 47.6 | 21.0 | -10.0 | -87.8 | 1,951 | 7,382 | 5,431 |

注：マイナスは対外へ資金が流出、プラスは国内へ資金が還流することを意味する

出所：中国国家統計局

指す。中国は厳格な資本流出規制をかけているといわれるが、もし、これが機能しているのであれば、「誤差脱漏」はそれほど大きくないはずである。

ちなみに2019年1～3月期の経常収支黒字額は490億ドルであり、「誤差脱漏」の額は経常収支黒字額を大きく上回っている。1～3月期の誤差脱漏の額としては、2019年は、年間トータルで2000億ドル前後となった年の額を大きく上回っている。したがって、年間トータルでの誤差脱漏が過去最大になる可能性がある。このような大量の資金流出もあり、中国の資本不足は今後、ますます深刻化する懸念がある。

以上のように、現状は、世界経済はリーマンショックのようなパターンで恐慌状態に陥るリスクは低いものの、リーマンショックとは異なるプロセスで景気悪化の程度は「リーマンショック級」に陥るリスクは十分にあると考える。

その一方で、世界経済が何らかの要因によって成長率を回復させていくストーリーを、説得性をもって描くことはだんだんと困難になってきているのが現状ではなかろうか。2019年10月からの増税は、このような世界経済の環境下で実施される可能性が高いという点をまずは認識しておくべきだろう。

## 3. 外需の悪化は顕著だが、内需は堅調に推移

次に、内閣府が発表している景気動向指数をみてみよう。景気動向指数には、❶景気の先行きを示す「先行指数」、❷現状の景気の状況を示す「一致指数」、❸景気状況を後で確認する「景気遅行指数」の三つがある。そして現状は、先行指数、一致指数が、月を追うごとに低下基調を強めている。この先行指数、一致指数の動きをみると、日本経済は景気減速に向かって進んでいるという解釈になる（図表2－8）。

この「景気動向指数」という指標は、過去において景気循環（これは、内閣府内にある検討委員会内での話し合いで決まるので、これを完全に信じていいかどうかという問題はあるが、ここではこれが正しく景気循環を示しているという前提に立つ）を正しく示していたと思われる経済指標を統計的に検証して選択し、それを組み合わせて作成したものである。

景気循環の正式な「日付（いつ景気はピークを付け、いつから景気後退期に入ったかという具体的な日時）」は後から決まるが、それでは現実の経済行動の意思決定には使えないので、簡便法として、この景気循環日付が正式に発表される前に、それを代替するような指標とし

**図表2-8. 景気動向指数でみる日本の景気**

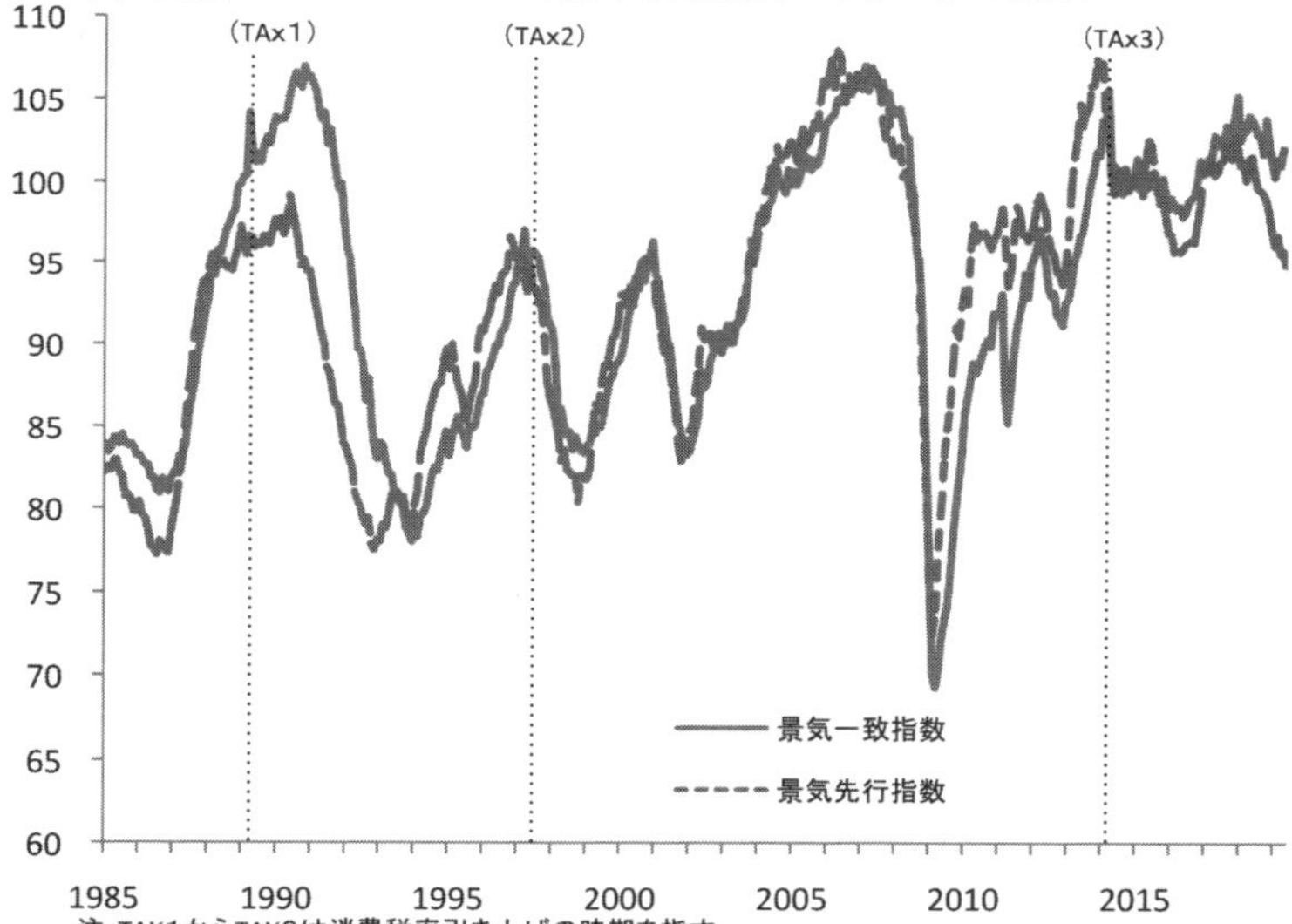


注：TAX1からTAX3は消費税率引き上げの時期を指す。
出所：内閣府データより作成

て発表されている経済指標である。

景気動向指数を構成している経済指標はすでに発表済みであるので、これを内閣府が公表しているマニュアル（詳細はhttps://www.esri.cao.go.jp/jp/stat/di/di3.html#link002を参照のこと）に沿って加工していけば、読者の方もこの指数を発表前に作成することができる。時間に余裕がある読者はその作業を実際にやっていただくと経済の勉強になると思う。

ただ、なぜ、このような話をしたかというと、この景気動向指数を構成している経済指標が何であるかが意外に重要だと考えるからである。より具体的にいうと、「先行指数、一致指数を悪化させているのは主に製造業に関連した指標である」という点が重要である。

日本経済の場合、結局は製造業、特に輸出産業が活況にならないと景気全体がよくならない。その意味で「一般論」としては、製造業関連の指標を組み合わせて作成されている景気動向指数（先行・一致指数）の動きは参考になる。そして、この指標の最近の悪化は、前述の世界貿易量の減速に連動した動きである。すなわち、現時点で景況が一方的に悪化しているのは、輸出産業を中心とした製造業ということになる。

これはいうまでもないが、中国経済の悪化と、それがもたらす世界的な景気減速によって、電機や機械といった日本の「お家芸」産業の輸出が激減し、収益環境が悪化しているためである。そこで、次に製造業の経常利益の前年比伸び率をさまざまな要因別に寄与度分解してみよう（図表２－９）。

すると、昨年終盤から売上数量の寄与度が急激に低下しているが、これは輸出数量指数（もしくは実質輸出指数）の低下と連動している。

このように、統計的にみると製造業の売上が急激に減速していることが見て取れる。だが、世の中を見回してみると、かつてのリーマンショックやそれ以前の、１９９７年の金

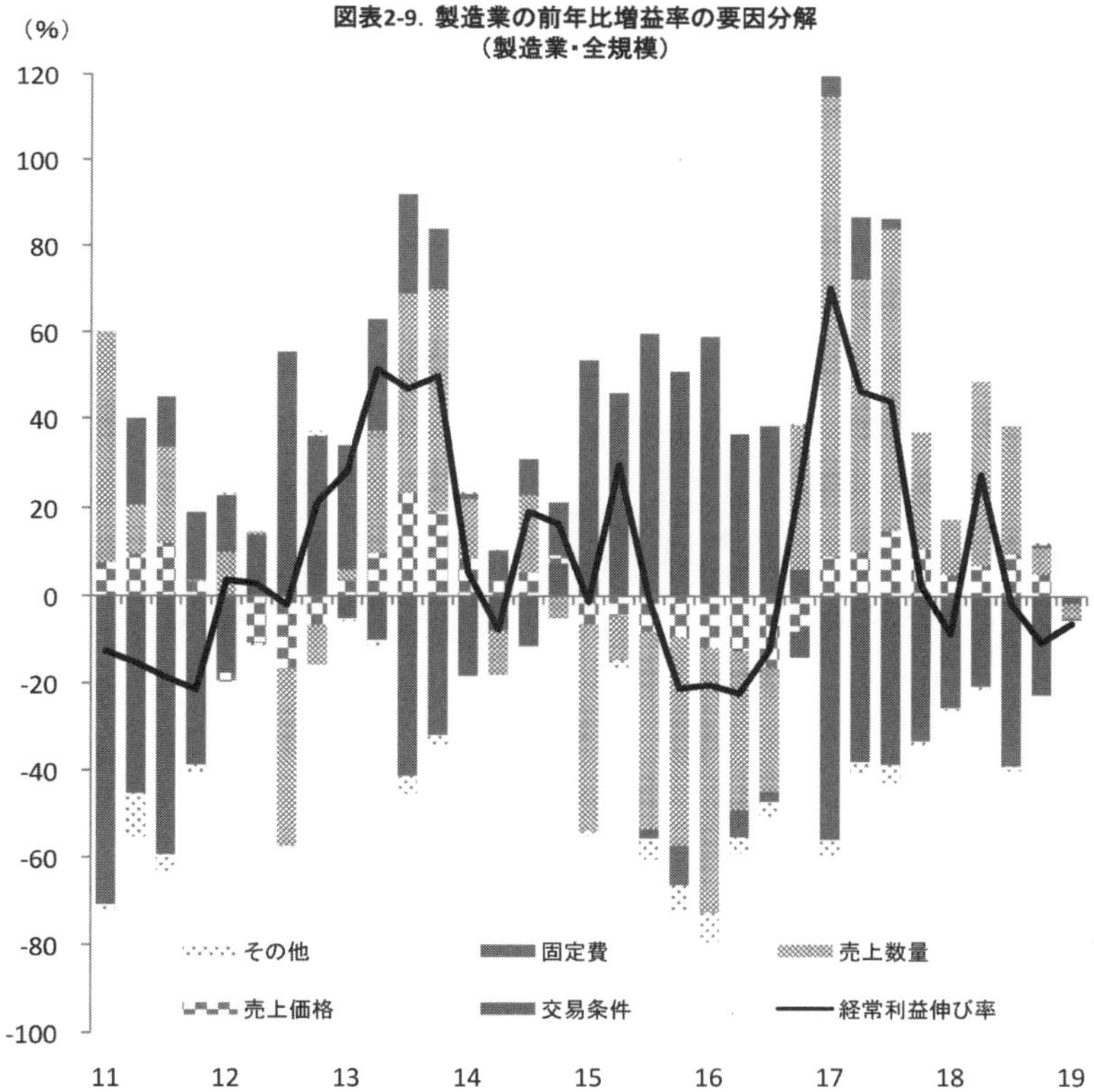


出所：財務省データより作成

融不況の頃のように、世の中が暗澹としているかといえば、そうではないだろう。むしろ、街にもよるが活気にあふれているところも多々ある。

この理由は、今までのところ製造業、輸出産業以外の国内非製造業の業況は、意外と堅調だからである。つまり、かつては製造業の業況が悪化するとすぐに国内の非製造業の業況も悪化していたが、今回は必ずしもそのようにはなっていないのである。

そこで次に、非製造業の経常利益の伸び率をみてみよう。製造業同様に、経常利益の前年比伸び率を寄与度分解してみると（図表2－10）、2016年の半ば以降、売上高の増加が利益の伸びに大きく寄与する状況が続いていることがわかる。

この非製造業の売上高要因の、経常利益伸び率に対する寄与度の動きをみると、前回の消費増税（2014年4月）をきっかけに低下し、2016年半ばまでマイナス寄与（つまり売上減が収益の足を引っ張っていた）であったが、その後は回復し、安定的にプラスに寄与していることがわかる。確かにこの間、個人消費はほぼ横ばいで推移していたが、非製造業全体の売上高の動きをみると、GDP統計の内需の項目でも明らかなように、個人消費の低迷を他業種（これは住宅や建設、および人材派遣などのサービス産業）でカバーしてきたことが推測される。

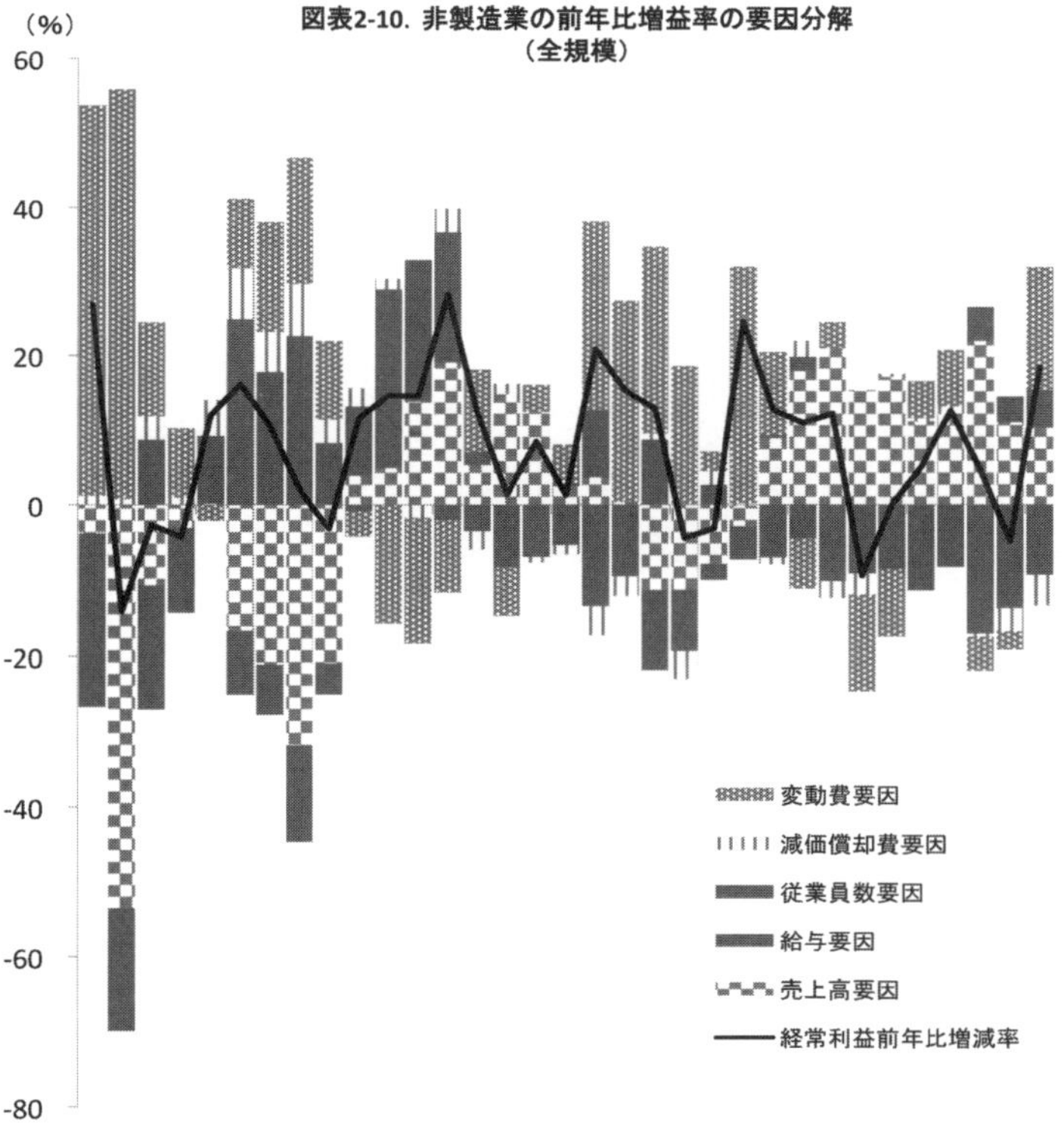

出所：財務省データより作成

## 4．消費堅調の要因は雇用の改善だが…

　また、所得環境の改善も続いている。例えば、総務省の「家計調査」における勤労者世帯の実質可処分所得は、昨年から増加基調で推移している。これは雇用環境の改善が進んでいるためだと考えられる。例えば、分母を15歳以上人口として「労働参加率（分子は、就業者と失業者の合計値）」を計算した場合、この値がアベノミクスが始まった２０１３年から急上昇している点は、失業率の低下以上に雇用環境の改善を如実に示していると思われる（図表２－11）。

　この「労働参加率」がどこまで上昇すれば、「デフレ脱却が実現した」とみなしていいかは迷うところだが、もし、日本経済がデフレに陥る前の１９７８年から１９９７年までの平均的な水準を一応のメドと考えると、現在は２０００年時点の水準まで回復しており、この値から考える限りは、デフレ脱却までもう少しのところまで来ていると判断できる。

　この「労働参加率」の上昇は、求職活動をしてこなかった「無業者」が求職活動を再開し、しかもその多くが実際に職を得ることができたということを意味している。

図表2-11. 日本の労働参加率の推移

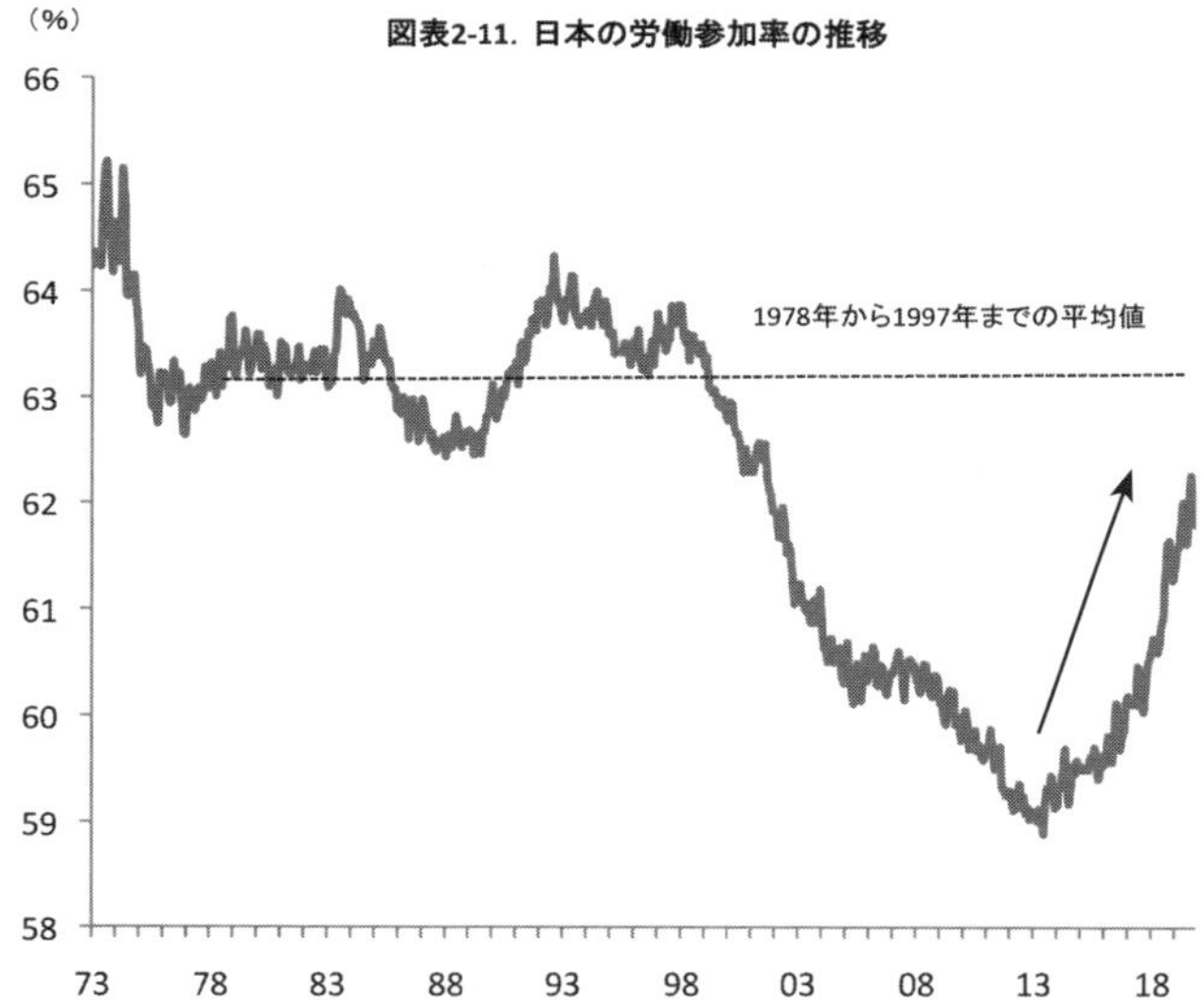


注：ここでは、労働参加率＝（就業者+完全失業者）÷全人口×100（%）で計算
出所：総務省データより作成

図表2-12. 実質雇用者報酬の推移

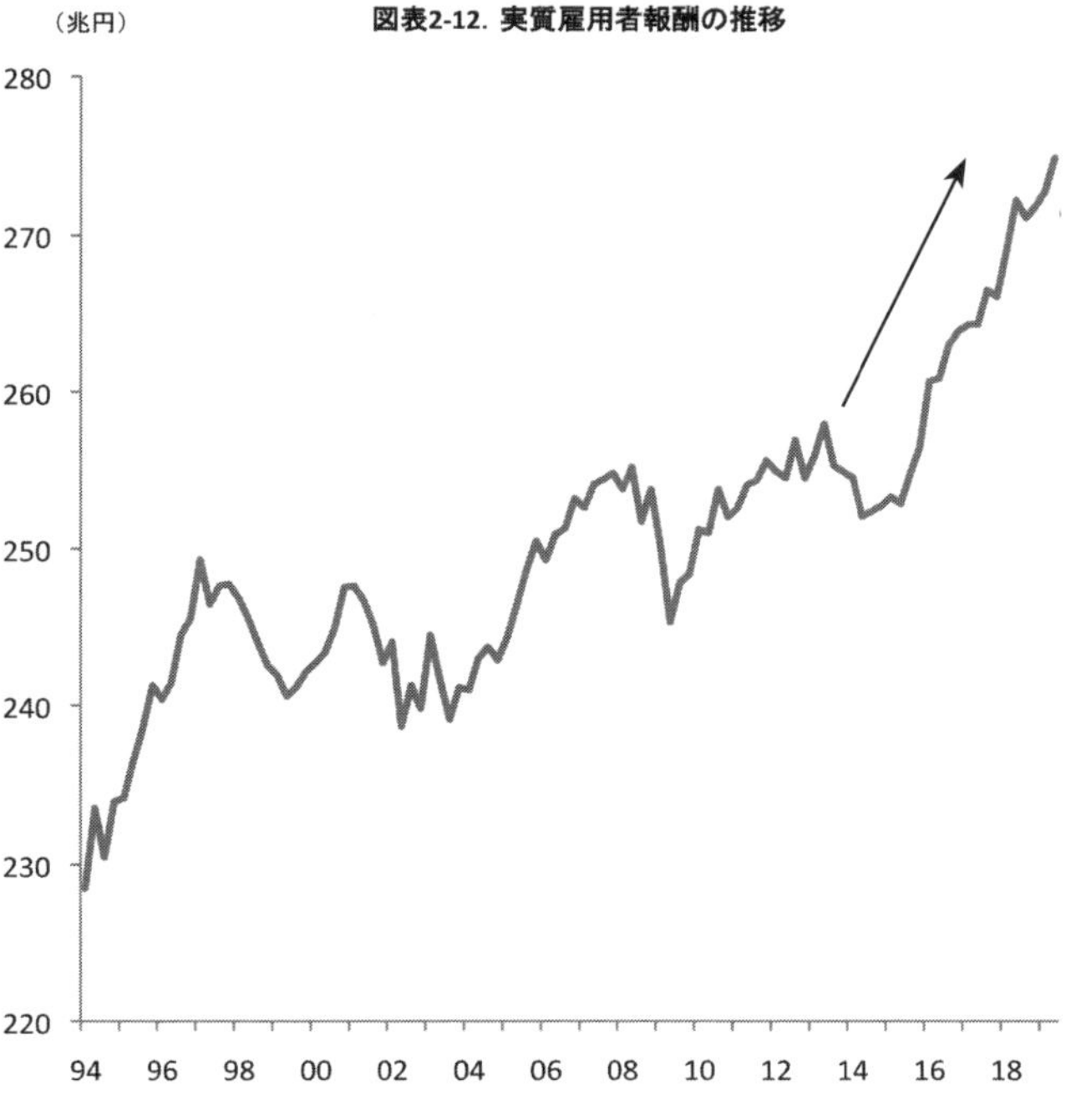

よく「非正規社員」の存在が問題視されるが、それ以前の問題として、無収入の「無業者」の多くが2013年以降、ようやく就職できて収入を得られるようになったことは明確に雇用環境の改善と考えてよいだろう（「非正規社員」の問題は、マクロ的には労働参加率がデフレ以前の水準に戻ってからの問題であると考える）。ちなみにこの動きはGDP統計における雇用者報酬の動きとも整合的である（↓前ページ図表2－12）。

よく、アベノミクスに批判的な論者は、1人当たり賃金の動向を表す厚生労働省の「毎月勤労統計」ではあまり賃金が伸びておらず、それをみて「雇用環境の改善は全く進んでいない」と批判するが、今回のアベノミクス下での雇用環境の改善では、すでに雇用を確保できていた労働者1人当たりの賃金が増える前に、まずは、これまで就職できていなかった人が、これまで働いてきた人と同じ水準、もしくはそれよりも若干低い水準でも就職して働けるようになったことが極めて重要である。

この場合、すでに働いていた労働者よりも賃金水準が低い人が、新たに雇用者として加わるので、1人当たりの平均賃金はむしろ減少するということもあり得る。だがこの場合、「1人当たり賃金×働いている人の数」で算出される雇用者報酬は働いている人の数の伸びによって増えるということが十分にあり得るのである。したがって、日本経済全体で雇用を見る際には、１人当たり賃金ではなく、雇用者報酬全体をみるべきであろう。

ところで、消費増税の影響は、事業者が消費税の負担増分を販売価格に転嫁することで物価が上昇し、その結果、実質所得（名目所得を物価水準で割り引いたもの）が（恒久的に）減少、そして、その分、消費支出も（恒久的に）減少することであるといわれる。

だが実際には、この実質可処分所得減少の影響は、そこそこの経済成長が続けば短期間で吸収されると考えられる。２０１４年４月の消費増税の際も、消費増税の影響は雇用環境に対してはマイナスの影響をほとんど与えなかったことから、短期間で終息したと考えられる。むしろ、家計消費にとってマイナスの影響が大きかったのは、消費性向（可処分所得に対する消費支出の割合）の低下、言い換えると貯蓄率の上昇であったと考える。

## 雇用にかろうじて下支えされた消費

そこで次に消費性向の推移をみる（↓次ページ図表２－13）。「消費性向」とは所得に占める消費支出の割合である。ちなみに、ここでいう所得とは、税金や社会保障費を控除した「可処分所得」を指す。そして、貯蓄率は、「１００％－消費性向（％）」で算出されるので、

## 図表2-13. 平均消費性向の推移

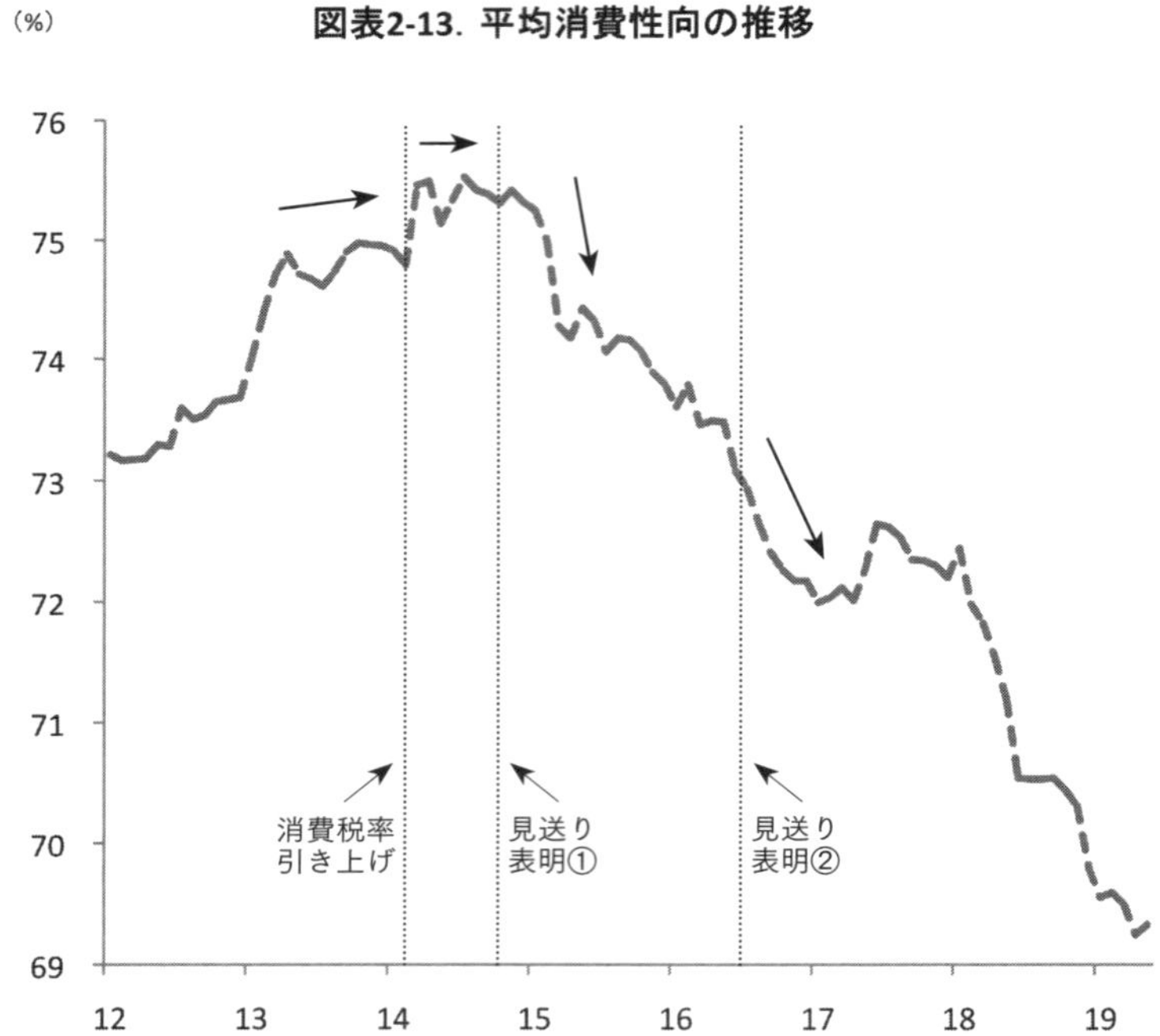


出所：内閣府、経済産業省

消費性向とは逆の動きをする。

この消費性向は、2013年の「アベノミクス」開始によって、大きく上昇したのち、2014年4月の消費増税をきっかけに上昇が止まった。このことから、「アベノミクス」は、もし消費増税がなければ、実際の所得の増加と消費性向の上昇の相乗効果によって消費全体をさらに増加させ、ひいては、デフレを解消させた可能性があったと考える。だが、残念ながら、消費増税の実施によってその流れは止まってしまったのである。

問題はその後である。安倍首相は、2014年11月、2016年6月の2度にわたって、予定されていた2度目の消費増税を見送った。その判断は当時の経済状況を鑑みると英断であったことは間違いない。残念ながら、その見送り決定のタイミングで消費性向の低下が加速した。そして、この消費性向の低下が消費の回復を遅らせてきた最大の原因である。

この二度の消費増税見送りは、いずれも「凍結」ではなく、引き上げの時期の延期であった点が実は重要である(2014年11月が1年半、2016年6月が2年半)。この消費増税見送りだが、単なる「一定期間の延期」であった場合、多くの家計にとっては、「将来の所得環境に不確実性が残る中、消費増税だけは確実に実施される」とわかっていることを意味する。この場合の家計の標準的な行動は、節約志向の強化と貯蓄増強であろう。そのうえ、当時からたびたび、「現在の社会保障制度をそのまま維持するためには、将来的には消費税率は25％程度まで引き上げる必要がある」という話が、財政を専門にする学者らによってまことしやかに喧伝されていた。多くの家計がこれを信じるならば、「いずれにせよ避けられそうにない将来の増税に対し、予防的に貯蓄をしておこう」と考えるのは当たり前であろう。

それでも、2018年終盤より消費支出は主に外食、旅行、行楽などのサービス消費を中心に増加していった。そして、2019年夏頃にようやく前回の消費増税前の水準に戻った感がある。これは消費増税後も基本的には雇用の回復が持続し、所得の回復が続いたことが大きく作用したと考えられる。

以上より、経済政策としての「アベノミクス」の一番の評価ポイントは雇用の回復である。そして、安倍首相が今回も消費税率引き上げを決めたのも、前回の消費税率引き上げによっても雇用の回復は頓挫しなかったからかもしれない。

だが、実は、2014年4月の消費税率引き上げに際して、国民の雇用に対する見方は大きく揺らいでいた。内閣府が発表する「景気ウォッチャー調査」には、雇用環境に関する項目がある。この雇用のＤＩ（雇用に対するセンチメントをみる指標）は、２０１４年４月の消費税率引き上げ直後から急激に低下した。

また、これに伴い、企業の求人数の伸び率も大きく低下した（次ページ図表２－14）。ここでいう「求人」とは企業が公共職業安定所（ハローワーク）に提出する求人票の数のことである。求人というのは企業にとっては新たに増やしたい労働者の数を意味するので、企業によるフローの（追加の）労働需要が減速しつつあることを示唆している（ちなみに「求人数」は遅行指標といわれる雇用関連指標の中では最も先行性のある指標である）。

さらに、前述のように、アベノミクス下での雇用環境の劇的な改善を示す特徴的な指標として「労働参加率の上昇」があるが、この「労働参加率」も短期的な動きを確認してみると、２０１４年４月の消費税率引き上げ直後から上昇が止まっていた。

結局、その後は求人数が前年割れすることなく、雇用は回復していったが、この雇用の回復に大きく貢献したのは外需であった。もし、このとき、外需の拡大がなければ、このまま日本経済は「再デフレ」に突入していたかもしれない。

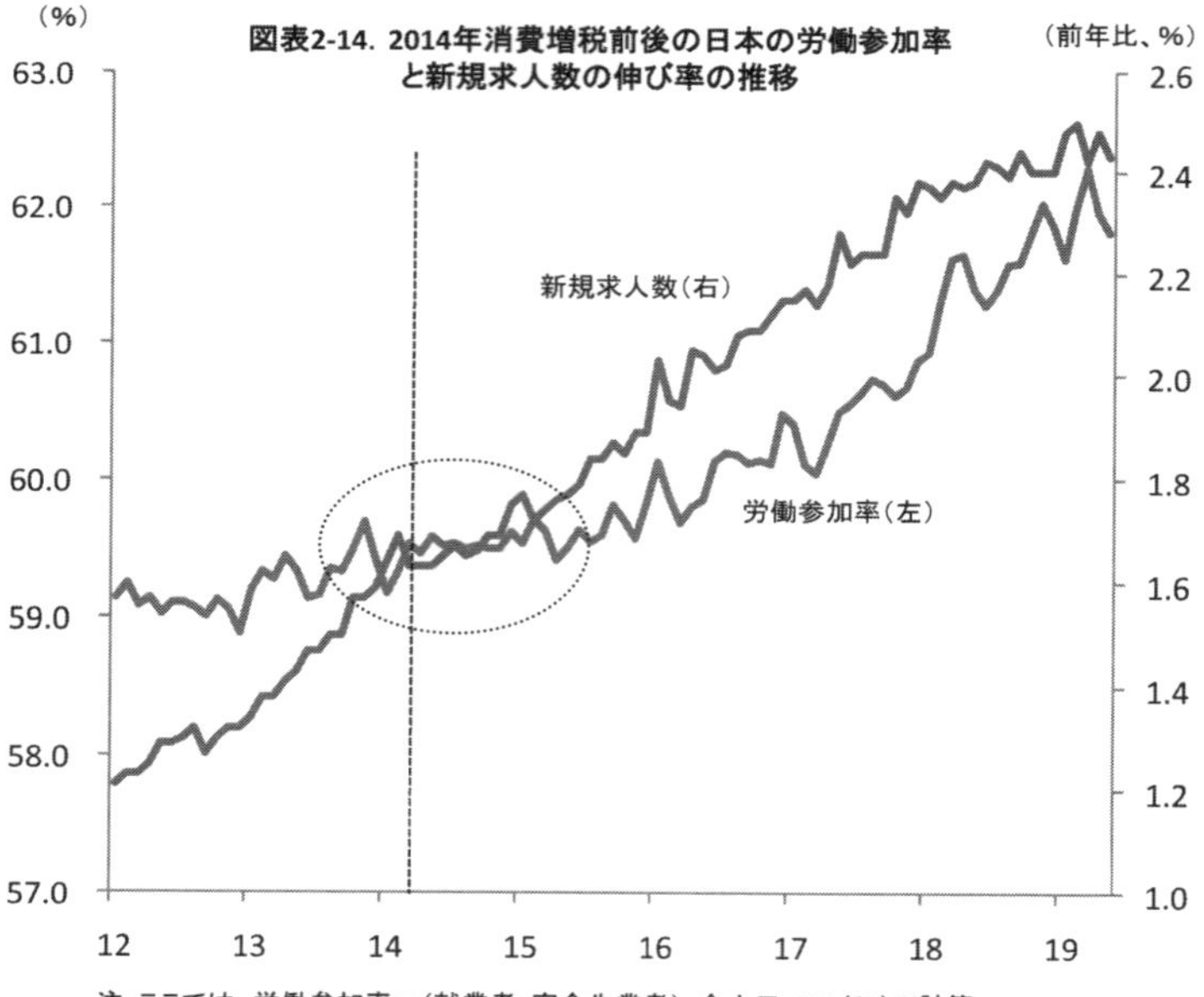


図表2-14. 2014年消費増税前後の日本の労働参加率と新規求人数の伸び率の推移

注：ここでは、労働参加率＝（就業者+完全失業者）÷全人口×100（%）で計算
出所：総務省データより作成

## 意外と重要な経済指標である労働分配率

もう一つ、雇用環境をチェックするのに有用な経済指標として「労働分配率」という指標がある。労働分配率とは、企業が生み出した「付加価値（利益と減価償却の合計値）」に占める人件費の割合のことである。労働分配率は、好景気の局面では低下し、景気が悪い局面では上昇する点が重要である（↓次ページ図表2－15）。

メディア報道等でよく、「日本経済で消費が停滞しているのは賃金上昇が不十分で、労働分配率が低いからだ」というコメントをみかけるが、これは実際のデータを全くみていないことから生じる大きな間違いである。

当たり前だが、例えば、好景気で企業の利益が増えないと賃金を引き上げることはできない。しかも、賃金の中でも、例えばボーナスは、利益の分配という側面があるが、企業にとっての利益の配分先は他にも、配当（株主）、内部留保（企業の将来のための蓄積）等いろいろあるので、結局、賃金の伸び率は利益のそれを下回ることが多い。

ただ、それでも好景気で企業の利益が増加する局面では賃金は大きく増加する。逆に、景気が悪いと企業の利益は減少する。ただしこの場合、企業の利益の減少ほど賃金は減少

## 図表2-15. 日本の労働分配率と賃金上昇率

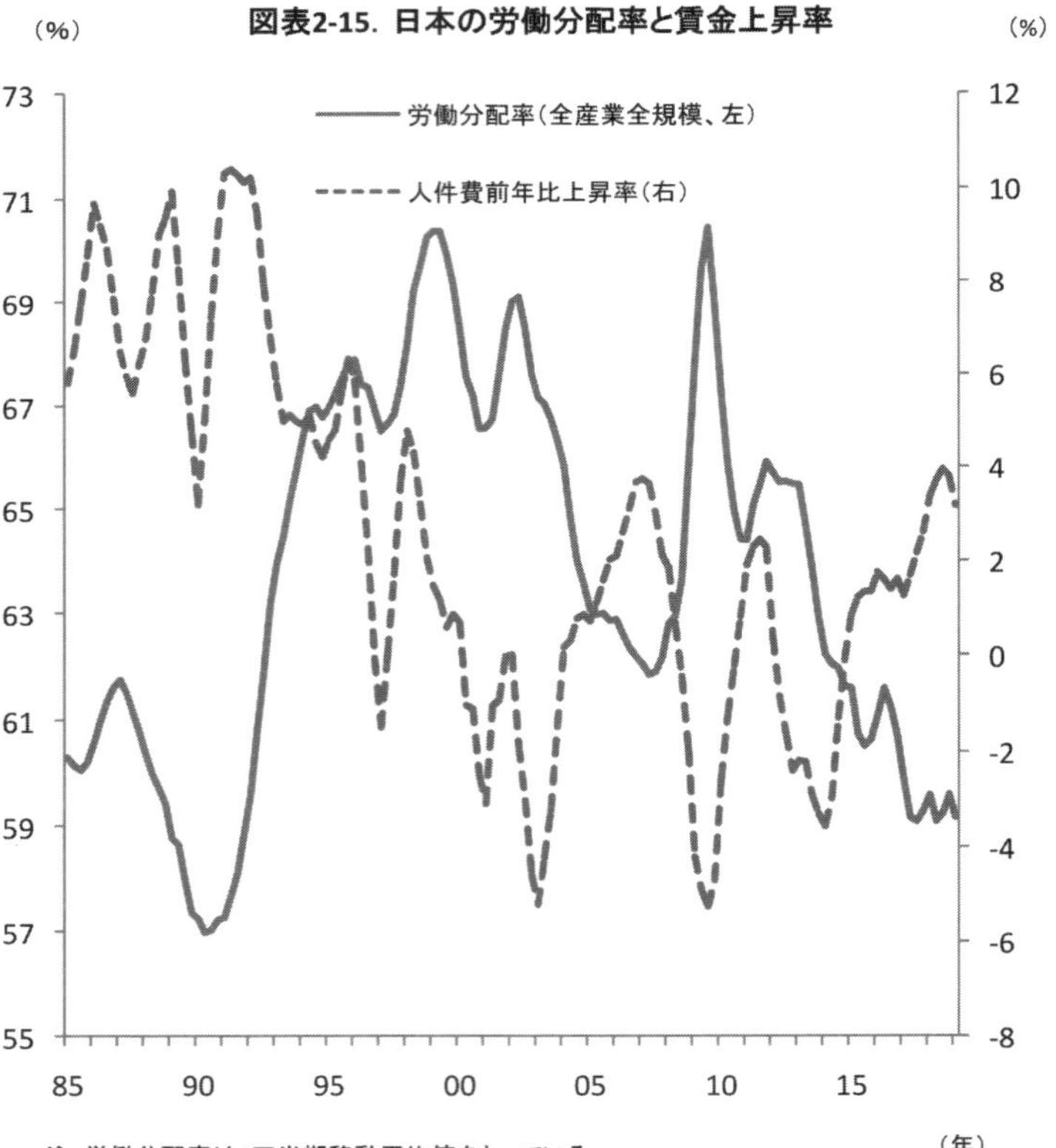


注：労働分配率は4四半期移動平均値をとっている
出所：財務省「法人企業統計季報」、FREDより作成

しないので、結果として労働分配率は上昇する。したがって、労働分配率が低下する局面の方が景気はよく、実際の賃金も上昇する。

それでは、一部野党が主張するように、景気の良し悪しに関係なく賃金を強制的に引き上げればどうなるだろうか。仮に、賃金を利益の伸び以上に増やした場合、会計的には減益になるかもしれない。減益にならなくとも配当や将来のための設備投資、もしくは、倒産を回避するための内部留保が減少するだろう。これは株式会社であれば、株価の下落要因になる。

これは、場合によっては社債調達の際の企業の格付けの悪化や、銀行から融資を受ける際の障害になるかもしれない。当然、企業の経営者はそれを懸念するため、従業員の賃金を引き上げる代わりに、従業員数を減らしたり、正規社員を非正規社員に振り替えたりするであろう（リストラの推進）。すなわち、企業の利益成長、ひいては日本全体の経済成長に見合わない無理な賃金引上げは、リストラを通じて逆に雇用を悪化させ、経済を停滞させかねない。

ところで、現在の労働分配率だが、残念ながら2018年半ば以降、横ばいで推移しており、ピークアウトする予兆が出てきている。さらにいえば、いわゆる「働き方改革」の影響で、残業時間（所定外労働時間）が減少し（6月は前年比で2.7%の減少）、その影響で労働者1人当りの賃金が今年になって減少している。

このように、消費税率引き上げ前から雇用環境はピークアウトしつつある中、前回の消費税率引き上げの悪影響を相殺した外需要因に回復の兆しはみえない。それどころか、米中両大国の景気は着実に減速の度合いを強めているようにも思える。

以上のように考えていくと、今回の消費税率引き上げは、実質所得の減速と貯蓄率の高まりという両面から消費支出をより大きく抑制させる懸念がある。

また、雇用環境の改善が事実上止まってしまう状況での再分配政策は、分配による恩恵を受ける階層とそうではない階層を分断させ、社会不安をもたらすリスクもある（これは軽減税率でも類似の現象が起きる可能性がある）。しかも、これは、国民全員が恩恵を受ける「消費減税」以外の財政支出拡大で是正することは困難である（仮に公共事業拡大や住宅減税の拡充等を実施したとしても、これらで恩恵を受ける階層とそうではない階層で断絶が深まるだろう）。

# 5. 忘れてはいけない金融政策の効果

## ～金融政策は本当に機能していないのか～

本書では直接の考察対象としないものの、日本のデフレ脱却がここまで進展してきたのは2013年から続く大胆な金融緩和の効果であると考える。そこで、ここではエッセンスだけだが、金融政策の効果に言及しておこう。

2013年以降の大胆な金融緩和政策は、一般的に「リフレーション政策（リフレ政策）」と呼ばれる。だが、日本における金融の専門家の大多数は、リフレ政策には従来から否定的で、今でもリフレ政策には「何の効果もなかった」と言いたいようだ。

その最大の理由は「日本銀行が自らの目標である2％のインフレ率を実現できていない」ためである。確かに、現時点でインフレ率は+0.5％近辺で推移しており、これは極めてクルーシャル（重大）な論点である。税制の話に移る前に、この点について筆者の考えるところを述べておきたいと思う。

この日本の物価問題を考える有益なツールは「古典的なフィリップス曲線」[*1]であると考

える。ここであえて「古典的」といったのは、現在の経済学では、フィリップス曲線というと、インフレ率とGDPギャップの関係を指すことが多いが、ここではGDPギャップではなく、失業率との関係でインフレ率を考えるためである。

ここでいう「GDPギャップ」とは、GDPの平均的なトレンドと実際のGDPの乖離率のことである。一般的に好景気のときには実際のGDPがトレンドのGDPを上回るので、GDPギャップはプラスに、そして、逆に不景気のときは実際のGDPがトレンドを下回るのでGDPギャップはマイナスになる。GDPギャップがプラスのときにはインフレ率は上昇しやすく、マイナスのときは低下しやすいというのが一般的なセオリーである。

だが、最近のフィリップス曲線における深刻な問題は、現実がセオリー通りに動いていないことである。具体的にいえば、現状のGDPギャップはプラスで推移しているが、インフレ率は上昇する気配はなく、逆に低下しつつある。

GDPギャップを算出する際のGDPの「平均的なトレンド」を算出する方法はいくつかあるが、どの方法で計算してもGDPギャップはプラスとなってしまう点が何とも悩ましい。つまり、インフレ率はGDPギャップが想定したような関係で動いていない。インフレ率とGDPギャップがどの程度似たような動きをしているかを示す「相関係数」を取ってみると、時間の経過にしたがって大きく変化している（↓次ページ図表2－16）が、直近は両者の相関がマイナスになっており、想定とは逆の関係になっていることがわかる。したがって、現在の経済学の枠組みで用いられるGDPギャップとインフレ率の関係で示される「フィリップス曲線」でインフレ率を予想しようとしてもうまくいかないのである。

また、GDPギャップと失業率の間には「オーカンの法則」[*2]という相関関係がある。この「オーカンの法則」があるので、従来は、GDPギャップとインフレ率の関係と失業率とインフレ率の関係は同じように扱えたのだが、前述のように、GDPギャップとインフレ率の関係が大きく変化するのであれば、当然、そのままインフレ率と失業率の関係を持ち出すこともできない。

例えば、日銀は従来から、インフレ率が本格的に上昇に転じる間際の失業率の「閾値《いきち》」の水準（これを「NAIRU[*3]（＝インフレが加速しない最低水準の失業率）」という）を3.5％程度としていたが、直近の完全失業率の水準はすでに2.3％まで下がっている。

もし、日銀の見方が正しいとすれば、インフレ率が3.5％になった段階でインフレ率は加

図表2-16. インフレ率とGDPギャップの相関係数の推移

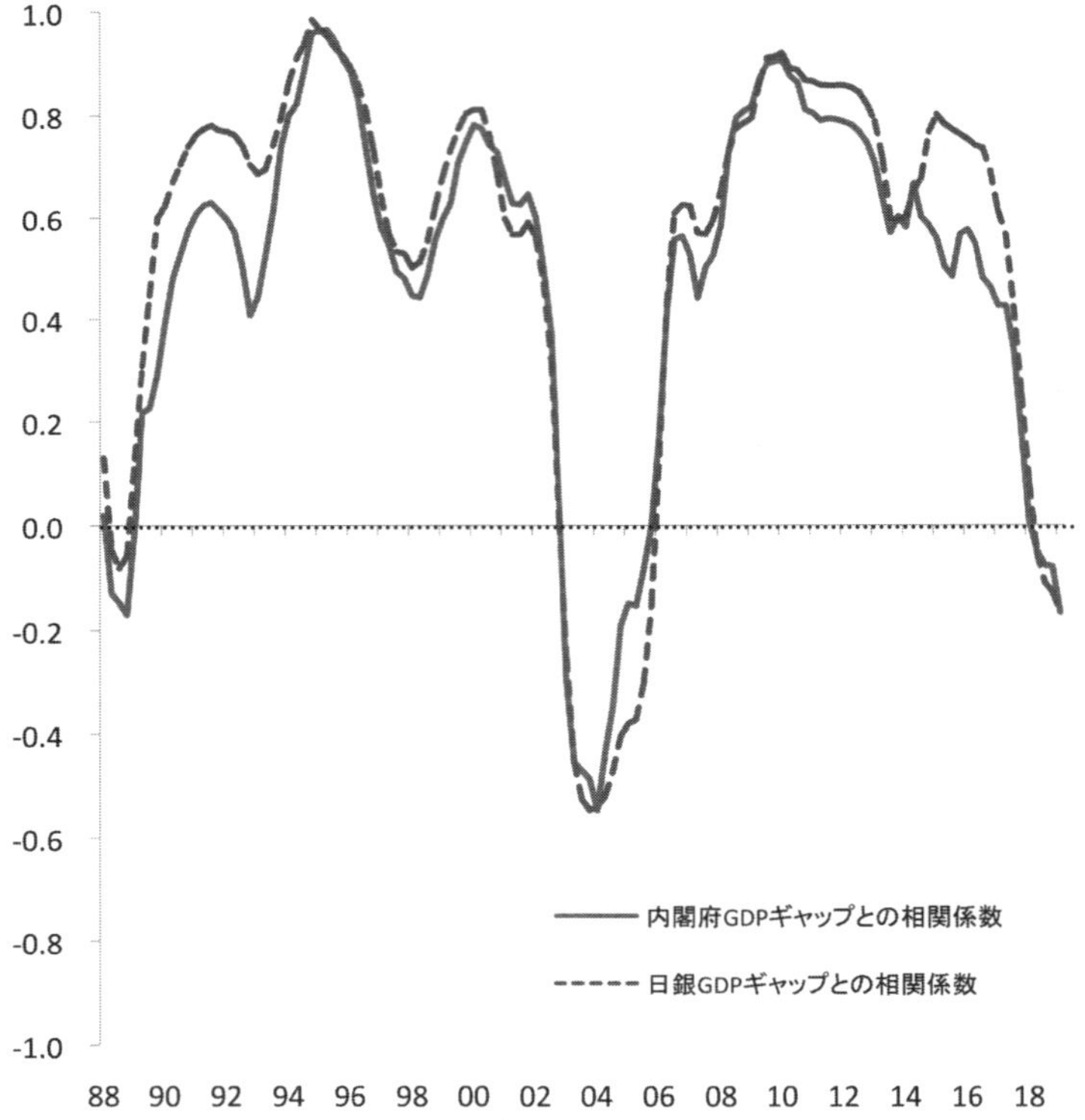


注:相関係数は、GDPギャップを2四半期先行させた上で5年間でローリングさせている
出所:財務省、内閣府データより作成

速度的に上昇するはずである。つまり、2.2%まで失業率が低下した現状、日本のインフレ率はゆうに目標値の2%を超えて上昇していてもおかしくないはずである。だが、残念ながらそうはなっていない（ここでの議論と直接関係ないが、NAIRUの概念については次ページ図表2－17を参照のこと）。

日銀の見方を批判してきた「リフレ派」も、2.5%程度の水準をNAIRUとみてきた。だが、NAIRUが2.5%だったとしても、2.2%の現状ではインフレ率は急騰とはいかないまでも、すでに上昇過程に入っているはずだ。だが、実際にはそうはなっていない。インフレ率はほぼ0.5%近傍で横ばいである。

そこで、ここではGDPギャップではなく、失業率を用いて「フィリップス曲線」の考え方を考え直したいと思う。そういう意味で、ここでは「古典的なフィリップス曲線」という表現を使った。

ただ、すでに述べたように、失業率を単純に使用しても問題は残る。この理由は以下のようなものだと推測される。すなわち、失業率は失業者を就業者で割って求めた数値だが、問題は「失業者とは、一定期間内に求職活動を行った者」と定義されている点である。

図表2-17. NAIRUの概念図

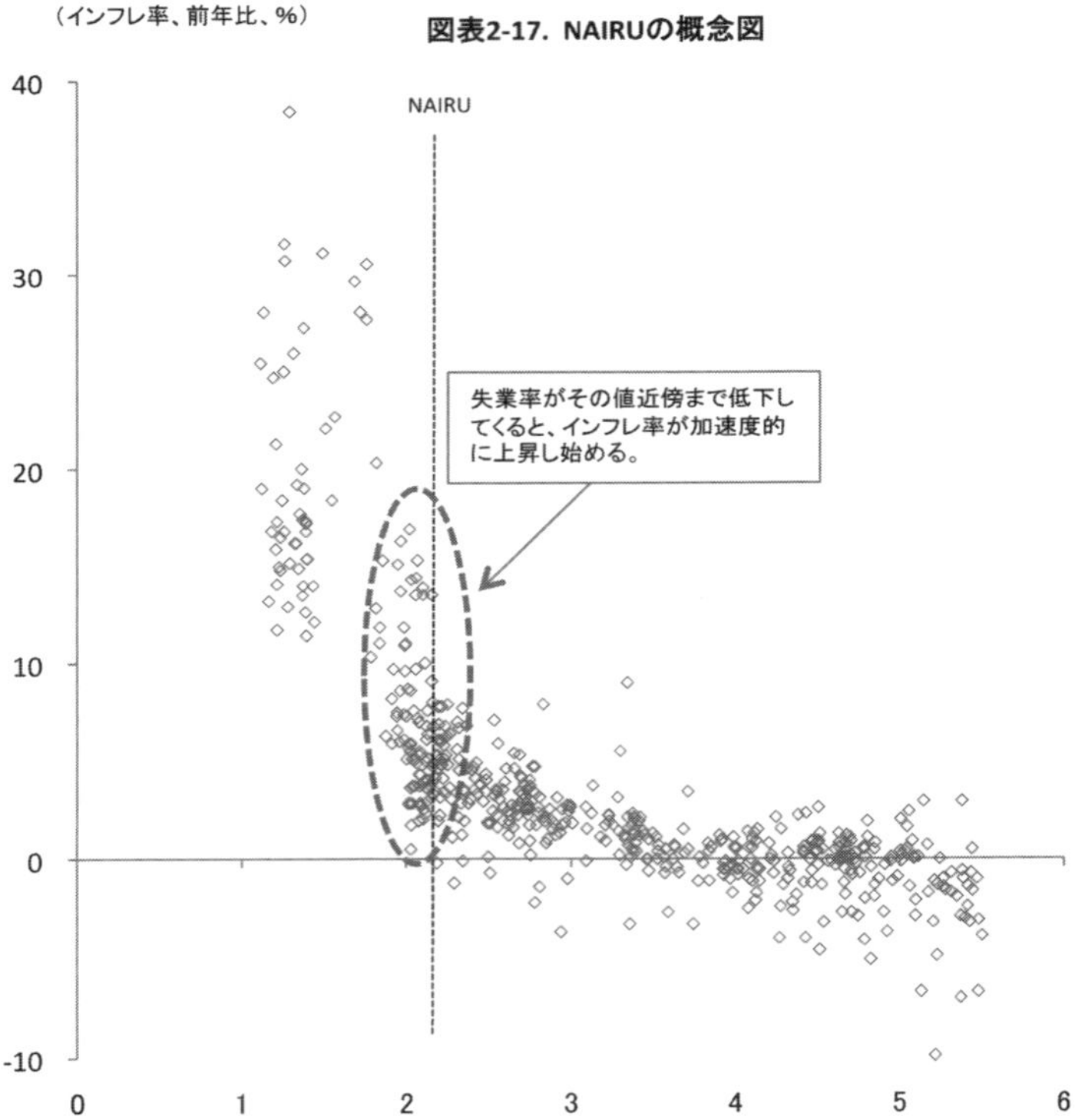


出所：総務省、厚生労働省データより作成

今回のデフレ局面においては、これもまたすでに述べたように、失業した後、満足に求職活動をせずに「引きこもってしまった無業者」が数多く存在するといわれている。筆者は、フィリップス曲線に基づいてインフレ率を考える際には、公表ベースの失業率の値ではなく、これらの「無業者」を考慮した失業率を用いるべきだと考える。そこで、筆者はこの「労働参加率を調整した失業率」を用いる。

そこで、新たに「労働参加率を調整した失業率」の意味を考えてみる。ここでいう「労働参加率」とは、15歳以上人口に占める失業者と雇用者の合計値の割合を指す。すなわち、労働参加率の算出には求職活動をしていない無業者は考慮されていない。

本格的なデフレ局面に入った1998年以降、雇用環境が厳しくなり、確かに失業者は増えたが、それとほぼ同時に、「無業者」も増えた。「無業者」とは、「求職活動をしていないため失業者にカウントされないが、実質的には失業状態にある人」を指す。統計の定義では、ハローワークに出かけるなど、求職活動をしないと「失業者」にすらなれない。

当時、非常に厳しい就職氷河期に直面した「ロスジェネ世代（就職率が7割を切っていた1999~2004年の大学卒業生で、2019年現在30代後半~40代前半）」の中には、社会に絶望し、求職活動を放棄し、その結果、無業者になってしまった人もたくさんいるだろう。

図表2-18. 失業率の推移

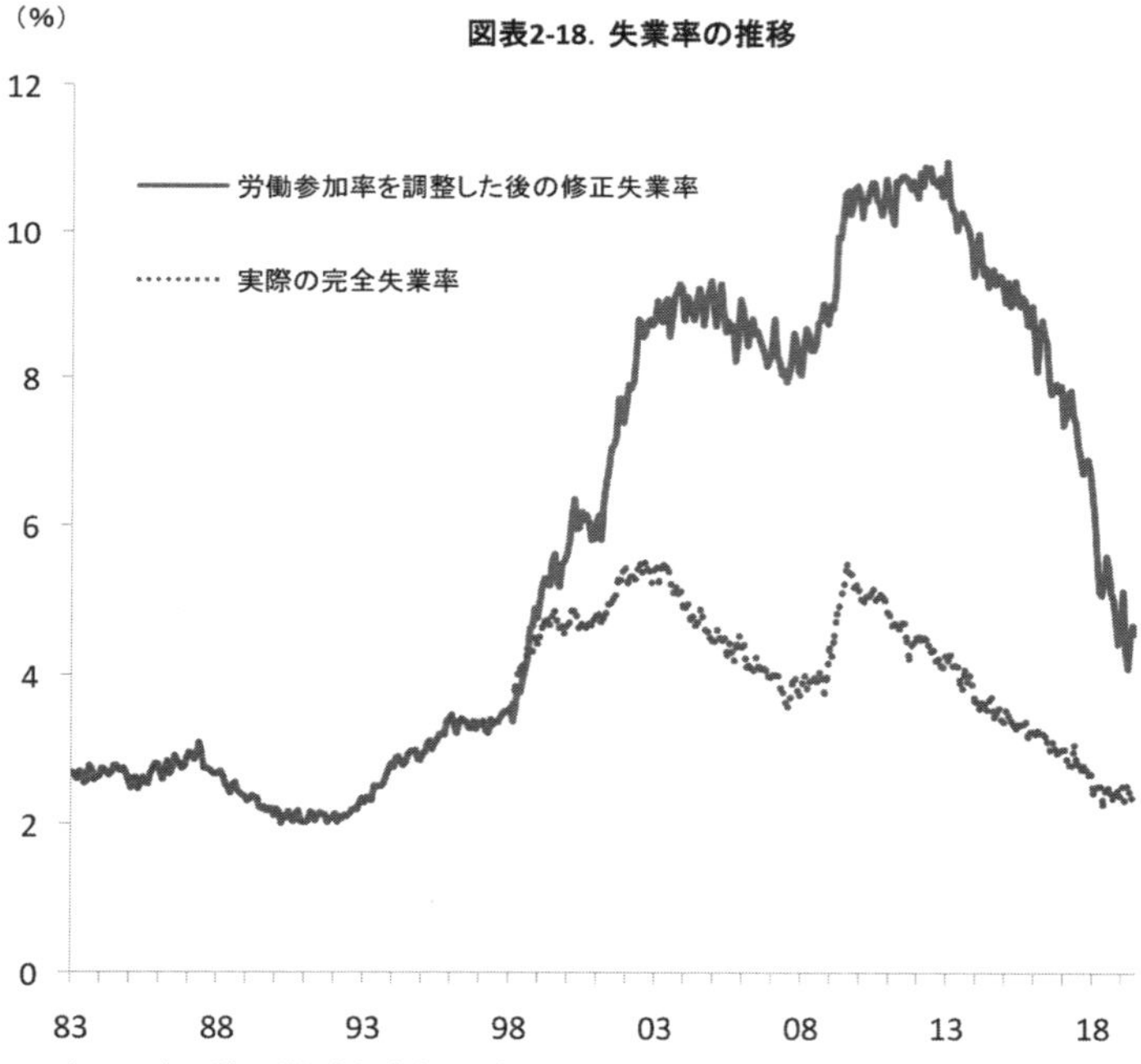


注：1998年以降の労働参加率を1983年から1997年までの平均値（63.4%）で一定と仮定して算出
出所：総務省データより作成

彼らも失業者としてカウントしないと雇用の実態を把握できない。

そこで、まずは、無業者を加味した失業率を算出し（図表2－18）、そのうえでこの「調整された失業率」を用いてフィリップス曲線を描いてみる。

次ページの図表2－19は、1983年以降のフィリップス曲線を示したものである。参考のために公表データの失業率を用いた場合のフィリップス曲線も同時に示したが、随分形状が異なっていることがわかる。

2019年7月時点での「調整された失業率」は4.5％となる。そして、このときのフィリップス曲線上のインフレ率は＋0.6％強となる。現在の「コアコアCPI」（消費者物価指数［CPI］から食料（酒類を除く）とエネルギーを除いた指標）の上昇率は前年比で＋0.6％なので、インフレ率の実績値は理論値と一致していることになる。

つまり図表2－19からいえることは、インフレ率が低いのは、無業者の存在を考慮した場合の失業率がまだまだ高いためだということになる。要するに「雇用環境は最悪期からは急激に改善したものの、まだまだ不十分でなお改善の余地が大きく、インフレ率が上昇するには至らない」という解釈となる。

**図表2-19. 2つのフィリップス曲線**

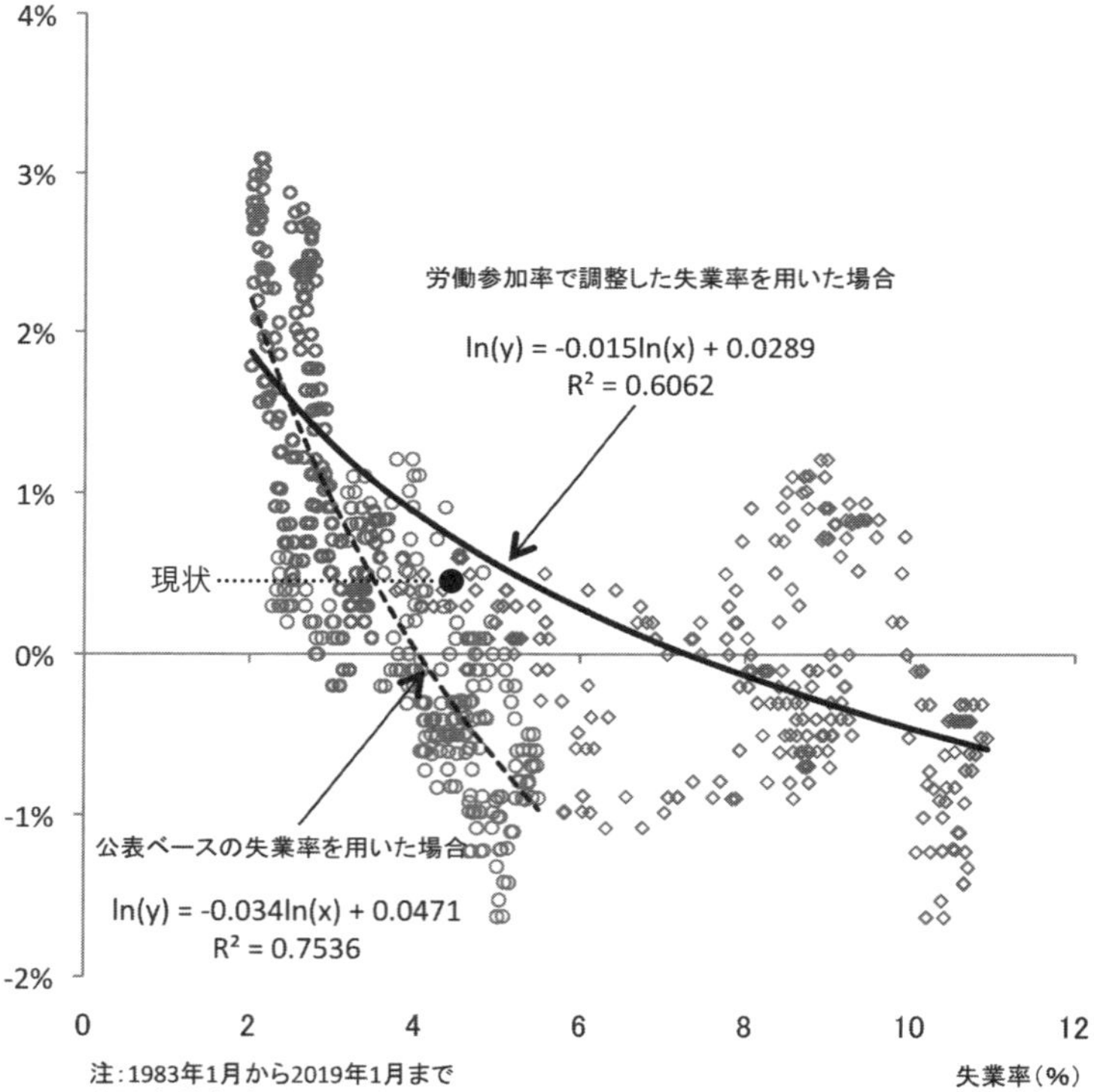


注：1983年1月から2019年1月まで
出所：総務省データより作成

だが、この「調整された失業率」を用いて描いたフィリップス曲線をみると、失業率が高い領域（図表2－19の右側）でのばらつきが大きすぎるという問題がある。そこで、それを修正するためには、「フィリップス曲線が時間の経過とともに左右にシフト（移動）した」と考える必要がある。

そこで、そのシフトを考慮したフィリップス曲線を描いたのが次ページの図表2－20である。一番左端が1983年から1997年まで（すなわち、デフレ前まで）のフィリップス曲線である。

図表2－20をみると、フィリップス曲線は、デフレが進行する中、デフレ前の形状を維持したまま、右にシフトしていったことになる（図表2－20の「デフレスパイラルの局面」の指さしマークの矢印で示した部分）。

このフィリップス曲線の右へのシフトが止まったのが2013年初めの「量的質的金融緩和（QQE）政策」の局面である。「QQE政策」によって、フィリップス曲線は右端の線に沿って左上方へ上っていくことになった。このことは、「QQE政策」下では、失業率の改善に先行して、まずはインフレ率が「ジャンプ」する傾向を見せたことを意味する。

順調に上昇するかにみえたインフレ率だったが、2016年1月末の「マイナス金利政

## 図表2-20. フィリップス曲線のシフトと金融政策

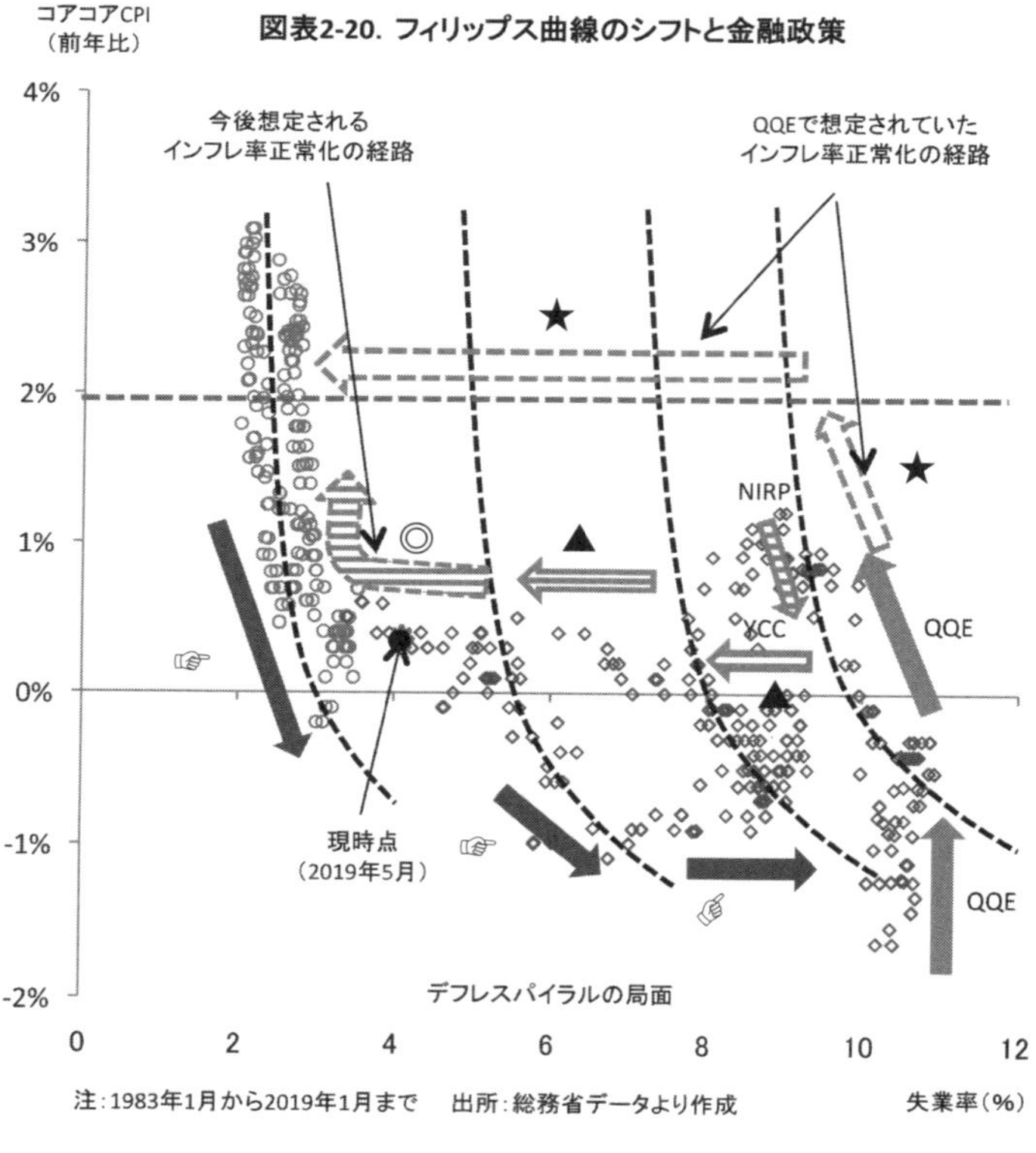


注：1983年1月から2019年1月まで　出所：総務省データより作成

策（NIRP）」採用後に「逆行（すなわち、右端の線に沿って右下方に下っていく）」することになった。すなわち、このフィリップス曲線的には、マイナス金利政策は裏目に出たことになる。

だが、2016年終盤以降、このフィリップス曲線に大きな変化が生じることになる。デフレ前のフィリップス曲線に回帰する方向にフィリップス曲線がシフト（左方シフト）し始めたのである（図表2－20中の★をつけた矢印で示した部分）。

これは金融政策との関連ではちょうど「イールドカーブ・コントロール（YCC）政策」[*4]が採用されて以降の現象となる。この局面では、インフレ率はほとんど上昇せず、失業率だけが大きく低下していった（図表2－20中の▲をつけた矢印で示した部分）。

2016年後半以降、フィリップス曲線が左方へシフトしていると考えると、現時点の失業率とインフレ率は、デフレ前のフィリップス曲線に近づきつつある最中であるということになる。

そして、今後インフレ率が現在とそれほど大きく変わらない水準で推移する中、「調整後の失業率」が3％台前半まで低下すれば、デフレ前のフィリップス曲線への回帰が終わり、それ以降、今度はインフレ率が上昇する局面に入るという解釈になる（図表2－20中の

◎をつけた矢印で示した部分）。したがって、今後、インフレ率が本格的な上昇局面に移行するか否かは直近時点で4.5％まで低下した「調整された失業率」がさらに低下していくか否かにかかっている、ということになる。

このことは、今後、注目すべきは公表ベースの失業率の低下ではなく、むしろ「労働参加率がどこまで上昇していくか」であるということになる。ここで注意すべきは、従来の「リフレ派」的な考え方だと、まずはＱＱＥ政策によってインフレ率に関する「期待」がジャンプし、その結果インフレ率が先行して目標値である２％近傍に到達し、その後、インフレ率は２％近傍を維持しながら、左方へシフトしていくというのが理想的なリフレ政策の進捗パターン（↓76ページ図表２－20中の★をつけた矢印で示した部分）だったということになる。

だが、現実はそのようにならなかった。ただ、まるで水泳の「バサロ泳法」のように、インフレ率はなかなか浮上しないが、失業率が劇的に改善することによって、再びインフレ率が上昇する局面に近づいているという解釈も可能なはずである。

重要なのは、さらに労働参加率を上昇させることで、この「調整された失業率」を低下させることであり、これが実現すればデフレ脱却はまだ実現可能だということである。

## 「構造的要因」も考慮すべき最近の低インフレ

次に、このフィリップス曲線の考え方を基に、インフレ率（コアコアCPI前年比上昇率）を、

❶フィリップス曲線自体の左右へのシフト
❷フィリップス曲線内の上下動

の二つに分解する（↓次ページ図表2－21）。

一般的に❶は「構造的要因」、❷は「循環的要因」となり、金融政策の効果は主に❷の部分ということになる。そこで、まずは❷の部分をみる。これは図表2－21では、下半分の横縞の部分となる。１９９８年以降のこの部分の動きをみると、

①２００３年まではほぼ一貫して低下基調で推移した後
②２００３年から２００８年前半までは横ばいからやや上昇へ転じ

## 図表2-21. フィリップス曲線のシフトとインフレ率

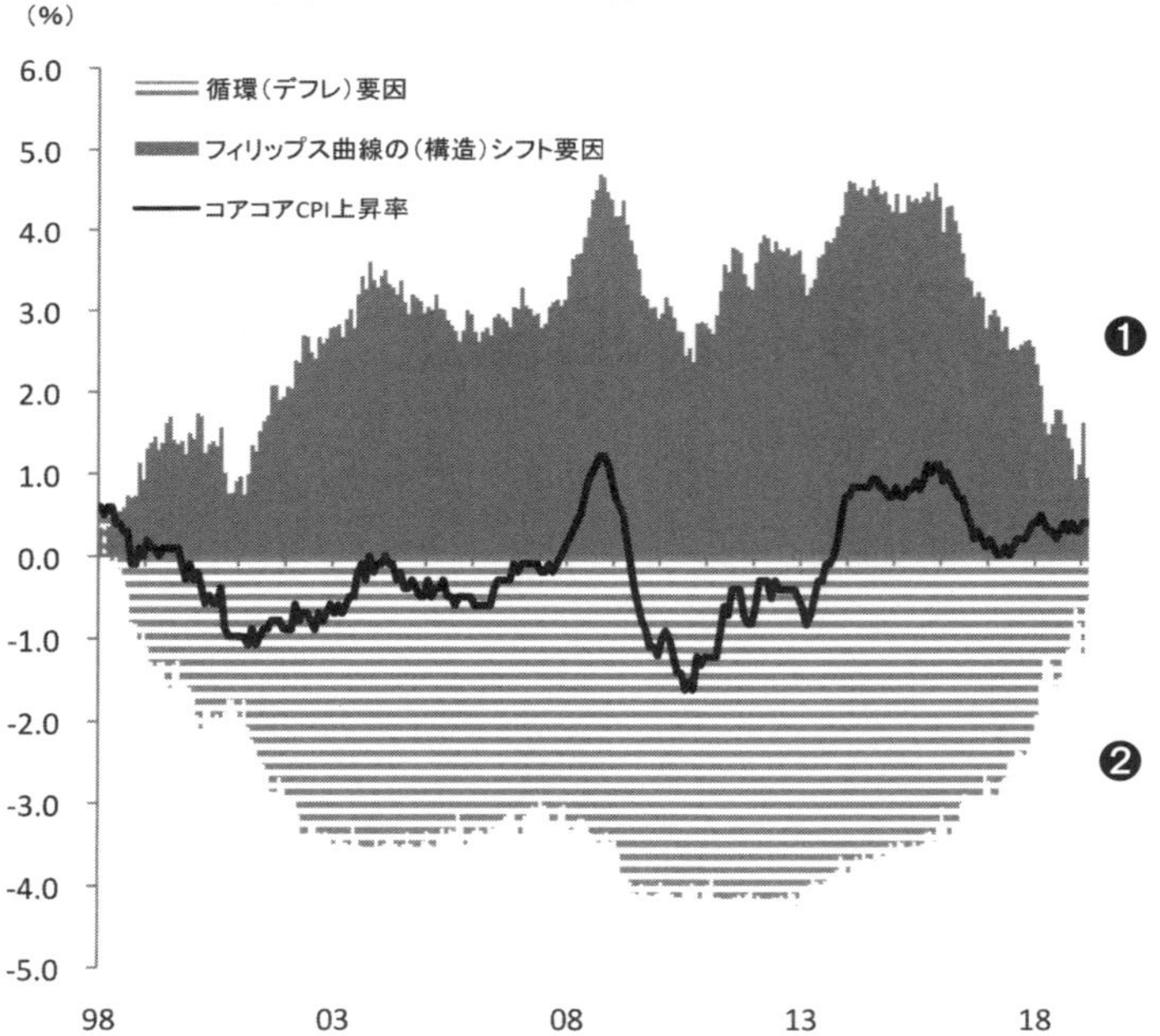


注：1983年から1997年までのフィリップス曲線を基準にインフレ率の乖離幅でシフト度を算出
出所：総務省データより作成

③2008年初めにピークアウトした後、その後のリーマンショックで大きく低下した後、2012年初めまでは緩やかに低下

④2013年以降、再び上昇に転じ、特に2017年後半以降、加速度的に上昇し始め現在に至っていること

がわかる。このインフレ率の循環的な動きは、日銀の金融政策スタンスの推移とほぼ一致している。福井総裁の下での緩和政策でインフレ率は、一度は循環的な上昇局面に転じたものの途中で頓挫、その後、デフレ圧力が強まった後、黒田総裁の下でのQQE政策で下げ止まりから上昇に転じたことがわかる。

2016年後半以降の上昇は、円安の進行が寄与した可能性が高い。2014年4月頃から上昇テンポがやや鈍化する。これは2014年4月からの消費税率引き上げによるものかもしれない。また、2016年半ばにも上昇テンポが鈍化しており、これはマイナス金利政策発動とそれと同時に発生した円高の影響の可能性がある。

一方、❶の部分だが、いろいろな指標との相関関係を調べた結果、潜在成長率（前述のトレンドGDP成長率と同じ意味）、および株価の長期トレンド（ここでは5年間の平均値）に遅行

して動いていることがわかった（この両者で、❶の部分の変動の80％程度を説明できる）（図表2－21、2－22）。そしてこれは、資本ストック循環とも連動している（2016年後半以降、設備投資拡大局面となっている）。これをどのように解釈すればよいか。筆者は、これは企業が将来の景気回復、もしくは中長期的な将来の成長余地を確認してから設備投資を拡大し、それによって、生産性が上昇し、これが構造的なインフレ圧力の抑制になったことを示唆しているのではないかと考える。

つまり、フィリップス曲線のシフトをみると、金融政策は、循環的な景気回復にともなうインフレ率の上昇をもたらす一方、企業にとっての中長期的な成長期待を高めることで設備投資を促し、これが生産性上昇によるインフレ率の抑制を同時にもたらしている可能性があると考えられるのではなかろうか。この生産性上昇によるインフレ率の抑制は、雇用の拡大に波及することで、フィリップス曲線をデフレ前の位置に回帰させつつある。

その意味では、現状もデフレからの脱却プロセスは進行中であるし、同時にＱＱＥ政策以降の金融政策もデフレ脱却に有効に機能していると考えられる。また、金融政策は構造要因（サプライサイド要因）にも影響を与えている可能性も否定できない。

図表2-22. フィリップス曲線の「構造変化」と株価

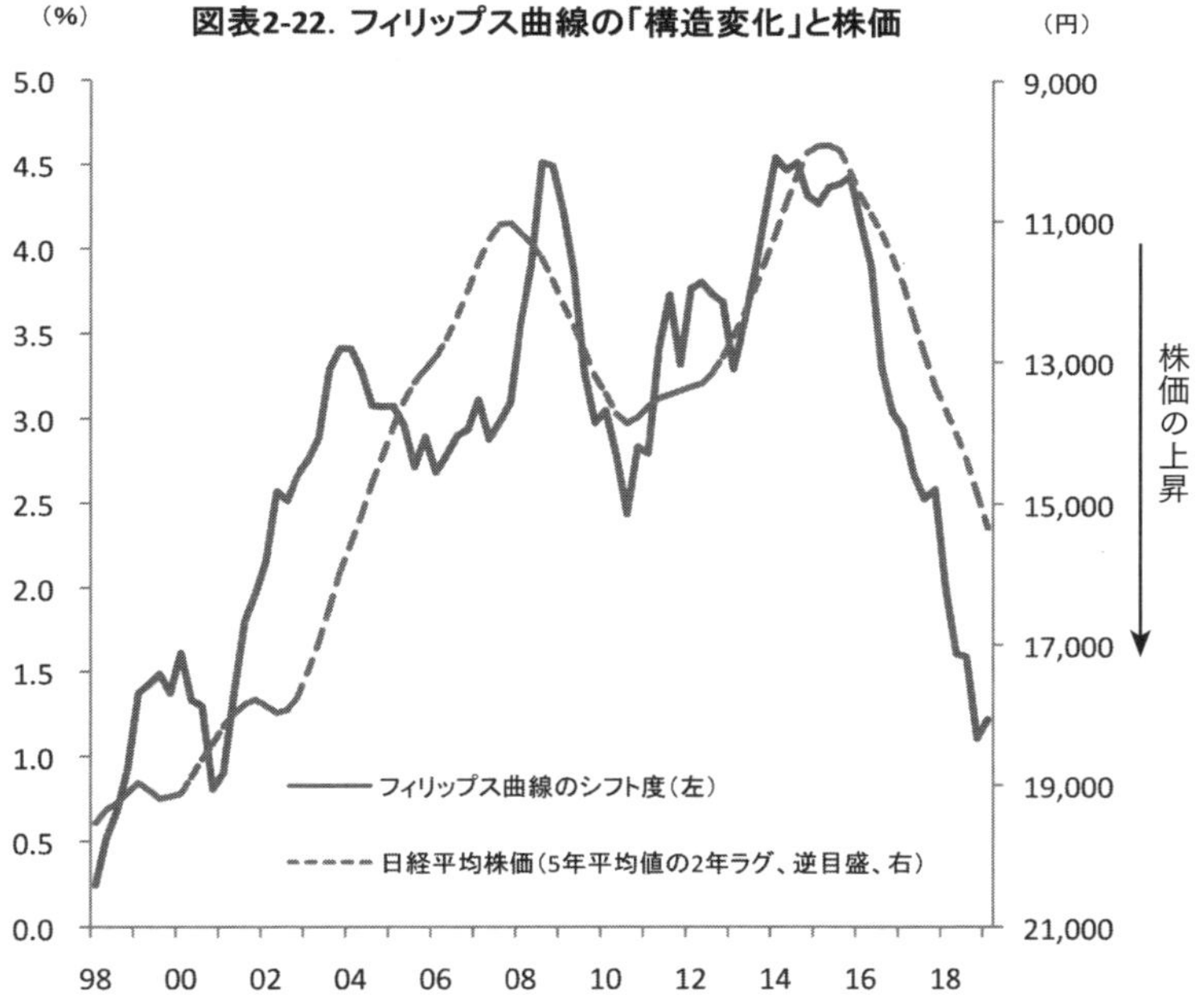


出所:内閣府、総務省、FREDデータより作成

## 6. なぜ為替レートはなかなか円安にならないのか?

ここまで日本経済は、中国やヨーロッパの経済のような加速度的な景気悪化にはなっていない。その大きな理由としては、これまでのところ、為替レートの急激な円高を免れている点が指摘できるのではなかろうか。

これまで経験してきた日本経済の悪化、およびデフレの悪化は円高をともなっていることが多かった。そして、日本の株価も円高局面では下げることが多かった。

まず、株価と為替レートの関係を考えてみる。最近の日本株は外国人投資家の売買に大きく影響を受けるといわれている。その意味で、円換算で表示される日経平均株価に為替レートを掛けることで「ドル換算の日経平均株価」を算出してみると何かのヒントを得ることができるかもしれない。

実際に為替レートを掛けて円換算した米国のニューヨークダウと日経平均株価を比較してみると、2018年まではほぼ同じ動きをしていたことがわかる(図表2−23)。

図表2-23. 円建てでみた日米株価

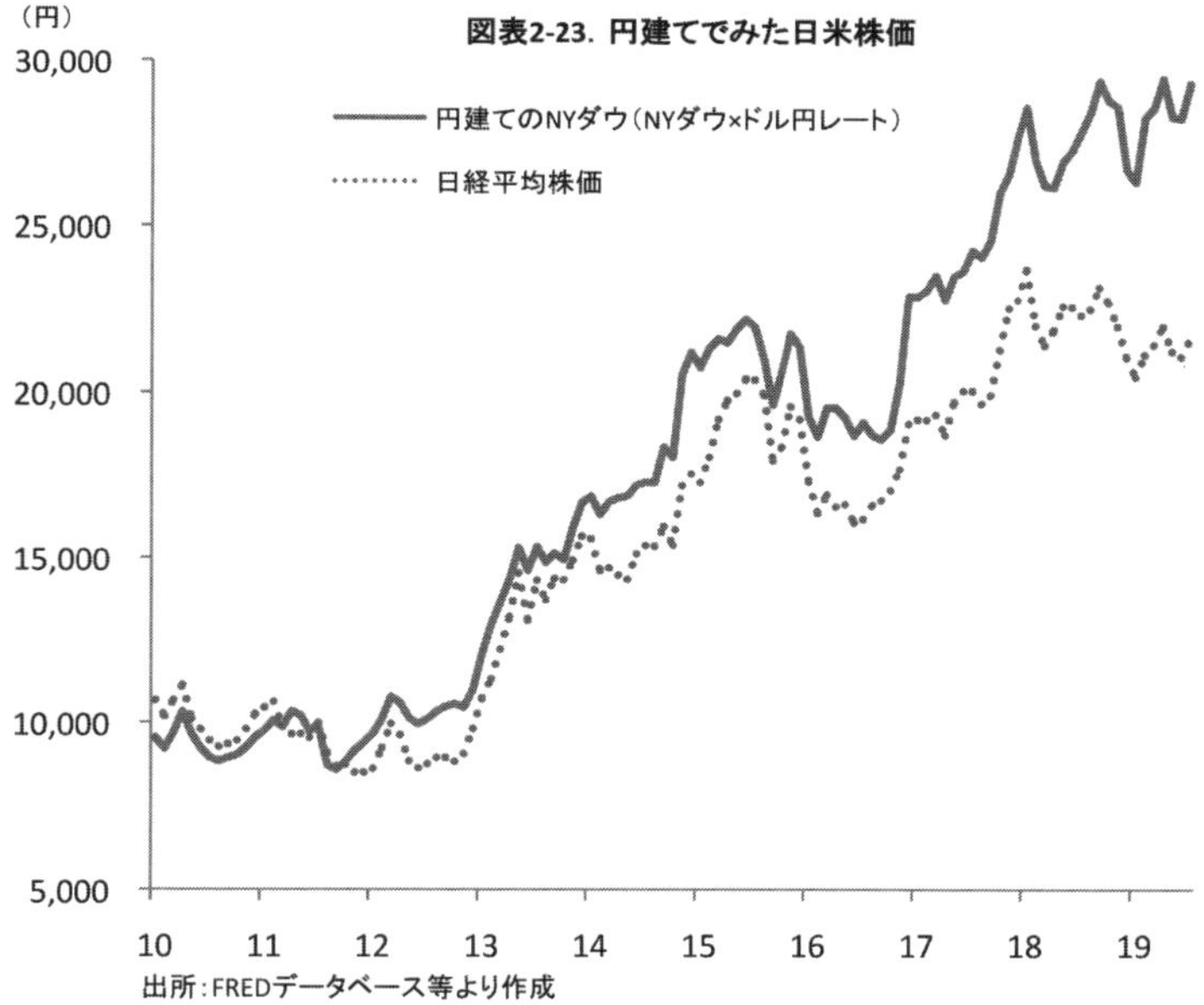


出所:FREDデータベース等より作成

次に、この関係を日米の株価比率とドル円レートの関係に置き換えてみると（図表2－24）、これまた、2017年まではドル円レートを日米の株価の比率で説明することが可能であった。ちなみに日米の株価比率とドル円レートの相関を計算してみると0・76とかなり高かった。

これは、為替レートを仲介して日米株価に一種の「裁定」が働いていたことを意味する。すなわち、（ドル建ての）米国株が（円建ての）日本株よりも上昇率が高い場合、日本株は米国株に対して割安で推移することになるが、このとき、主に米国の投資家は割安の日本株を購入することになる。その売買行動によって為替で調整した日本株と米国株の収益率は等しくなることになる。これを「裁定」という。

日本株を購入する場合にドルを円と交換することになるが、このとき、ドル売り円買い需要が発生するので為替レートは円高ドル安で推移することになる。その結果、両者の収益率が等しくなることを意味している（もっとも為替の需要は株式の売買だけでは決まらないのでこの関係が正確に成り立つものではない。日米株価の比率とドル円レートに高い相関関係があるということは、その背後にもっと複雑な仕組みが存在すると思われるが、それは本書の考察対象外なので簡便的な説明方法でご容赦いただきたい）。

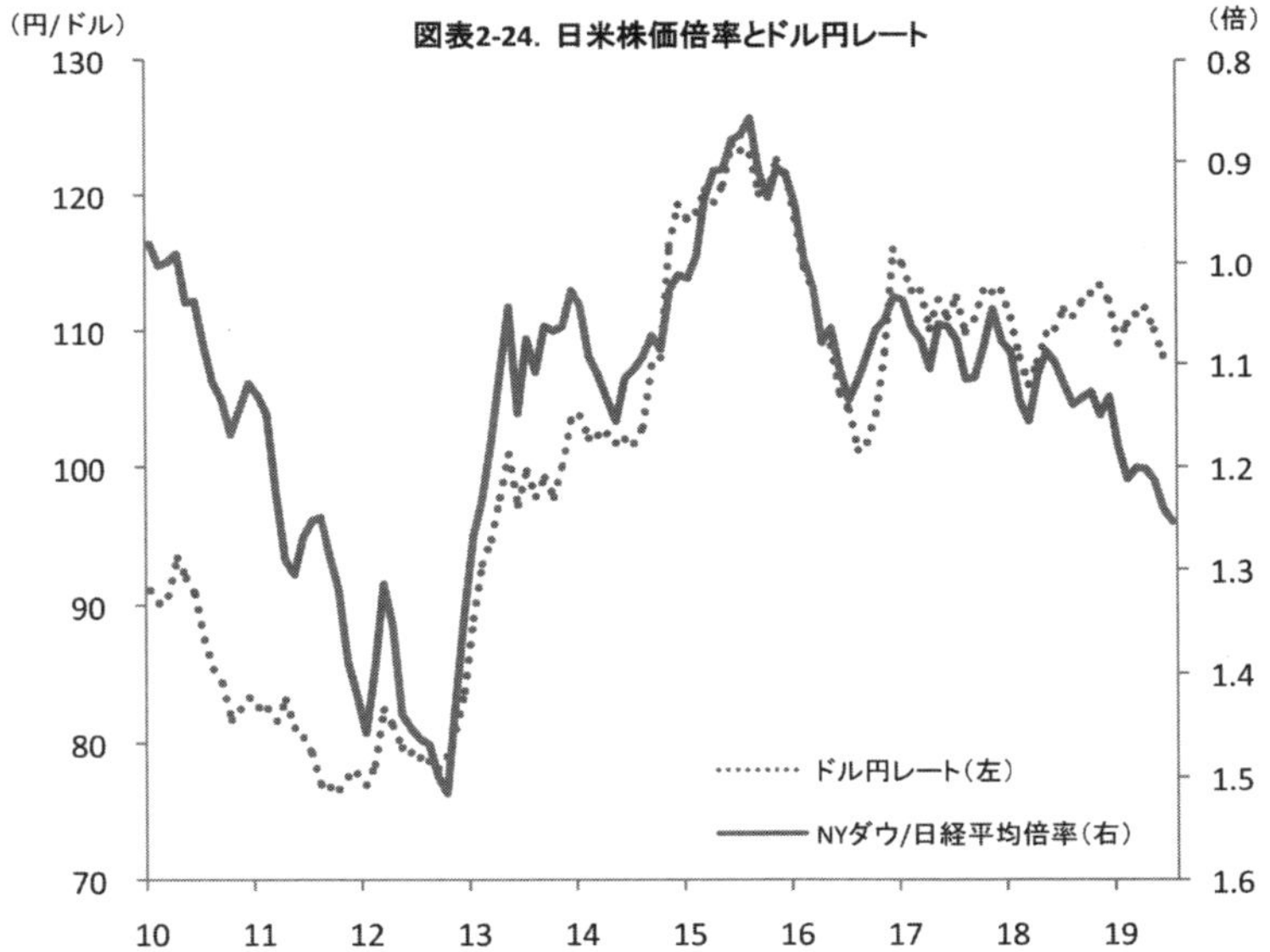

出所:FREDデータベース等より作成

このロジックで行くと、日本株が米国株よりも上昇ペースが早い場合、両者の間で裁定関係が成立するのであれば、円安ドル高が進行するはずである。そして、2012年終盤以降、それが現実に起こったのである。

これは、為替レート決定理論の「通説」とはかなり異なる考え方である。一般論でいえば、ドル円レートは日米金利差で決まるとされる。この考え方は、「金利裁定」と呼ばれる（その意味では前述のロジックは「株価裁定」になる）。この「金利裁定」の議論は以下のように考えるとよい。

1億円を持っている日本の投資家が、日本で金利1％で1年間運用した場合の1年後の資産残高は1億100万円となる（1億円×1・01）。

このとき、この日本の投資家が同じ金額を米国で1年間運用した場合の金利（米国の金利）が3％であったとすると、現在の為替レートを1ドル＝100円とすると、ドルで運用した場合の1年後の資産残高は（1億円÷100円／ドル）×1・03ドルとなる。

一年後に両者が同じ価値にならないと、投資家は有利なほうで運用しようとして資金が流れ続けるので、最終的には両者は同じ価値になる。このとき1年後のドル円レートは1ドル＝98・05円と円高になる。

このように、いわゆる「金利裁定」の考え方では、金利が高い国（米国）の通貨は安くなる。だが、実際の為替市場では、一般的には逆の現象が起きる。すなわち、金利が高い通貨のほうが通貨は高くなる。これは明らかに理論と矛盾している。

つまり、実際の為替レートは前述の「裁定条件」を満たしていないことを意味する。そのため、理論的には金利が高い通貨で運用したほうが通貨の上昇分も取れるので運用益が大きくなる。その場合、普通ほとんどすべてのお金が、金利が高い国に流れてしまう。しかし実際の為替市場ではそのようにならない。

この理由は、金利差とは別に、金利が高い国の通貨で運用することに「リスク」があるからだと考えるしかない。むしろ、前述のように日米の株価比率との相関が高いことを考えると、実際の為替レートは、金利差よりも「リスク」で決まっている可能性が高い。ただ、これが具体的に何のリスクかは判然としない。これは、ファイナンスの理論では、「金利平価パズル」といわれており、現在も経済学では解明されていない不思議な事象の一つである。

為替の専門家といわれる為替アナリストの多くがこの「パズル」の存在や意味を全く考えずに、単純に金利差を当てはめて為替レートの予想をしている。

そして、この考え方を当てはめると、このところの米国金利の低下はドル安要因のはずである。さらにいえば、日本の債券市場は、日銀による「イールドカーブ・コントロール（YCC）政策」が効いていることもあり、安定的に推移している。

そのため、日米金利差でみれば、円高ドル安が加速していてもおかしくない状況である。しかし実際のところ、ドル円レートはそれほど明確に円高にはなっていない。

しかも、この議論が最もナンセンスな点は、各国金利を簡単に予想できるという前提に立っていることである。だが、金利を予想するのもかなり難しい。金利を正確に予想できる能力があるのなら、金利を予想してからその金利を使って為替レートを予想するよりも直接、為替レートを予想したほうが効率的であろう（そもそも、金利と為替はマーケットの中で同時決定されているので、必ずしも金利から為替へという因果関係もない）。しかし、このような能力を持っている人は誰一人としていないので、残念ながら、金利差モデルは「見るも無残に」崩壊しており、為替レートの動向を考える際に、機械的に金利差を当てはめただけでは当たるはずはない（ちなみに両者の相関係数は0・55と低い）。（図表2－25）

正直にいえば、為替レートをピンポイントで当てに行くことは無謀としか思えず、せいぜいできることは、現在の為替レートの位置関係をどのように考えるかであろう。そこで、

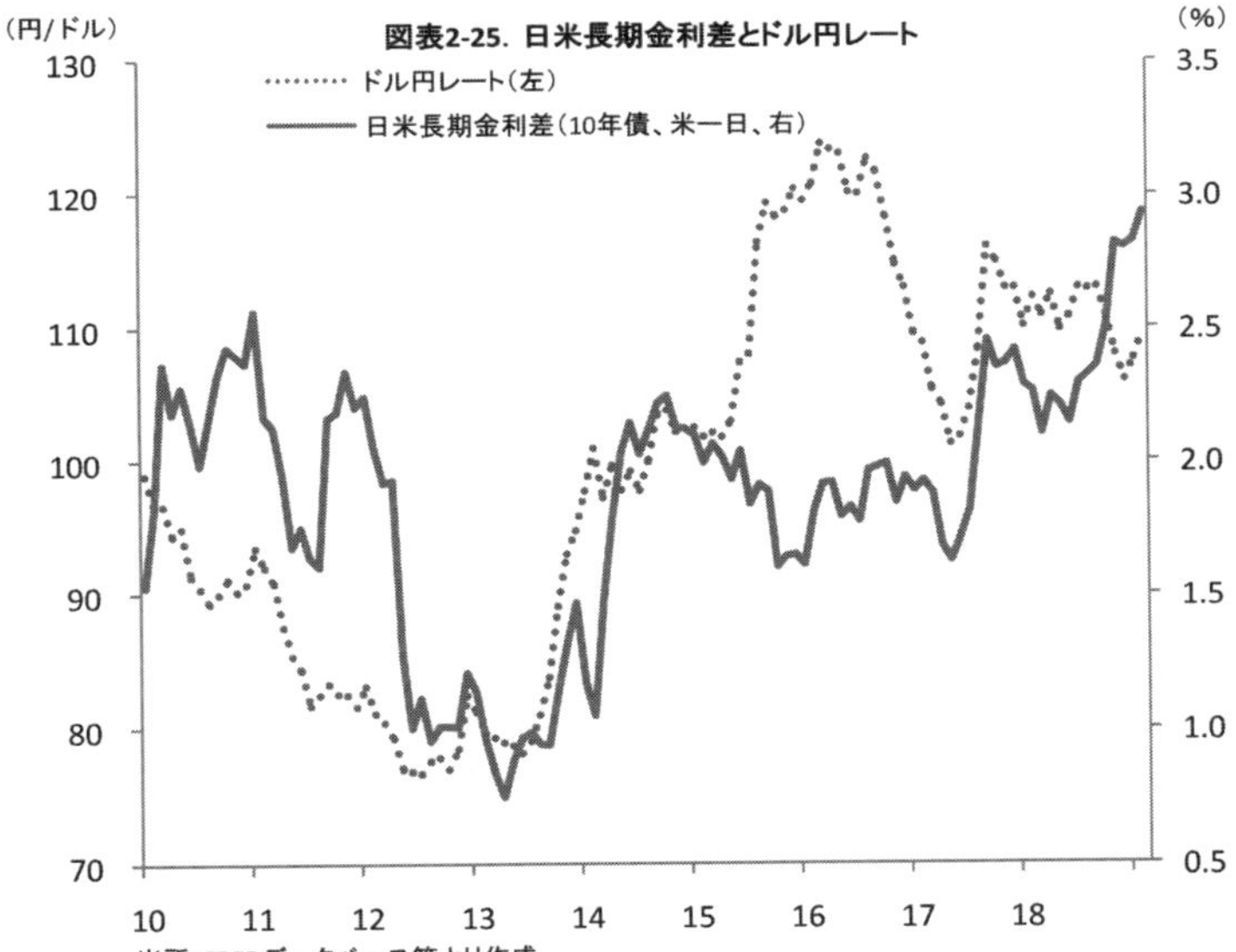

出所:FREDデータベース等より作成

筆者は、「購買力平価」対比でみた実際のドル円レートの位置関係をみるのがよいと考えている。

「購買力平価」とは、二国で同じ品質のモノを同じ量購入した場合の値段の比率で算出される。一つの商品に限定しているので正確ではないが、例えば、ニューヨークと東京でビックマックを購入した場合の円とドルの価格の比率である「ビックマック指数」がその代表例である。

だが、購買力平価を算出する際には、なるべく広い財・サービスの価格から算出したほうがよいので、一般的には、日米の物価指数の比率で購買力平価を求めることが多い。ただし、物価指数は基準時点を100として、その基準時点からの変化率を積み上げたものなので、購買力平価もある基準時点を定め、そこを基点として算出する。

そこで、企業物価（および生産者物価）で計算した7月時点の購買力平価は1ドル＝97円程度であると推測される。したがって、現在のドル円レートはこの購買力平価から14％程度の円安で推移していることになる。購買力平価比で、円安で推移するというのは、ドル円レートの動きを長期的にみた場合には非常に珍しい現象である（図表2－26、図表2－27）。

図表2-26. ドル円レートと購買力平価の推移

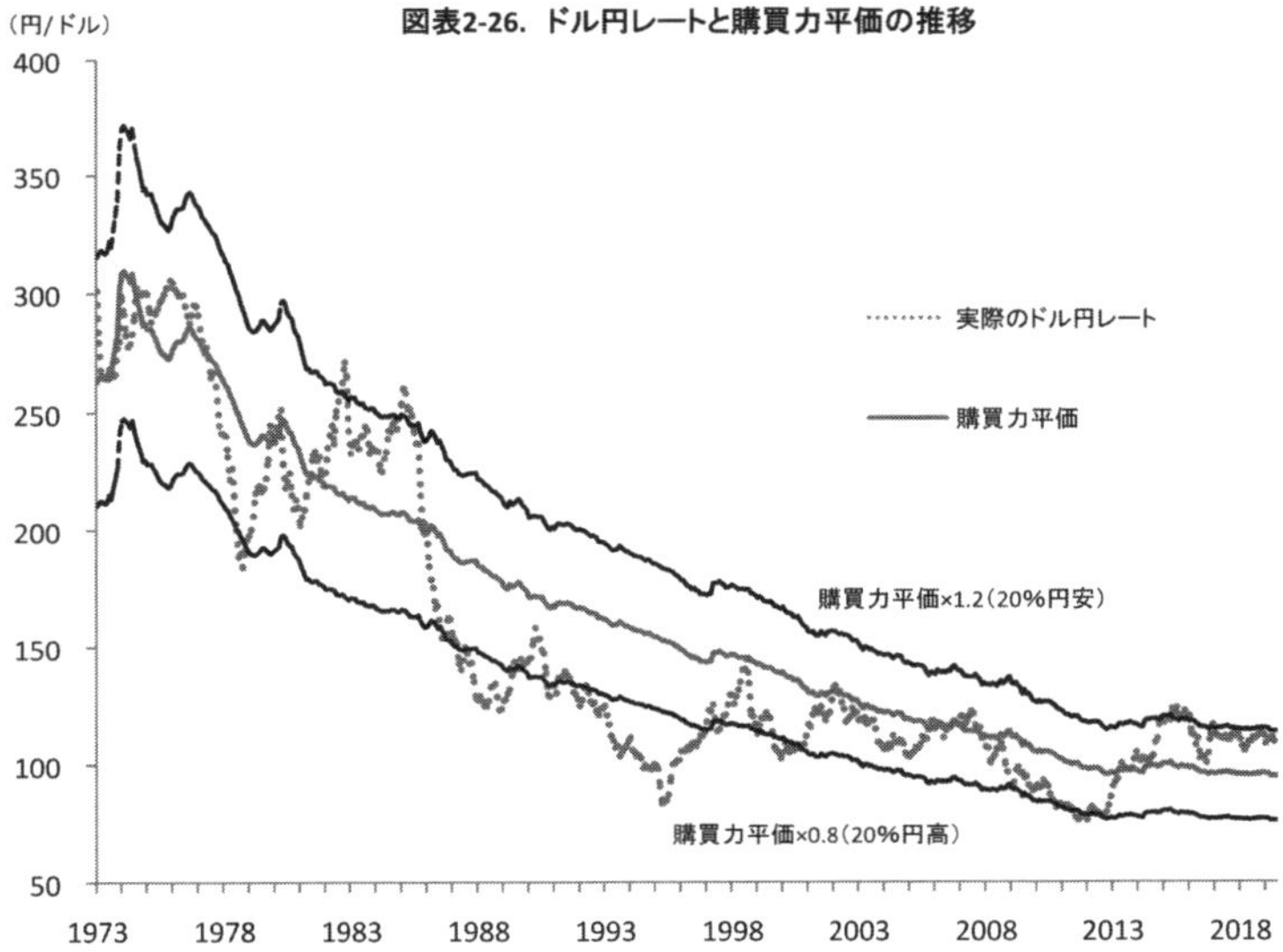


出所:国際通貨研究所データより作成

図表2-27．ドル円レートと購買力平価の乖離率の推移

出所：国際通貨研究所データより作成

1985年のプラザ合意以降でみると、実は、「アベノミクス」が発動される2013年以前のドル円レートは、購買力平価対比でみるとほぼ一貫して円高で推移していた。しかも、「円安の天井」が購買力平価という状況が2012年まで続いた。これは、ドル円レートが購買力平価の水準に到達すると、その後は円高方向に反転していたことを意味する（日銀関係者は決して認めないが）。

筆者は、これは日銀が、ドル円レートが購買力平価に到達した段階で金融政策を引締め気味に転換していたためだと推測している。

このトレンドが大きく転換したのが2013年以降だが、これは、日銀がQQE（量的質的緩和）政策に舵を切ったことが大きな理由であると考える。しかも、2013年以降も日本経済はたびたび円高の危機を迎えそうになったが、概ね購買力平価対比で10％程度の円安水準を維持するなど、しぶとく円高を回避してきた。

昨年末の世界的な株価急落局面でも「リスクオフから急激な円高のリスクが高まる」といわれ、多くの人がそれを懸念したが、ドル円レートが1ドル＝100円割れの危機を迎えることはなかった。これは日銀が今も「量的質的（QQE）政策」のスタンスを維持しているからに他ならないと考える。

## 日米金融政策の差はどのように為替レートに反映されているのか

次に、筆者が為替レートの動きを考える際に用いている方法について言及したいと思う。筆者は為替レートを決める最も重要な要因として「日米金融政策の差」を重視しているが、それを政策金利の差ではなく、日米のマネタリーベースの比率で表現したほうがよいと考える。ちなみにマネタリーベースとは、中央銀行が供給するお金の量のことである。

そして、それと為替レートの関係を示したのがいわゆる「ソロスチャート」[*5]といわれるものである。実は、この「ソロスチャート」は、今から20年以上前に、ジョージ・ソロス氏が率いるヘッジファンドから筆者が当時勤務していた会社に作成、およびデータ更新の依頼があり、その下請け作業で筆者が作成したものである（ただし、依頼自体は、マネタリーベース比率ではなく、M1（現金＋預金通貨）比率であったので、その後、それを筆者がマネタリーベースに置き換えた）。ただ実際にソロス氏と面会したことがある浜田宏一イェール大学名誉教授によると、ソロス氏自身は、「そのようなチャートの作成を依頼した記憶はない」ということなので、おそらく部下が好んで使用していたのであろう。

話は脱線したが、その「ソロスチャート」も（当たり前だが）為替レート変動を完全に説明することはできない。だが、80年代後半以降、ドル円レートと日米マネタリーベースの間には「共和分」という統計的な関係がある点は注目に値する。

「共和分」の関係というのは、『ドル円レートと日米のマネタリーベース比率が、お互いに「つかず離れずの関係」を保ちながら変動している』ことを意味する。これは、犬の散歩に喩えれば、犬は勝手に動き回るが、動き回る範囲は、筆者が手にしているリードの長さで限定されている状況と似ている。つまり、為替レートが「犬」であれば、散歩に付き合っている飼い主が「日米のマネタリーベースの比率」ということになる。犬の散歩では犬が飼い主と全く同じ動きをすることはまずないが、リードを通じて、ある程度、飼い主が犬の動きをコントロールすることは可能である。つまり、金融政策が為替レートをある程度はコントロールしていることを意味している。

そして、この「共和分」の関係を用いれば、ドル円レートと日米マネタリーベースの間の「均衡値」を算出することができる。先ほどの犬の散歩の例でいえば、「均衡値」とは、「いつも歩く定番の散歩コース」みたいなものであろうか。

そこで、ドル円レートと、日米マネタリーベース比率との共和分の関係から算出した「均衡値」を図示したのが次ページ図表2－28である。この「均衡値」は、日米の金融政

図表2-28.「長期均衡値」と実際のドル円レート

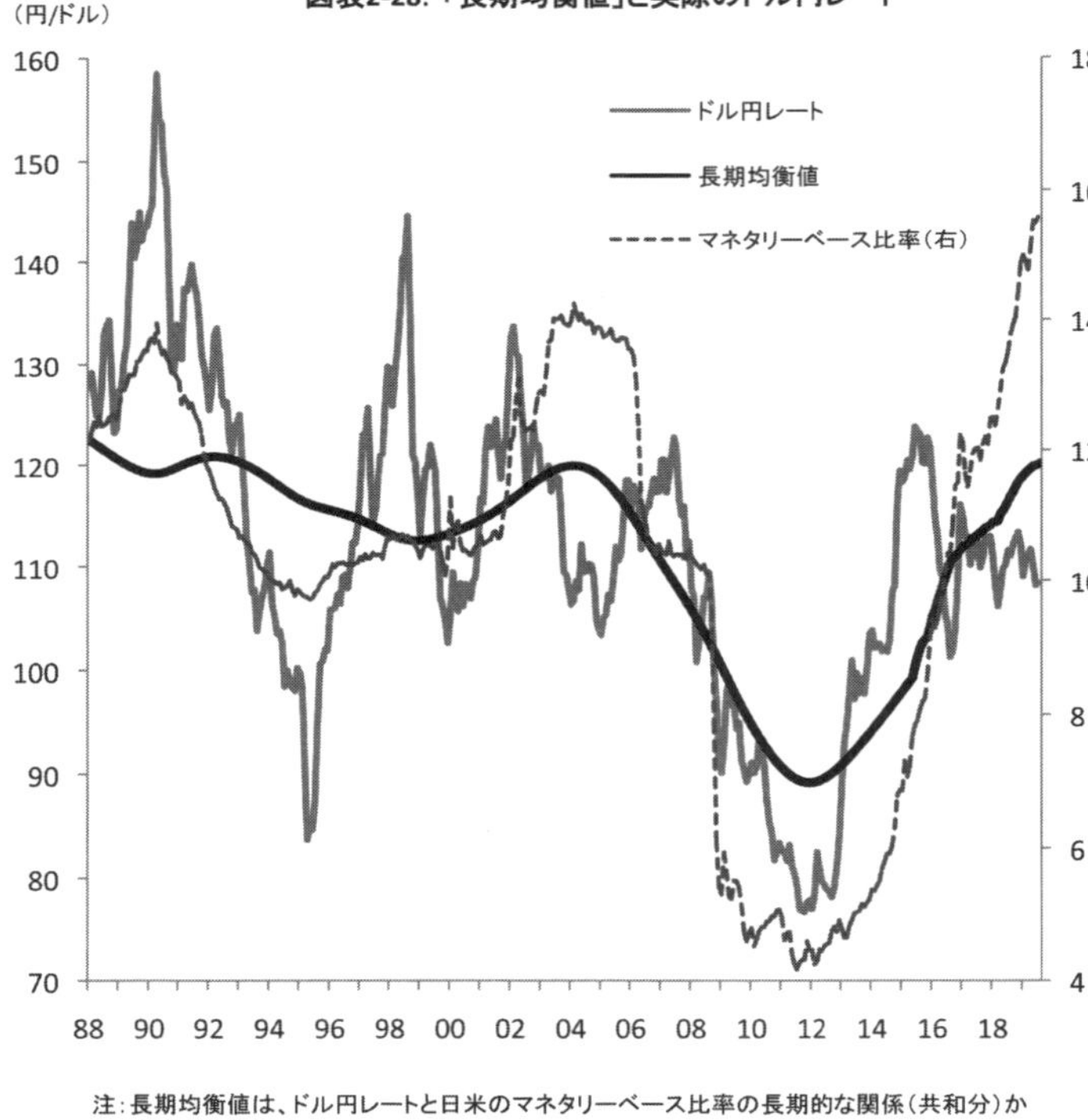


注：長期均衡値は、ドル円レートと日米のマネタリーベース比率の長期的な関係（共和分）から計算したもの。
出所：FRED、日銀より作成

策の差（ここではマネタリーベースの比率）からみたドル円レートのトレンドを意味する。

ところが、実際の散歩では、犬がそこから逸脱して草むらの中に入ったり、仲のよい犬に出会って追いかけっこをして遊んだりするので、コースから逸脱するのが常である。この、いわば「寄り道」が実際のドル円レートが「均衡値」から乖離する現象と同じである。

次ページ図表2－29は、この乖離率を示したものである。この乖離率の動きをみると、数回の例外的な局面を除けば、実際のドル円レートは、概ね、「均衡値」から±15％程度のレンジ内で推移していることがわかる。

そして、一旦、「均衡値」からの乖離が始まると、上限（±15％）に到達するまで基本的にはその動きが続くことが多いこともわかる。これらの限界に達すると、ドル円レートは均衡値の方向へ戻っていく。このことから、「均衡値」から15％乖離した水準がドル円レートの上限、下限（言い換えれば、円安、円高のピーク）となる。

図表2－28、および図表2－29をみると、ドル円レートの動きは、

❶日米のマネタリーベースの比率から算出される「均衡値」がどの水準か

❷この均衡値と実際のドル円レートの乖離率がどのように動くか

図表2-29. ドル円レートと均衡値との乖離率の推移

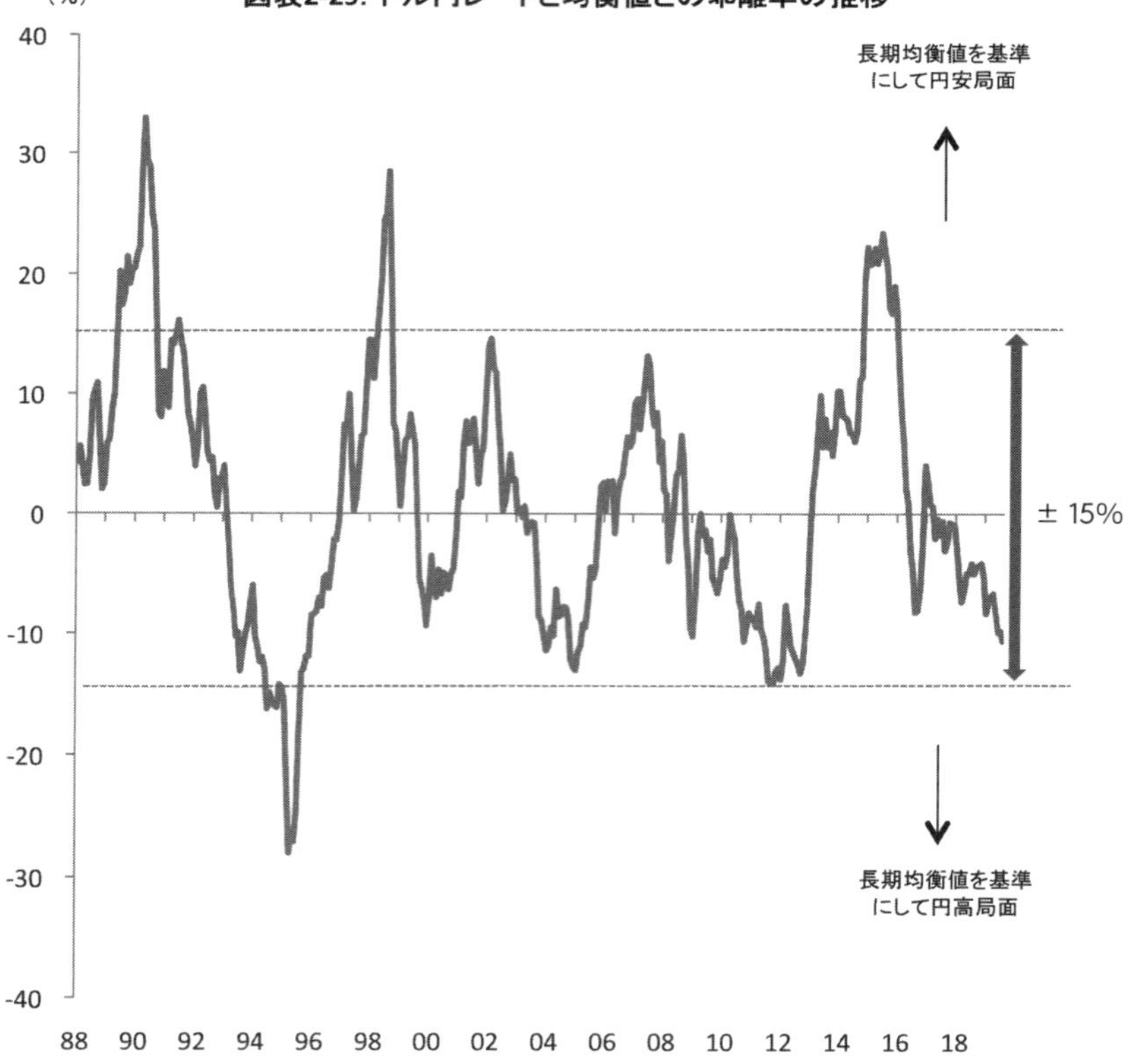


出所：FRED、日銀より作成

で決まることがわかる。

まず、ドル円レートの「均衡値」だが、日銀によるマネタリーベースの供給量は拡大基調だとはいえ、徐々にそのペースは減速している。一方、FRBによるマネタリーベースの供給は7月末まで大幅に減少していた。

したがって、日米のマネタリーベースからみたドル円レートの均衡値は、マネタリーベース比率の動きと比較すると多少は緩やかとはいえ、円安で推移していた。2019年8月時点では、1ドル＝120円前後であった。

一方、2019年7月時点のドルレートの実績値は1ドル＝107・5円であった。したがって、均衡値との乖離率は約10・5％の円高となる。

この「為替レートモデル」の考え方では、均衡値と実績値の乖離率はほぼ一定のレンジ内を循環する。過去の乖離率の動きから推測すると、だいたい±15％程度のレンジ内で循環することが多かった。

すなわち、現状から考えると、乖離率は15％の円高まで拡大すると、そこから縮小傾向に転じ、今度は15％の円安に向かって進んでいく可能性が高いということになる。現状は10・5％の円高だから、あと4.5％程度円高は進む可能性が高い。

ここで注意すべきは、ここでいう「円高・円安」とは、日米のマネタリーベース比率を基に統計的手法で推計した「均衡値」を基準にしているという点である。

そこで、仮に8月以降、日米ともにマネタリーベース残高が横ばいで推移するとすれば、均衡値も現状の1ドル＝120円からそれほど大きく乖離しない。そこで、この均衡値が120円のまま、乖離率が15％に到達するとすれば、目先の円高のピークは102円程度と試算される。

これは、今後の日米の中央銀行のマネタリーベースの供給スタンスによって変わってくる。FRBが大胆な量的緩和の拡大に動けば、ドル円レートの均衡値はさらに円高ドル安になる。この場合は、1ドル＝100円割れに向かってさらに円高が進行する可能性がある。また、日銀が何らかの手段でマネタリーベースの供給ペースを再び加速させれば、逆に均衡値が円安となり、乖離率は15％の円高であっても実際のドル円レートは105～110円程度になるということも想定される。

最後にこの考え方が通用しなくなる局面について説明を加える。

ずばり、この考え方が通用しなくなる局面は、いわゆるリ「リスクオフ」といわれる局面である。「リスクオフ」局面では、ここで展開してきた議論が成立せずに、ドル円レートはほぼ一方的に加速度的に円高が進行する。

「リスクオフ」とは、世界の投資家のリスク許容度が急低下し、株式などのリスク性資産を売却し、国債などの安全資産を購入する動きを意味する。この「リスクオフ」局面の特徴としては、

❶株価の急激な下落
❷国債（特に国際的に信用度が高い米国債）の利回りの急低下
❸「逃避資産」としての性格を持つ「金（ゴールド）」価格の上昇（図表2－30）
❹「VIX指数」に代表されるようなボラティリティ指数[*6]の急上昇（図表2－31）
❺円高、およびスイスフラン高の進行

などが挙げられる。このような局面では、特に日本経済に関係がない現象でも、世界の投資家がリスクを回避したほうがよいと考えれば、突然、リスクオフ局面に「スイッチ」し、円高が始まる。この代表的な事例がリーマンショックであろう。

## 図表2-30. 金価格の推移

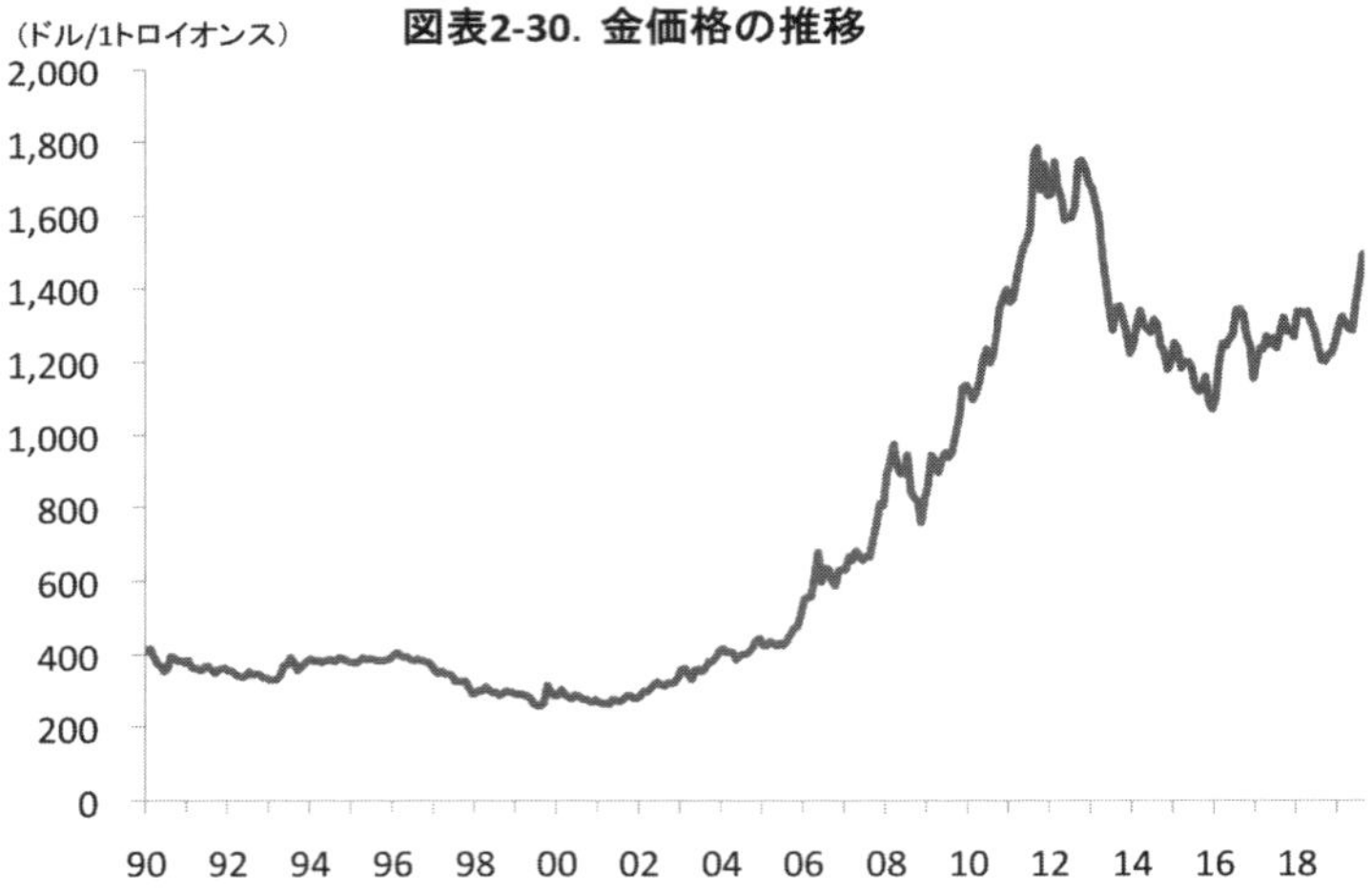


出所：FREDより作成

図表2-31. VIX指数の推移

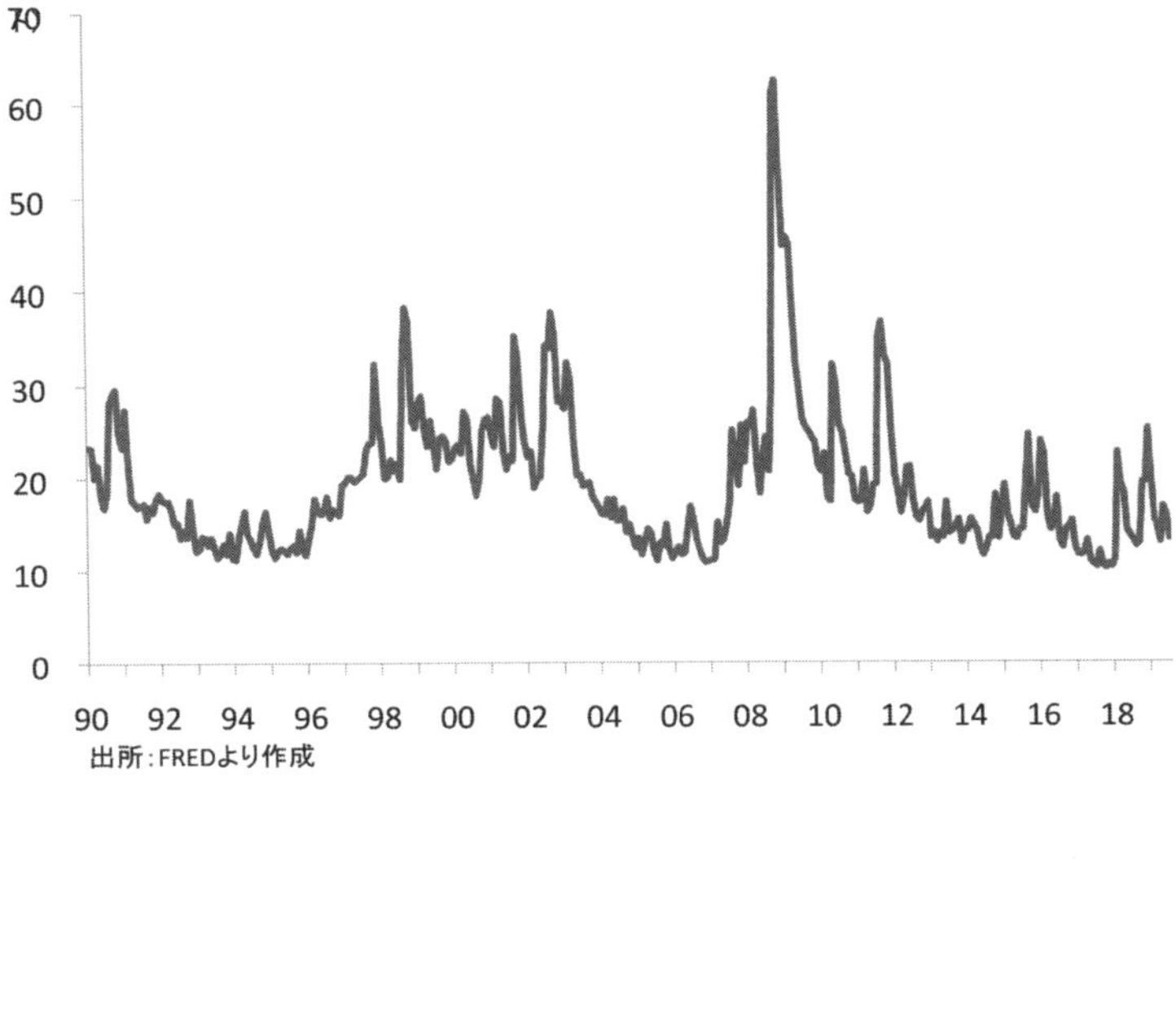

出所：FREDより作成

リーマンショックは、米国で、住宅ローンの証券化商品の投資に失敗したリーマンブラザーズという投資銀行が経営破綻し、これをきっかけに世界の金融市場が機能麻痺を起こした事件である。この「住宅ローンの証券化商品」は極めて投機性が強く、しかも、米国の住宅バブルの真っ最中、盛んに取引されていた。

当時、日本は1990年代に同様の不動産バブルを経験しており、多くの金融機関は、この投機性の強い商品に手を出していなかった。そのため、当初日本の経済閣僚は、「リーマンショックは日本経済にとっては蚊に刺された程度である」とその影響を軽視していたが、リーマンショックによる世界的な金融市場の機能不全から世界の投資家がリスクオフモードに入ったため、突然のように円高が進行した。

これに対して、当時の政策当局者は、なすすべもなく「言葉を失って」ただ状況を見るしかなかった。その間も円高は進行し、ついには、1ドル＝80円を割り込む円高になった。この円高がデフレで苦しんでいた日本経済をさらに深刻なデフレに追い込んだのである。

幸いに、今はまだリスクオフにはなっていない。つまり、世界のマーケットがリスクオフになると、現在円安を持続させている日銀の金融政策が効かなくなって、大幅な円高が進行するリスクがあるということである。

# 第2章 財政再建論の転換

～世界の潮流から取り残されつつある日本～

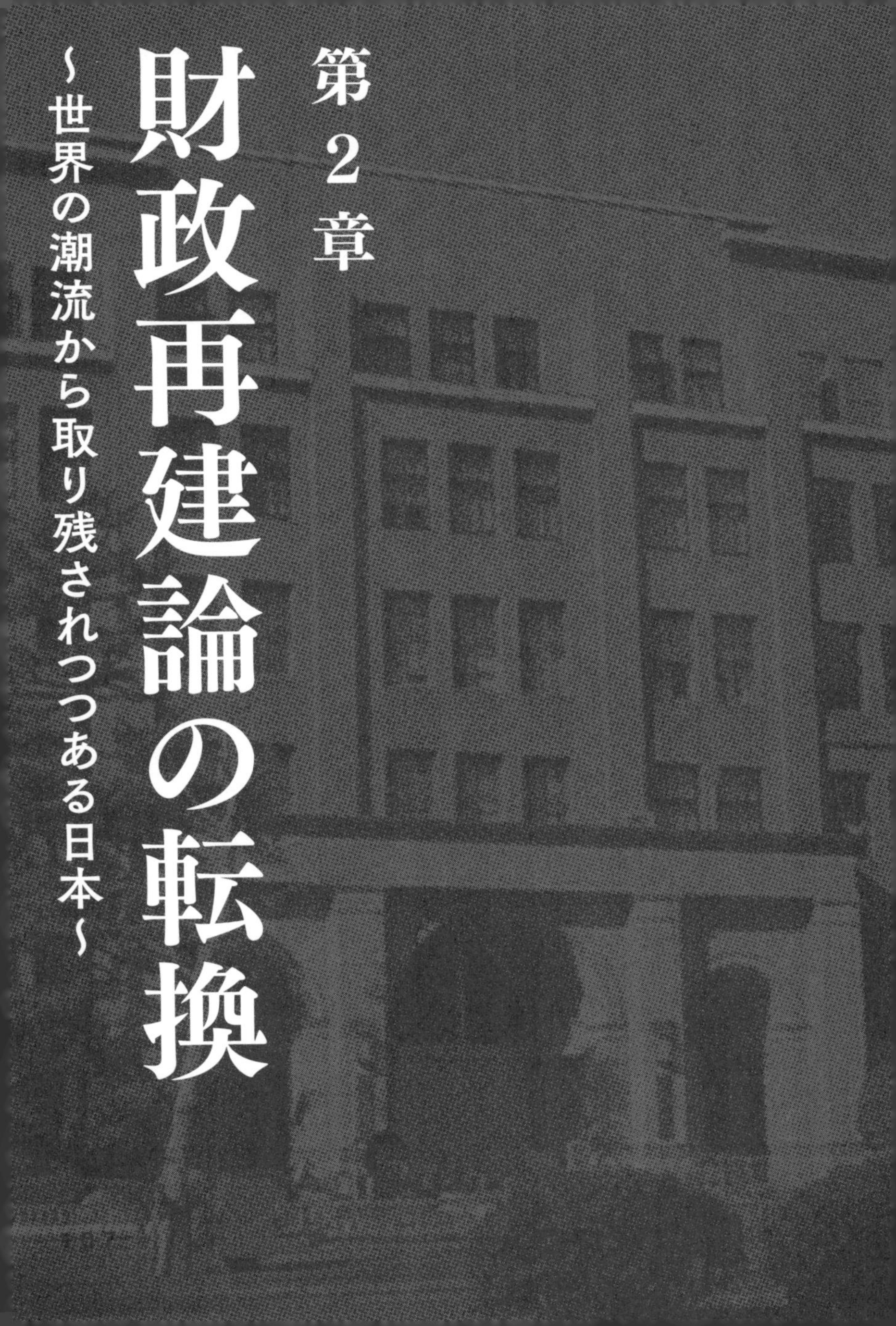

本章では、マクロ経済学における最近の財政政策の考え方の変化について言及したい。

実は、世界のマクロ経済学において、財政政策の考え方が変わったのはここ数年の話である。それまで、特に先進国では、これまでに累積した財政赤字(政府債務)をいかに削減させていくかという話が中心であった。

財政出動も、景気循環上の景気後退局面で拡大させることは許容されたが、好景気の局面では逆に、財政支出を削減することで景気後退局面における財政赤字を相殺させることが要請されていた。

だが、リーマンショック後の「長期停滞」が続く局面で、その考え方が変わり始めた。

# 1. これまでの財政の考え方

書店で財政に関する書物を手に取って見てみると、その多くが、財政制度の解説に続き、ひたすら財政赤字の何が問題であり、いかに早く財政赤字を減らすべきかを訴えるものであることに気づく。著名な日本の財政学者の著書のほぼすべてが「財政再建を急がないと日本は大変なことになる」というトーンで書かれているので、勤勉な人であればあるほど財政再建論者になってしまう（これは大学でも同様であろう）。

新聞や雑誌も同様である。ほとんどすべてのメディアは財政赤字を「悪」とみなし、財政赤字をできるだけはやく削減しないと、将来とんでもない禍根を残すと主張している。

しかし、これは日本に限ったことではない。1970年代から80年代にかけて財政赤字が急激に拡大し、しかも歯止めがかからなくなるのではないかという危機感が世界の経済学者の間で共有された。したがって経済学では、おのずから財政拡張というのはあくまでも一時的な景気浮揚策に過ぎず、景気後退局面を脱したらすぐに財政赤字を削減しなければならないというのが「常識」であった。

このような考え方の背景には、1970年代から80年代にかけて、世界、特に先進主要国が財政赤字、もしくは政府債務の問題に悩まされてきたことがあった。1970年代前半の第一次オイルショック以降、世界経済は長期的な景気低迷に直面した。その中で、世界の主要国政府は財政発動によって景気をなんとか下支えしようとした。

これに加え、ちょうど同時期に「福祉国家」という概念が流行り、年金などの社会保障を政府が手厚く支給するのが当たり前の時代となった。その結果、主要国の財政赤字は大きく膨らみ、その累積値である政府債務はまるで無限に発散していくように拡大した。

80年代に入り、欧米で財政赤字、およびその累積値としての政府債務残高があまりに高水準になると、これが一国の経済にも深刻なダメージを与えるという議論が台頭し、そこから財政赤字をいかに削減するかが話題になるようになった。

その中で特に財政の問題が深刻だったのが米国であった。

米国は70年代から成長率が減速し、同時に深刻な財政赤字に悩まされるようになっていた。特に、財政赤字を補填するために発行された国債が、主に海外投資家によって購入されるようになると、長らく世界最大の「対外債権国」であったはずの米国が世界最大の

「対外債務国」となった。そして、これをきっかけに「米国の没落」が危惧され、この問題が学者の間で真剣に検討されるようになっていた。

このような局面で国民の期待を一心に集め、共和党のレーガン政権が発足した。レーガン大統領は膨大な財政赤字を「サプライサイド経済学」という新しい経済学の枠組みを用いることで削減しようとした。このレーガン大統領の試みは、旧ソ連を崩壊させるなど、安全保障政策面では歴史的な成功をもたらした側面もあった。だが、「財政再建」という観点では、この「新しい経済学」は機能せず、政府債務残高は逆に大きく膨らんだ。

当時の米国は、いわゆる「双子の赤字」に悩まされていた。

「双子の赤字」とは、国際収支（正確にいえば経常収支、または貿易収支）の赤字と財政収支の赤字が並存する状況を指す。通常、財政赤字は国債発行によって賄われる（「ファイナンスされる」という）が、ドルは世界的な経済取引に使用される通貨として圧倒的なシェアを誇るので、米国政府が発行するドル建ての国債は安全な資金運用手段として米国以外の投資家からのニーズも高かった。そのため、米国の財政赤字は海外投資家による米国債の購入によって比較的容易に賄われることになった。

だが、米国の財政赤字がまるで無制限に膨らむかのように急増すると、米国政府が発行する国債に高い利子をつけないと投資家が買わなくなるのではないかという懸念が生じてきた。だが、高い利子をつけると、その利子を支払うためにまた国債を増発しなければならないという「借金地獄」の悪循環に陥ってしまう。すなわち、米国が長期的に「国際収支の赤字」の状態にあるということは、海外からの資金流入によって経済活動のためのお金を自転車操業的に回さねばならないことを意味すると捉えられてきた。

この海外から回ってくるお金を集める手段がドル建ての国債であったわけだが、国際収支が赤字ということは、何らかの理由で海外からの資金流入が止まってしまうと、その分、経済規模を縮小させないと米国経済が回らなくなることを意味する。

したがって、できるだけ早く財政赤字を減らさなければ、そのうち米国経済は恐ろしい勢いでクラッシュしてしまうのではないかという議論が米国で盛り上がった。この議論は「サスティナビリティ（維持可能性）問題」といわれ、後にノーベル経済学賞を受賞したポール・クルーグマン氏によって提唱され、話題になった。

このように財政赤字問題は80年代のマクロ経済学を席巻した。もちろん財政赤字問題は米国だけの問題ではなく、主要先進国共通の問題であった。

また、マクロ経済学における財政政策は景気の一時的な（循環的な）落ち込みに対する負の影響の軽減策として議論されることが多い。これは逆に、好景気になれば増加した税収でもって、財政赤字を削減させることを意味していた。

このような背景からか、90年代から考え方が定着した現在の主流のマクロ経済学では、現時点で積み上がった政府債務（国債発行残高）は、将来の増税（経済成長による税収増を含む）によって返済されるものであり、遠い将来までの長い期間を取れば、両者の合計はゼロになるという前提でさまざまな経済現象を捉えようとしてきた。

これは「リカーディアンの前提」[*7]と呼ばれているが、前述のように、マクロ経済学では、財政発動というのは、あくまでも、短期的、かつ、循環的な景気悪化に際して、それを平準化するために実施されるものであり、長期的な経済の変動には影響を与えないものであるとされてきた。

このような経済学の考え方に従えば、すでに述べたように現実の財政赤字（もしくは政府債務）は、将来時点の増税によって返済されるものであり、長期的にみればゼロになる。そして、家計や企業といった経済主体は、現時点で財政赤字が増えれば増えるほど、将来、より多くの増税が実施されることを予想するので、短期的に財政出動を通じてお金が供給されても、それは将来の増税に備えて取っておく（貯蓄していく）ため、結局、長い時間を取ってみると経済には何の影響も与えないということになる。

そして、このような主流のマクロ経済学の研究成果の蓄積の下に現実の経済政策が成立しているとすれば、日本に限らず、政府が財政赤字を削減する方向で経済政策を考えてきたのは、ある意味仕方がないことでもあった。

## 2. 変わりつつある「学界」の認識

ところが、ここ数年でこのような認識は大きく変わりつつある。特に「２０１９年」という年は、後から振り返ってみると財政についての考え方が大きく変わった歴史的な転換点になるかもしれない。

毎年年初に開催されるＡＥＡ（The American Economic Association：全米経済学会）は、最先端の経済学についての研究成果が発表される、世界の経済学者にとっては極めて重要なイベントである。このＡＥＡで研究成果が認められ、論文が権威ある論文雑誌に掲載されることは世界中の経済学者にとって大変名誉なことであり、世界の多くの経済学者はその名誉を獲得するためにしのぎを削って研究を行っている。そして、このＡＥＡの大会の中で会長の基調講演が行われるのが毎年の恒例となっている。

２０１９年に基調講演を行ったのはオリビエ・ブランシャールというフランスの経済学者であった。彼は、「ニューケインジアン」と呼ばれる、現在の主流のマクロ経済学で多大な貢献をしてきた「大物」である。

この「大物」経済学者であるブランシャール氏が、権威あるＡＥＡの会長基調講演において、「低金利が長期化する局面においては、財政赤字拡大の悪影響はこれまで考えられてきたよりも小さい。したがって、これまでのように財政再建に執着する必要はないかもしれない」という内容の講演を行ったのである。

これは、これまでの経済学における財政政策の考え方の系譜からすると歴史的な転換点かもしれない。

実はこれには伏線があった。親戚筋からも多くのノーベル経済学賞受賞者を輩出し、自らもノーベル経済学賞受賞者と同等の評価を得ているハーバード大学のローレンス・サマーズ氏が、２０１３年11月にＩＭＦの国際会議で行った発言がそれである。

サマーズ氏は会議の席上で、リーマンショックから4年が過ぎた今も、米国経済の成長率はリーマンショック以前の平均的な水準を取り戻すことができずに低迷し続けている、として「長期停滞」の可能性を指摘した。サマーズ氏のこの「長期停滞論」のアイデアは、もともと大恐慌期の１９３７年にＡＥＡ会長の職にあったアルヴィン・ハンセン氏が提唱した考えであった。

サマーズ氏は基本的には現在の経済状況が、大恐慌直後のそれと類似点が多いという指摘を行ったに過ぎないのだが、その後、このサマーズ氏の指摘にヒントを得た若手のマクロ経済学者らが「長期停滞論」の研究に着手し、長期停滞から脱するための経済政策の処方箋を提示し始めている。その代表格が、ブラウン大学のガウティ・エガートソン氏らである。

そして、彼らの研究の中で、その重要性が改めて再認識されたのが積極的な財政出動であった。だが、この「長期停滞論」の理論的・実証的研究（特に、現在のマクロ経済学の枠組みを踏まえた上での）はまだ初期段階に過ぎない。若手の優秀な経済学者から有力な研究結果が次々と発表されつつあるが、「学界の常識（コンセンサス）」が確立される段階にはまだ至っていない。だが、2019年のブランシャール会長の基調講演によって、経済学界の認識が変わり、今後、研究が大きく進んでいくことが期待されるのである。

## 3. 緊縮財政の「Guru《グル》（権威者）」の勇み足？

だが、筆者が「ブランシャール講演」以上に、財政赤字がマクロ経済に与える影響について、「通説」を覆す重要な事件になったと考えているものがある。それは、「ラインハート＝ロゴフ研究の誤り」事件である。

ここでいう「ラインハート＝ロゴフ研究」とは、ハーバード大学のカーメン・ラインハート女史と、同じくハーバード大学のケネス・ロゴフ氏が発表した財政破綻と経済成長の関係についての実証研究を指す（これは、「The Time is Different（邦題：『国家は破綻する―金融危機の800年』日経BP社 2011年）」という大著としてまとめられ、日本語の書物としても出版されている）。両者とも米国の経済学界では「超」がつく「大物経済学者」であり、それゆえ経済政策上の影響力も大きい（ケネス・ロゴフ氏はチェスの名手としても知られている）。

この「ラインハート＝ロゴフ研究」は2010年に論文として発表された。彼らの研究は多岐にわたるが、財政政策論として最も重要なポイントは、現存する統計を長期的に収集し、それを定量的に検証した結果、「政府債務の対GDP比率が90％を超えると、その国の経済成長が急激に減速する可能性が高い」ということ実証的に解明した点であった。

　この論文が発表された２０１０年は、リーマンショック直後であり、先進国の多くは経済危機を乗り越えるために大幅な財政出動を行い、その結果、政府債務を急速に膨れ上がらせていた。このような懸命な各国政府の財政的な対応もあり、リーマンショックによる世界恐慌はかろうじて回避できる見通しが立ちつつあった。

　だが今度は、今後、経済の正常化をどのように実現していくかが各国政府の課題になっていた。ちょうどそのようなタイミングでこの論文が発表された。これをきっかけに経済政策の焦点が再び財政赤字、国家債務の問題に転じ始めた。


　それでは次に、この論文の内容をより具体的に示そう。

　作者の２人は、先進国20ヵ国について約１１０年間のデータを用いて検証した結果、政府債務がＧＤＰ比で90％を超える国の平均的な実質ＧＤＰ成長率は-0.1％であったのに対し、同比率が30％未満の国は+4.1％であることを発見した。

　また、この論文では政府債務の対ＧＤＰ比率は30％未満、30％以上60％未満、60％以上90％未満、90％超の四つに分類されているが、この比率が高ければ高いほど、平均の実質

図表3-1. 実質GDP成長率と政府債務水準の関係

| | 政府債務の対GDP比率 | | | |
|---|---|---|---|---|
| | 30%未満 | 30%以上<br>60%未満 | 60%以上<br>90%未満 | 90%以上 |
| 実質GDP成長率の<br>平均(%) | 4.1 | 2.8 | 2.8 | -0.1 |

注:先進20カ国の1946-2009年までのデータを用いて推定
出所:ラインハート・ロゴフ(2010)Appedix Table1より作成

成長率は低いという「美しい」結果が導き出されたのであった(図表3-1)。

国際的にも評価が高い経済学者の実証分析の結果ということで、イギリスやアメリカなどの主要国政府がリーマンショックの際の緊急的な措置で膨張した政府債務を削減すべく、この論文を参考にして緊縮財政政策を採用したといわれている。だが、先進国のどの国も、成長率はリーマンショック前の水準を回復することなく今日に至っており、リーマンショック後の緊縮財政政策は、成長率が正常な状態に戻る前に拙速に成長の足を引っ張る政策を採ってしまったのではないか、というのが前述の「長期停滞論」のインプリケーション(結果として生じる影響)であった。だが、ラインハート＝ロゴフの論文が発表された当時は、このような反緊縮財政的な反論は全くなかった。

しかし、2013年4月に、この実証分析に異議を唱える者が現れた。この勇気ある行動に出たのは、米国マサチューセッツ大学アマースト校のトーマス・ハーンドン氏らの研究グループであり、ハーンドン氏は当時大学院生であった。日本の経済学者の中には、「マサチューセッツ工科大学（MIT）」と勘違いした人もいたが、「MIT」と比較するとかなり下位の大学の学生である点が、この議論に微妙な影響をもたらしたのではないかと考えられなくもない（仮にMITの学生であれば普通の経済学の論争として盛り上がったのかもしれないが、そうではなかったので、論争自体が盛り上がりを欠き、どちらかというと主要な経済学者はこの議論をスルーした感がある）。

それはさておき、ハーンドン氏らの指摘は以下のようなものであった。

❶対GDP比で90％を超える国家群のデータは96年分しか反映されていなかった。除外された14年分のデータは、主に１９４０年代のオーストラリア、カナダ、ニュージーランドであったが、これらの国では当時、大幅な政府債務残高がある中、高成長を実現させていた。

❷データ加工に問題点があると考えられる。例えば、19年以上にわたってGDP比90％以上の政府債務を有しながら平均で実質2.6％の経済成長を実現させていたイギリスと

1年間だけＧＤＰ90％以上の政府債務で実質経済成長率が-7.6％であったカナダのウェイトが同じとなっている。

❸前述の推計に際して、26年間以上にわたって政府債務比率が90％以上でありながら、平均して実質+2.6％の成長を実現させていたベルギーのデータを欠落させたまま定量分析が行われていた。

❹この❶から❸までの問題点を修正した上で再推計してみると、政府債務の対ＧＤＰ比率が90％以上であった国の平均の実質経済成長率は+2.2％となった。

❺なお、２０００年から２００９年まで時期のデータで同様の実証分析を行うと、政府債務の対ＧＤＰ比率が90％以上の国のほうが、同比率が30〜60％の国よりも平均の実質成長率が高いことがわかった。

この指摘について、ラインハート、ロゴフ両氏は誤りを認めた上で、それでも主なメッセージの内容（政府債務が多い国ほど経済成長率が低い）は損なわれないとした。

これに対する米国経済学界の反応はラインハート、ロゴフ両氏に同情的であり、恣意的なデータ操作ではなく、単なるケアレスミスであるという認識で、それ以上の追求はなかったようだ。筆者は経済学者ではないが、エコノミストとしてデータを用いた分析は頻繁に行う。データ分析を行う立場から正直にいわせてもらうと、データのチェックは実証分析を行う際の必須事項であり、それを怠った段階で「アウト！」であろう。しかも、ここで指摘された類の失敗を「ケアレスミス」でやらかすとは到底思えない。真相はわからないが、偶然にしては、財政再建必要論に著しく偏った結果が出るような不思議なミスである。ちなみに、この「事件」は、「国際ビジネスタイムズ」という雑誌では、2013年の科学スキャンダルの第7位となっている。

ラインハート、ロゴフ両氏がこの事件で学界を追われることなく、両氏はその後も意欲的な研究を続けているが、この研究結果に基づき、リーマンショックからの回復途上の不安定な時期に緊縮財政を採用したイギリスは、景気の低迷からついには「Brexit」という社会的な危機に見舞われることになった。

これだけ取ってみても徒に財政危機を煽った経済学界の罪は大きいかもしれない。だが、この勇気ある（一流大学院ではない）大学院生の指摘によって、「緊縮財政による財政再建が最優先」という認識は徐々に変わり始めたのである。

## 4. 誤った緊縮財政がもたらした英仏の社会危機

次に、この「ラインハート＝ロゴフ」論文を真に受けて、十分な経済回復がないまま緊縮財政に舵を切ったイギリスの事例をみてみよう。

2019年7月23日にBrexit（ブレグジット：英国のEUからの離脱）を主張する最右翼の一人と目されるボリス・ジョンソン氏が英国保守党党首に選出され、翌24日に首相に就任した。ジョンソン首相は10月31日のBrexit実現（ハード・ブレグジット）を目指している。

2016年6月23日に実施された国民投票によって、大方の予想を覆す形でBrexitは決まった。BrexitとはイギリスのEU（欧州連合）からの離脱を意味するが、EUからの離脱に際しては、さまざまな手続きが必要で一筋縄ではいかないようだ。

例えば、イギリスは欧州の単一通貨ユーロには加盟していないものの、EUのメンバーとして、他のEU諸国と関税なしで貿易を行ってきた。EUから離脱するとなると無条件に関税なしで貿易を続けることはできない。また、関税がないことで、イギリスで生産し、他のEU諸国へ輸出するという形態を取っていた企業も数多く存在する。

イギリスがＥＵを離脱してしまえば、イギリスで生産したものを輸出しようとすれば新たに関税がかかり、その分、同じ品質でも価格が上昇するため、他のＥＵ加盟国で生産している競合品との競争が不利になる。その場合、ヨーロッパ大陸のＥＵ加盟国を顧客としている企業は、イギリスでの生産拠点を閉鎖し、他のＥＵ加盟国に新たに生産拠点を設けなければならなくなるかもしれない。

この場合の問題点は、一旦、生産拠点を他国に移してしまうと、容易に無コストで元へは戻せないため（これを「ヒステシス（履歴）効果」という）、企業は状況がはっきりするまではこの手の投資を抑制することになる。

前職の首相であるメイ女史はなんとか貿易への影響を軽微なものにとどめようと、ＥＵとイギリスの貿易については従来通り、関税なしでBrexitを実施しようとＥＵ首脳と交渉を進めてきた。だがこの試みは失敗し、最終的には退陣に追い込まれた。他のＥＵ諸国からしてみれば、そんな都合のよいことを認めるわけにはいかないし（認めれば、イギリスのようにＥＵから離脱する国が他にも出てくるかもしれない）、イギリス国内の一部の強硬なＥＵ離脱派からしてみれば、貿易取引のためにいろんな条件で妥協してしまうと、何のためにＥＵから離脱するのか意味がわからなくなる。結果、ＥＵの他のメンバーとイギリス内の強硬派がともに反対姿勢を強め、結局、メイ政権はBrexit交渉を進展させることができずに崩壊した。そして、このようなBrexitの手続きの不透明さから、イギリス経済は現在、設備投資を中心に景気を減速させている。

このように、イギリスの社会全体に混乱をもたらし、今後もその影響の波及が懸念されるBrexitだが、そもそもはイギリス庶民階級の緊縮財政に対する強い抗議の姿勢からもたらされたことは意外と知られていない。

現在、イギリスは保守党政権だが、これは、2010年の総選挙で労働党政権が敗れ、政権交代を果たして以来のことである。

2008年のリーマンショックは労働党のブラウン政権下で発生したが、イギリスはリーマンショックの影響に加え、自国の不動産ブーム崩壊の煽りを受けて、一部金融機関で取り付け騒ぎが起こるなど、深刻な金融危機に見舞われた。そのため、ブラウン政権は金融システム維持のために膨大な財政資金を投入することでデフレをかろうじて回避した（もちろん、イングランド銀行のゼロ金利・量的緩和政策の効果も大きかった）。

だが、運悪く、ユーロ圏ではギリシャの財政危機に端を発したユーロ危機が台頭し始めており、世間、および金融市場の注目はむしろ国家財政の状況に移行していった。そして、この期に乗じてブラウン政権の財政政策を徹底的に批判したのが、現政権である与党保守党であった。その戦略が功を奏したのか、2010年の総選挙で保守党は自由民主党との連立政権ながら政権奪取に成功し、労働党は政権の座を追われることになった。そして、政権の座についた保守党中心のキャメロン政権は、「OBR（財政管理局）」を創設し、緊縮財政による財政再建路線に転じた。

キャメロン政権の具体的な財政再建のメニューは、VAT（付加価値税）税率の引き上げ（17・5%→20%）と教育コスト（公立学校の授業料の値上げなど）をはじめとする大幅な歳出削減であった。ちなみに公約の一部として挙がっていた高額所得者に対する累進課税の強化は実施されなかった。それどころか、翌2011年には、VAT税率の再引き上げと同時に、所得税の最高税率の引き下げが実施された。

このような増税・財政再建路線の強化は貧困率を上昇させたが、マクロ経済全体の景気は中央銀行（イングランド銀行）の金融緩和（量的緩和）の段階的な強化によってなんとか維持された。

だが、この量的緩和がもたらしたものは、株価と不動産価格の上昇とそれらによる「資産効果」を通じての消費の拡大であった（↓次ページ図表3－2、3－3）。

**図表3-2. イングランド銀行の量的緩和と不動産価格**

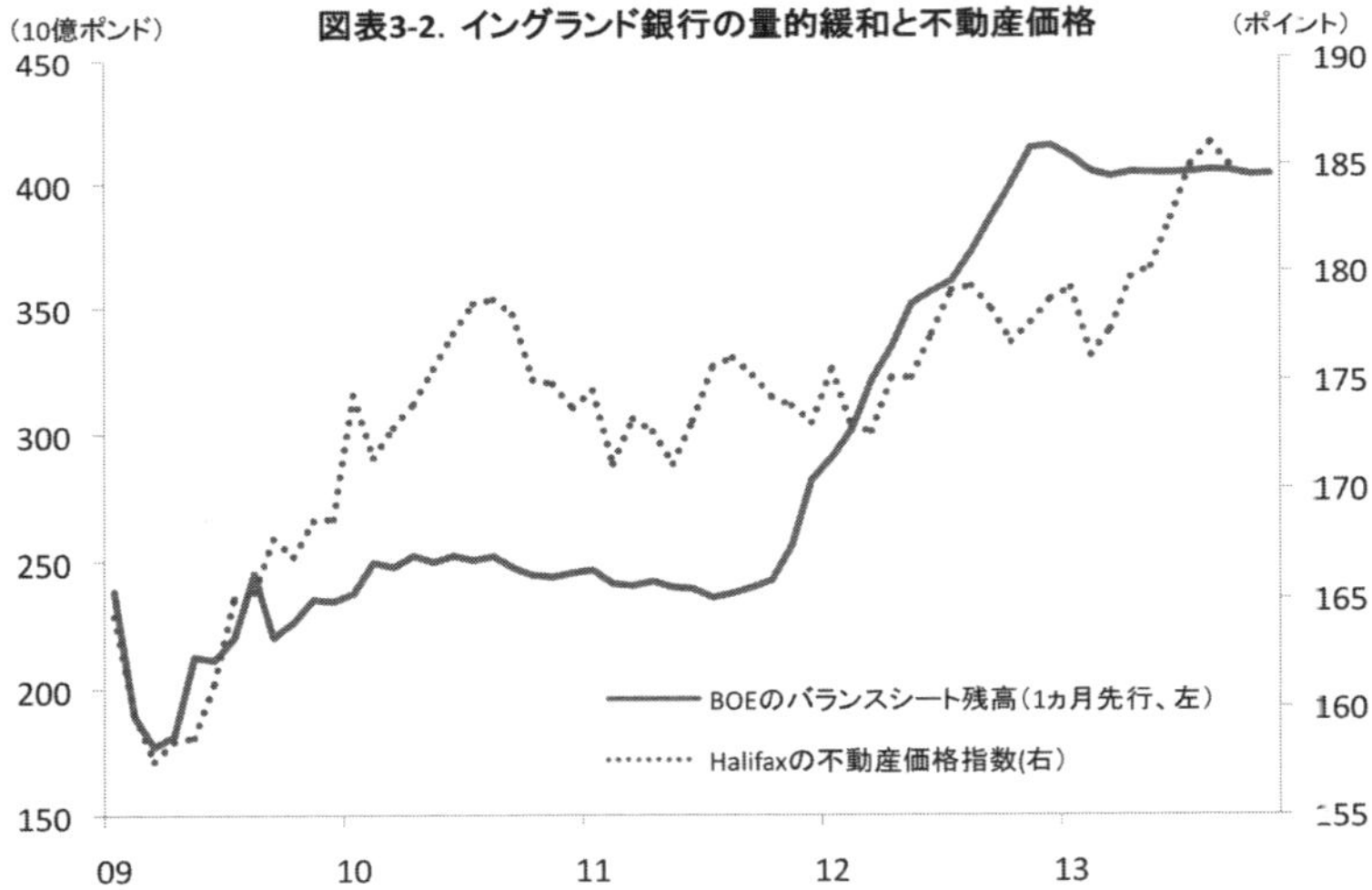


出所：イングランド銀行データ等より作成

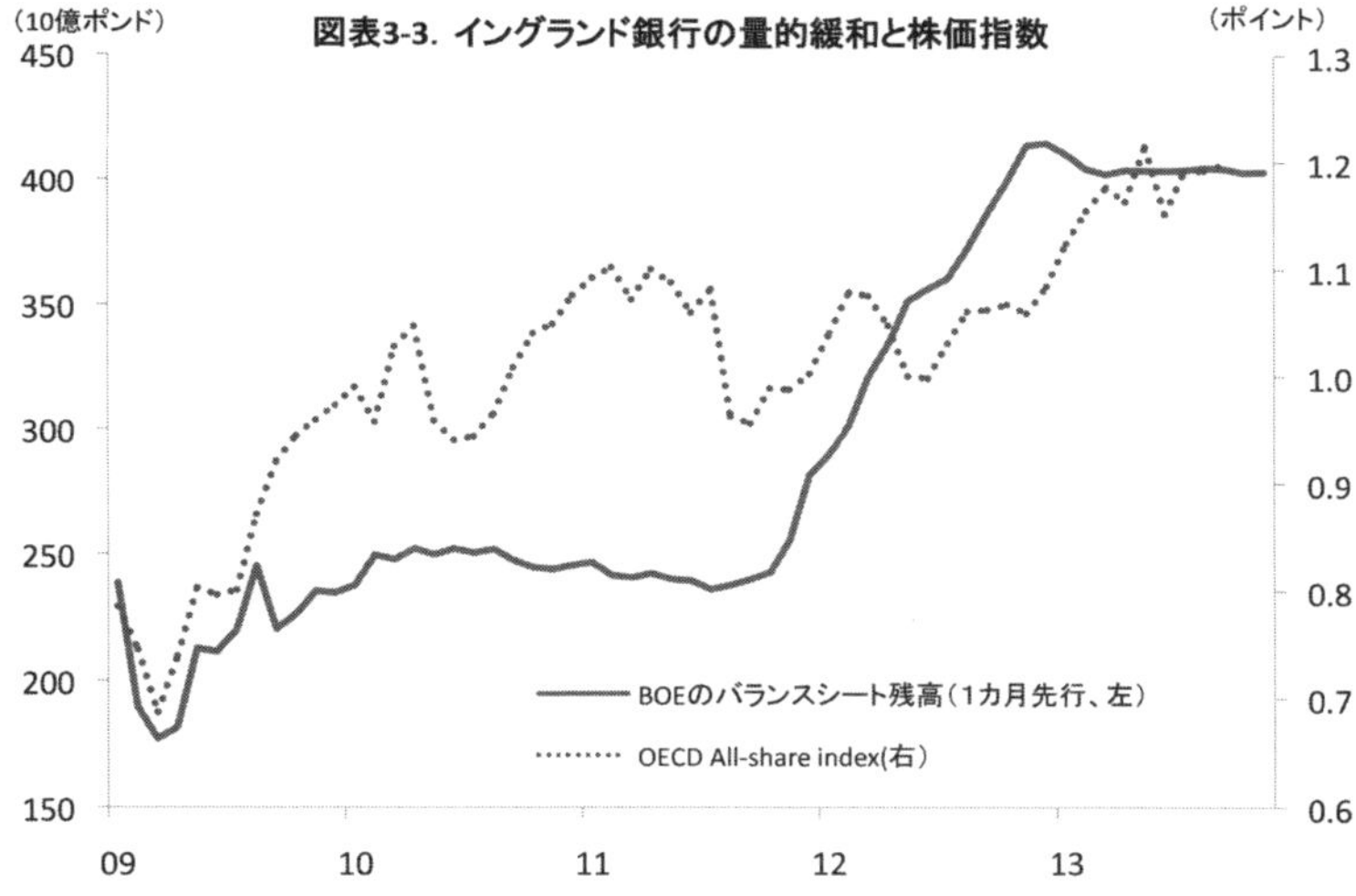

出所：イングランド銀行データ等より作成

そして、このイングランド銀行の金融緩和と、それがもたらす資産効果を通じた景気回復局面では、主に東欧からの移民による労働コストの低下も大きく寄与した。そして、この局面での東欧からの移民流入と、彼らの低賃金労働化の急速な進展が、低賃金労働者が多いイギリスの非エスタブリッシュメント層の賃金をさらに低下させることになり、貧困率を上昇させることになった。

以上のような状況で所得格差が拡大し、低賃金労働者の不満が蓄積しつつあった2015年の総選挙でも、与党である保守党が勝利した。理由は野党であった労働党もイギリスの財政再建の必要性から緊縮財政を主張しており、財政政策が選挙の争点にならなかったためであった（その後、労働党はジェレミー・コービンを党首に選出し、反緊縮路線に舵を切っていくが、2015年当時はまだ緊縮財政を主張していた）。

一方、これに気をよくした保守党は、基本的には緊縮財政スタンスを保持しつつ、法人税率の引き下げを行った。そして、大手金融機関を中心としたエスタブリッシュ層の要求に応えるべく、キャメロン首相（当時）は、EUへのさらなるコミットメントを強化することを目的とした国民投票の実施を決定したのであった。

その後の経緯は読者の方々も記憶に新しいであろう。国民投票では、「エスタブリッシュメント層の既得権益強化に、より傾斜した保守党への批判票」という形で、Brexitが賛成多数で採択されることになった。そして、その後のイギリス経済は大崩れはしていないものの、先行きの不透明感から減速を余儀なくされている。

このように、イギリスがEUからの離脱問題で揺れる一方、EUを守るために懸命の努力を重ねているフランスでも同様のパターンでの政治的な混乱が続いている。

2017年5月7日にフランスでは、エマニュエル・マクロン氏が39歳という若さでフランスの第25代大統領に就任した。彼は新党を結成していたので、フランスではマクロンの大統領就任によって長らく続いた「二大政党制」が終焉するという事態となった。

また、マクロン氏の大統領就任以降も、パリをはじめとする大都市圏での暴動発生など社会不安は一向に収まる気配はなく、経済の低迷は続いている。フランスの2019年4～6月期の実質GDP成長率は前期比年率換算で+0.2%にとどまっており、2018年以降は時を追うごとに成長率の低下に見舞われている。

このフランスの混迷も基本的なパターンはイギリスと同じである。リーマンショック後のユーロ危機の中、オランド社会民主党政権は、緊縮財政を余儀なくされた。だが、その一方で、ギリシャやポルトガル、スペイン、イタリアといったユーロ危機が直撃した国では、労働組合の力が異様に強く、厳しい解雇制限など旧態依然とした労働市場システムと手厚すぎる年金制度が労働コストを過度に押し上げているという特徴があった。

実はフランスもその例外ではなく、いつユーロ危機の次なる標的になってもおかしくない状況であるという危機感から、オランド政権は、雇用制度を中心とした諸改革も行った。例えば、年金の支給年齢の引き上げや企業の社会保障負担を軽減する代わりに、ＣＳＧ（一般社会保障負担税）の引き上げを行い、家計へ負担を移転させた。そして、同時に財政支出削減のために、個人に対する住宅支援を打ち切った。

だがこれは、「オランド政権の社会的裏切り」としてマスメディアを通じてオランド批判が流布することにつながった。

ところが、２０１７年のフランス大統領選挙において、二大政党の野党である共和党は、社会民主党以上に「弱者切り捨て」の政策を主張した。これにフィヨン党首のスキャンダルが重なり、社会民主党に対する批判を吸収できず、共和党の支持率も上昇しなかった。

これに対し、新興勢力であったマクロンは、「財政再建と成長の両立」を主張し、若年層に対する職業教育や、雇用支援のための歳出拡大や企業減税による競争力強化を打ち出した。そして、その財源として公務員数の削減や地方分権の強化などの構造改革の成果を充てるとして一定の支持を得ることになった。

2017年の大統領選は、決戦投票にまでもつれ込んだが、ライバルであった極右政党「FN（国民戦線）」を率いるルペン女史は、「反ユーロ」、「反イスラム」の主張で主に非エスタブリッシュの労働者層からの支持を得たが、実現可能な経済政策のメニューをうまく提示することができずに決戦投票で大敗した。

だが、マクロン政権は決して磐石とはいえない。その後、緊縮財政路線を継続させたが、それだけではなく、労働コストの引き下げを通じた企業競争力の強化策を講じ、労働者の失望を招いている。これが、このところ頻発していたパリをはじめとする都市圏での大規模暴動につながっていると考えられる。

## 5. 日本は財政危機なのか？

ここまで言及してきたように、「リーマンショック後の世界経済には、緊縮財政による財政再建路線を適用すべきではない」というのが最近の経済政策論の流れになってきたような印象を持つ。

このような話を展開させると、「これらの話はこれまで財政再建を進めてきて財政状況が比較的よかった国についていえることであり、日本の財政は先進国の中でも突出して悪い。したがって、日本の財政状況は例外である」という反論が来る。「少子高齢化の速度も他の主要先進国と比較すれば突出して早いため、財政支出を拡大している余裕はない」というのも、もう一つの反論かもしれない。

そこで、日本の財政状況をどのようにみればいいかという点について考えてみたい。まず、「財政が破綻に向かって走っていく」という点を具体的にどのように数値化すればいいかという点が重要である。

具体的に、これは政府債務残高（ひらたくいえば国債発行残高）の対GDP比率が限りなく「発散」していくことを指す場合が多い。「発散する」というのは、政府債務残高の対GDP比率の数字が時間を追うごとに加速度的に増えていく状況を指す。逆にいえば、この比率が上昇していても、その上昇ペースが減速していき、最終的にはある一定の比率の近辺で安定的に推移するような状況になれば、「財政は破綻しない」ということになる。

それでは、その「財政が破綻しない」ためのマクロ経済的な条件は何かというと、それは、「国債利回り（加重平均）よりも名目経済成長率のほうが高い」という条件である。これはいわゆる「ドーマー条件」[*8]といわれるものである。

「ドーマー条件」では、名目成長率が日本経済の「収益率」を代替する。国債の利払いは国の税収、ひいては、一国としての日本の稼ぎからなされるので、収益率が利払い費（国債利回り）を上回っていれば、財政的なコストは十分に賄えることを意味している。日本における「ドーマー条件」の推移を示したものが次ページ図表3－4となるが、日本の場合、名目成長率が低いものの、国債の平均利回りはさらに低い状況が続いており、現時点ではドーマー条件を満たしている。

図表3-4. 日本におけるドーマー条件

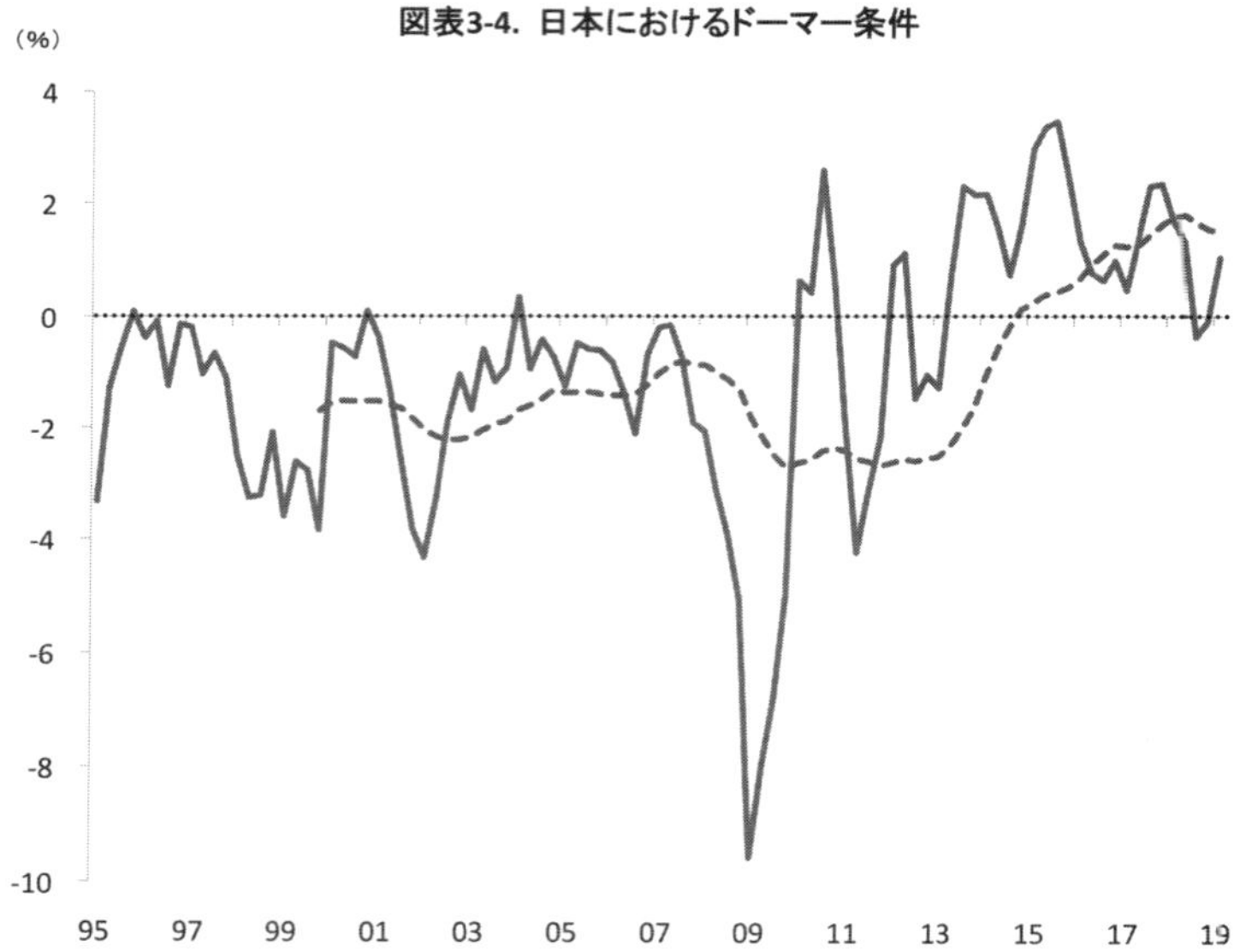


注1：ドーマー条件＝名目GDP成長率ー10年物国債利回りで算出
注2：点線は5年間の移動平均を指す
出所：財務省、内閣府データより作成

**図表3-5. 国債発行残高の対GDP比率**

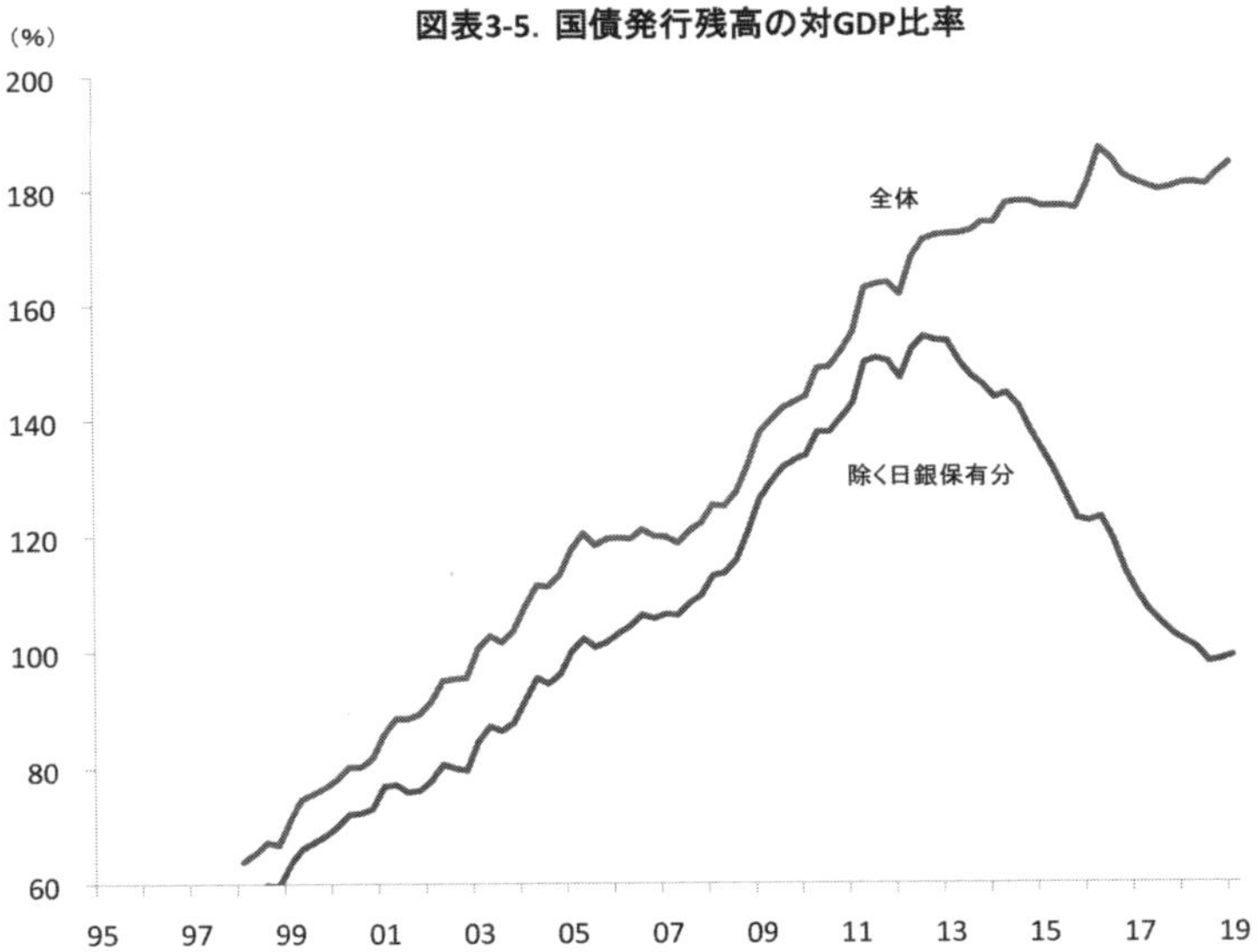


注：ドーマー条件＝名目GDP成長率ー10年物国債利回りで算出
出所：財務省、内閣府データより作成

さらにいえば、2013年4月以降、日銀が購入してきた国債が他に売却されず、そのまま償還を迎えると仮定すれば、この分はそのまま政府債務から控除することも可能になる。そうすれば、さらに負担は軽減される（↓前ページ図表3－5）。したがって、現状、日本の財政が破綻に向かって走っているわけではないということになる。

実はこのような考え方は、前述のブランシャール氏が日本の財政について言及した最近の論文においても援用されている。だが、ブランシャール論文では、これに加えて、「厚生コスト」を考慮する。ここでいう「厚生コスト」とは以下のようなものである。

政府債務残高があまりにも増えるとその利払い費も増える。利払い費は国債に投資した際の金利収入を意味するが、それが増え過ぎると、民間企業に貸した場合の金利収入（社債金利や株式の配当）を上回ることになる。このような状態が続くと、やがて投資家は民間企業の株式や社債には投資しなくなり、高い利回りでなおかつリスクが低い国債への投資を好むようになる。

このケースでは、確かに国が国債発行によって資金調達することは可能だが、その分、民間企業の投資が減り、結局、これが経済成長率の低下をもたらす。この状態が続き、成長率を大きく下げると、やがて成長率が国債利回りを下回るようになり、前述の「ドーマー条件」を満たせなくなる。これが常態化すると、政府債務の対GDP比率は発散し、最終的には日本の財政が破綻することになる。

この「厚生コスト」について、ブランシャールは、前述の「ドーマー条件（名目経済成長率と国債利回りの差）」と「企業のROA（資産収益率）と金利の差（↓次ページ図表3－6）」を比較すべきとしている。日本において両者の値を計算して時系列で示したのが141ページ図表3－7である。最近は日本企業のROAは改善傾向にあり、ドーマー条件のプラス幅を上回っている。したがって、「厚生コスト」という観点からみても、日本の財政は日本経済の成長にとっては大きな足枷にはなっていないと思われる。

このように、日本の財政が破綻しない条件を満たしている最大の要因は、日本銀行の金融政策であると思われる。日本銀行は現在、

❶マイナス金利政策

❷イールドカーブ・コントロール政策（10年物国債という長期国債の利回り水準を一定の水準内に抑える）」

❸量的緩和政策（一定額の国債購入）

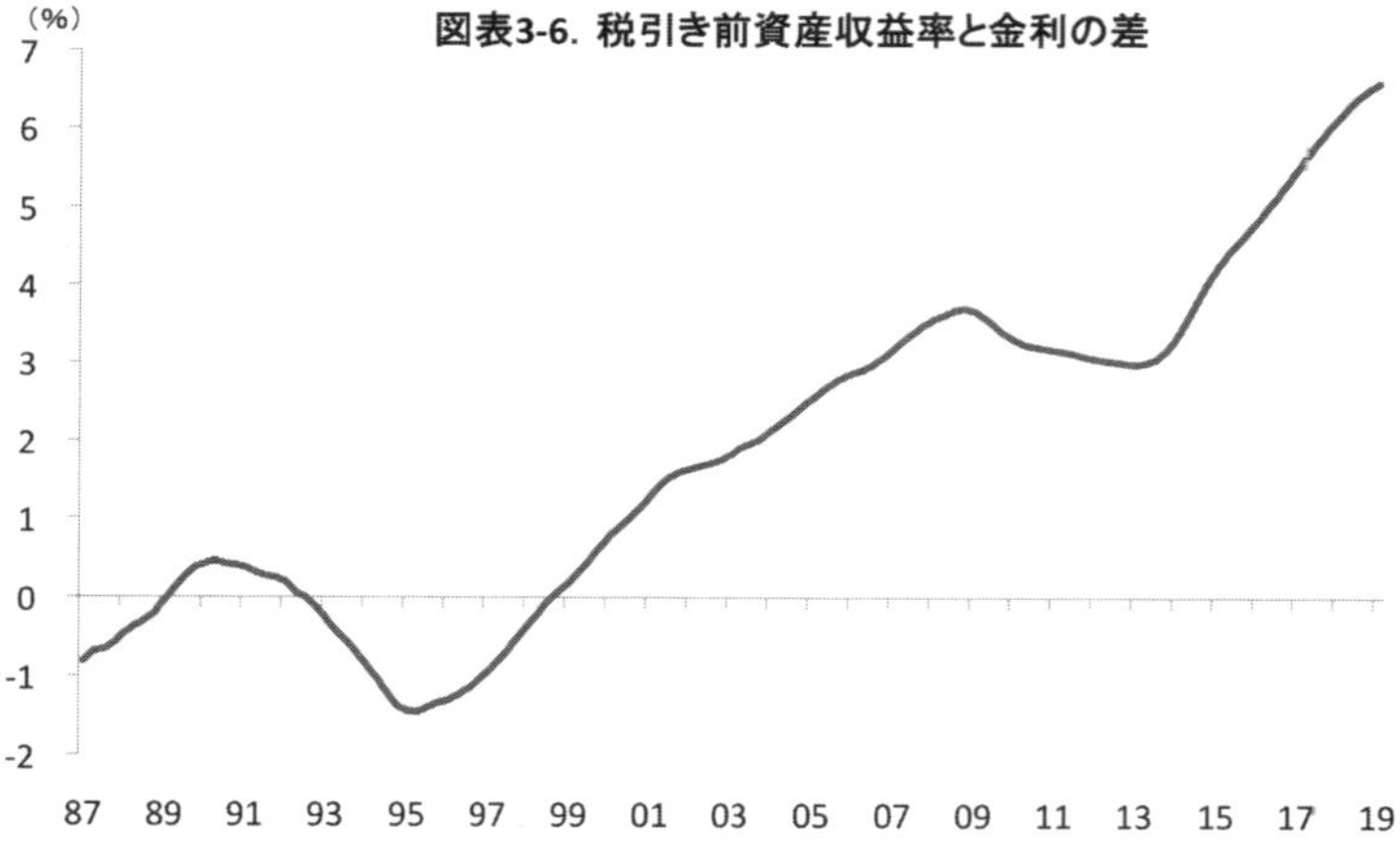

出所:財務省、内閣府データより作成

図表3-7. 日本財政の厚生コストと財政コスト

出所：財務省、内閣府データより作成

などの大規模な金融政策を行っている。また、マイナス金利政策については、日本銀行が設定する2％のインフレ目標を達成しない限りは解除しない旨を明確にしている（「フォワードガイダンス」といわれる）。

現在、インフレ率は日本銀行が定める目標値からは随分乖離があるため、少なくとも現状の金融政策はしばらく続くと思われる。そしてもし、現状の金融政策が継続するのであれば、財政赤字が経済成長を阻害する状況でもないため、財政出動による追加支援でデフレ脱却が十分可能な状況だと推測される。したがって、今後、財政拡大が実現するかどうかは、日本経済の行く末を決める重要な要因になるかもしれない。

## 6. 金融政策と財政政策の相互作用が重要

だが、現実はこのところ、日本銀行が市場から買い取っている国債の額が減少してきている。そのため、日銀の「量的・質的緩和政策」の限界を指摘する声がこれまで以上に高まっている。

日銀の「量的・質的緩和政策」にはいろいろなメニューがあるが、その中で財政政策と関係が深いのが、国債購入による「量的緩和（Quantitative Easing）政策」と「マイナス金利政策」、および「イールドカーブ・コントロール政策」である。その中で、多くの「専門家」が長年、その効果を疑問視してきたのが「量的緩和」である。

量的緩和政策については、当初は「その効果の波及経路があいまいだ（もしくは、理論的に解明されていない）」というのが、その効果に対して懐疑的な理由である。だが、実際に量的緩和が採用された2013年4月から消費税率の引き上げが実施された2014年4月まで期間において、インフレ率は想定以上に順調に上昇していたことを考えると、少なくとも2013年4月に始まった最初の日銀の「QQE（量的・質的緩和）政策」には大きな効果があったと考えるのが適当だと思われる。現にその間は、確かに「量的緩和無効論」は影を潜めた。だが、その後の追加緩和（特にマイナス金利政策以降）において、日銀が、「量」の側面から徐々に距離を置きはじめたように見えたことが「量的緩和無効論」を復活させた感がある。

特に、マイナス金利政策直後から「日銀もようやく量的緩和が無効であることを認めつつある」といったような「悪いイメージ」がメディアを通じて喧伝された。このような「悪いイメージ」に基づく批判に対して、「まだまだ国債の購入の増額も可能であるし、「量」を拡大することにも依然として重要な意味がある」との反論を、「リフレ派（現行の日銀の金融政策を支持する人たち）」は行ってきた。

このような「量的緩和無効論」まで極端ではないが、日銀がこれ以上量的緩和を拡大することが難しいのではないかという「量的緩和限界論」は、世間ではそれなりに説得力を持ちつつあるようにみえる。

例えば、（「量的緩和限界論」が圧倒的多数を占める）債券市場参加者らの間では、「そもそも日銀が市場から国債を購入すること自体ができないのではないか」という見方も台頭している。

だが、２０１９年3月末時点で、国債発行残高に占める日銀の保有シェアは約54%である（資金循環ベース）。そのうち、10年物国債の保有シェアは60%弱、20年超の国債については33%となっている。

もし、日銀が20年物よりも長い国債の保有シェアを50%にするのであれば70兆円弱、シェアを70%にするのであれば１４５兆円程度の国債を追加購入することが数字上は可能である。すなわち、日銀が「その気になれば（追加購入の仕組み作りを行うことを含め）」、ここから「量」を増やすことは、ある程度は可能ということになろう。

だが、問題の本質は、国債の追加購入の余地ではなく、単純に国債の購入によって「量」を増やしたところで、当初のＱＱＥ政策のような効果をもたらすことができるとは限らないことだ。言い換えれば、「質」を考慮した場合、日銀による国債購入はどうなっているのかが問題なのである。つまり、日銀の国債購入については、購入「量」だけをみるのではなく、同時に、その「質」をチェックしなければならない。

そこで次に、日銀が購入した国債の「ディビジア（Divisia）指数」というものを試算してみた。

この「ディビジア指数」というのは、集計量の各構成要素の単純合計で指数を作成するのではなく、構成要素それぞれの「質」を加味することで、経済学的に意味のある集計量を作成しようという試みである。

これを日銀の保有国債残高で考えると、従来行われてきたような、日銀が保有する各年限（もしくは残存年数）の国債の残高を単純に合計するというものではなく、「金利（正確にいえば、国債利回りの最大値と各年限の利回りの差）」を加味することによって、「量」と同時に「質」を考慮した、新しい日銀保有国債の購入残高の指標を算出するという試みである。なお、各残存年限の国債利回りはイールドカーブ・モデルを推計して、それを基に算出した。これによって、細かい残存年限の利回りを算出することが可能となる。

この「ディビジア指数」が具体的に意味するところだが、例えば、残存期間10年の国債利回りがゼロになってしまった場合、当該国債は現金等価物になってしまう。そして、この場合、日銀が残存期間10年の国債を購入し、その代わりに現金（マネタリーベース）を供給したとしても、これは単なる現金と現金（等価物）の交換に過ぎなくなる。

つまり、単純計算では、日銀の保有国債残高の増加によってマネタリーベースも増えることになるが、「質（現金との違い）」を考慮すると、量的緩和の効果は全くないということになる。このように、「質」を考慮するのとしないのとでは、その意味合いが大きく異なってくるのである。

そこで、2011年1月から2019年7月末時点までの日銀保有国債残高の「ディビジア指数」と単純な国債購入残高を比較したのが次ページ図表3－8である。図表3－8は、国債購入の「質」を考えると、現時点での量的緩和の効果はかなり割り引いて考える必要があるという結果になる。また図表3－8をみると、2013年4月の最初のQQE政策の局面では両者の差はそれほど大きくなかったが、2015年頃から両者の差は徐々に拡大しはじめ、2016年1月末の「マイナス金利政策」をきっかけに両者の格差が大きく拡大したことがわかる。

そして、この「ディビジア指数」をみると、その理論的なロジックはどうであれ、「マイナス金利政策」は失敗であったと考えられる。なぜならば、マイナス金利導入による債権利回りの急低下が国債購入オペの「質の低下」をもたらし、その結果、「ディビジア指数」は急低下したのである。

一方、その後の「総括」、および、「YCC（イールドカーブ・コントロール）政策」以降、

図表 3-8. 日銀保有国債残高のディビジア指数の推移

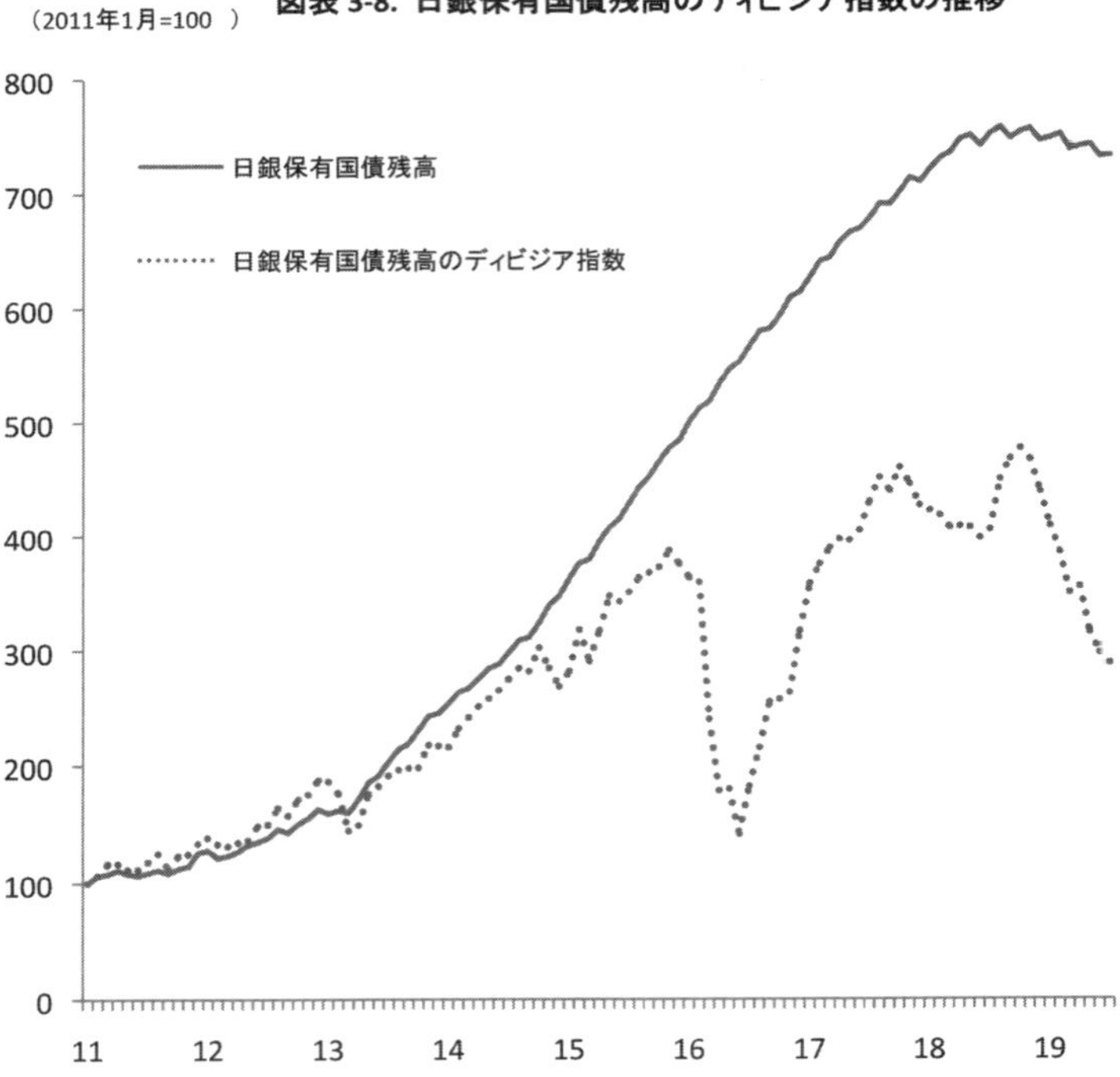

出所：財務省、日銀データより作成

日銀はより残存期間の長い国債の購入額を増やしたことから、「ディビジア指数」は上昇し、国債買いオペの効果は再び高まった。すなわち、ＹＣＣ政策は、ある程度はマイナス金利政策の失敗をカバーしたと考えられる。

この「ディビジア指数」の動きからいえることは、償還までの期間が10年を超える国債の利回りまでもがゼロに近づいている現状、このまま日銀が国債を購入し続けても、金融緩和効果はあまり期待できなくなっているのではないかという点である。

もし、国債購入による量の拡大によってデフレ脱却を図るのであれば、政府がもっと国債を増発し、その過程で長期金利の上昇がみられたところで、それを日銀が購入するという「金融政策と財政政策の関連性」を強める必要があるだろう。前述のように、日本の財政状況は破綻とは程遠いということになれば、国債増発による財政拡大と日銀による国債購入を組み合わせることがデフレ脱却には必要という話になろう。

ちなみに、この「ディビジア指数」と株価、および為替レートの関係をみると興味深い事実が浮かび上がってくる。まずこの「ディビジア指数」は、株価の動きと連動しており、株価と金融政策スタンスを関連づけて説明することが可能な指標となっている（↓次ページ図表３−９）。

図表3-9. 日銀保有国債残高のディビジア指数と株価指数

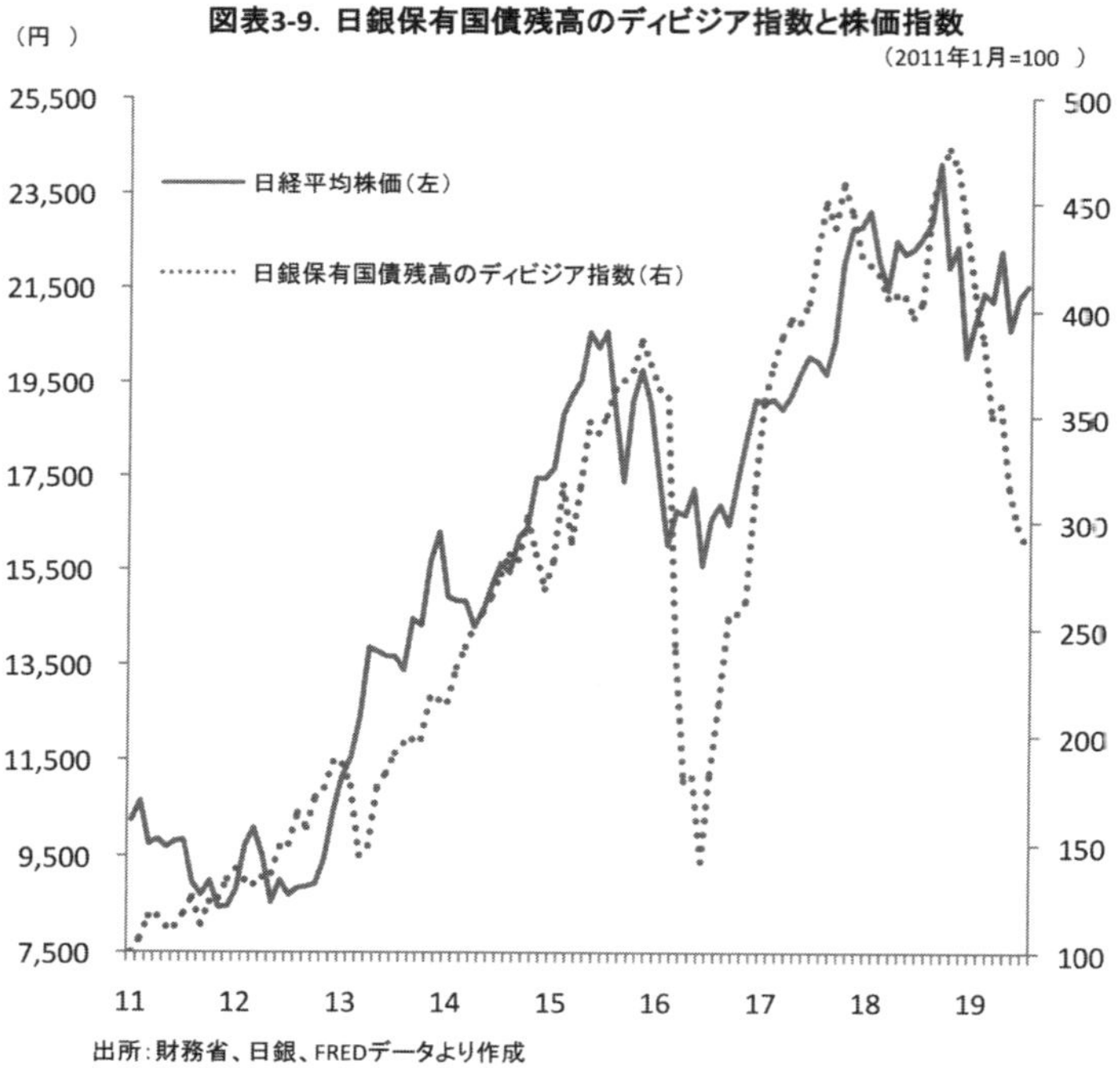


出所:財務省、日銀、FREDデータより作成

## 図表3-10. ディビジア指数で「修正されたソロスチャート」とドル円レート

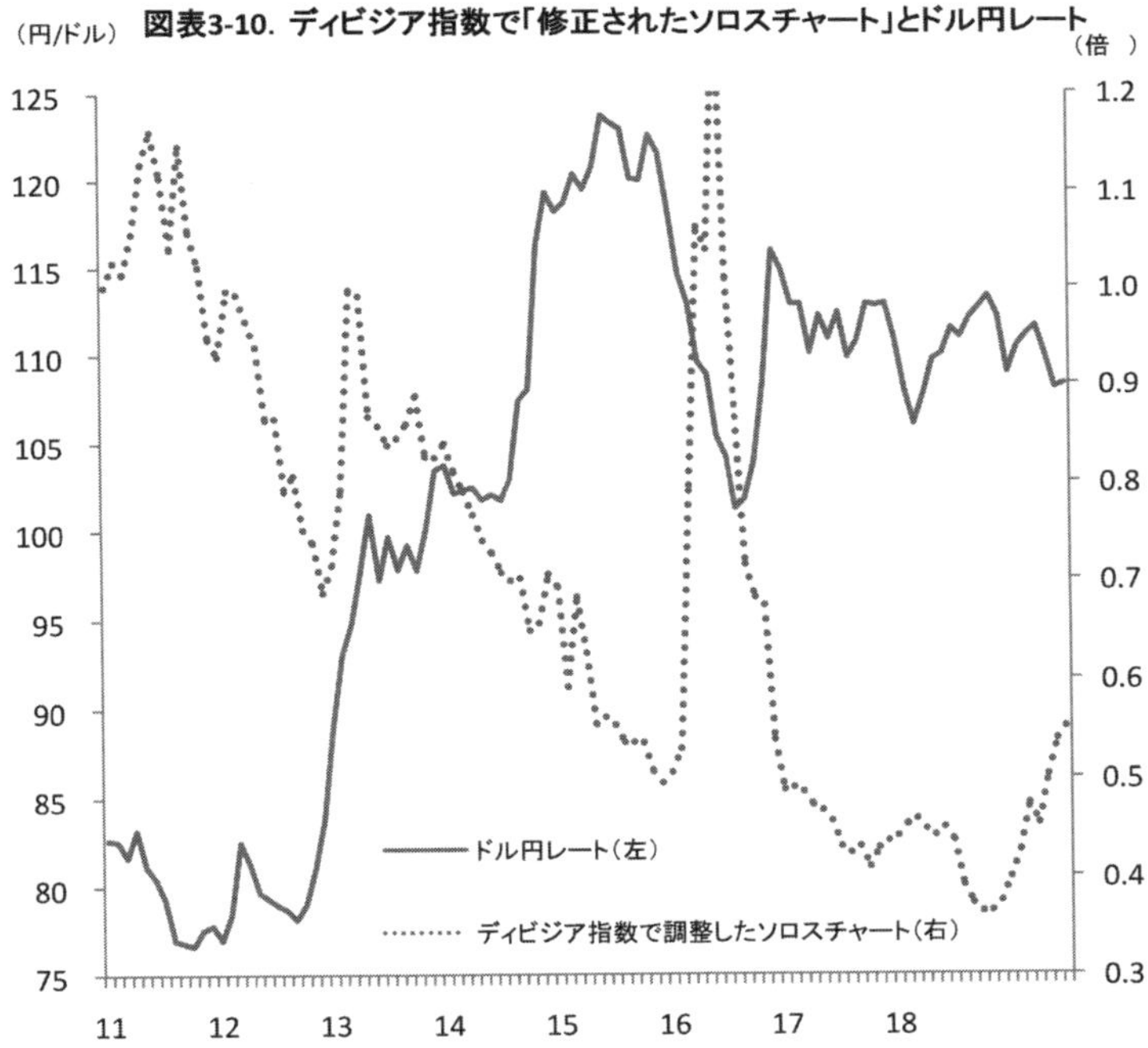


注：両者の時差相関係数は、「修正されたソロスチャート」が2ヵ月先行する場合が最大（0.77）
出所：財務省、日銀、FREDデータより作成

またこの「ディビジア指数」は為替レートの動きとも整合的である。具体的にいうと、日銀保有国債の「ディビジア指数」と米国ＦＲＢ保有国債（これは「ディビジア指数」を算出することができない）との比率（「ディビジア指数で調整したソロスチャート」と呼ぶことにする）を計算すると、ドル円レートの動きに２ヵ月程度先行して動いている（↓前ページ図表３−10）。

ちなみに、この「ディビジア指数」と日経平均株価の相関は０・90、「ディビジア指数で調整したソロスチャート」とドル円レートの相関は、２ヵ月の時差相関で０・77と、マネタリーベースとの相関よりもかなり高い。

## 7. 財政政策をめぐる新たな考え方 ～FTPLとMMTへ

ここでは、最近の財政政策をめぐる新たな考え方を紹介したい。前述のように、つい最近まで、財政政策は長期的に見ると「中立」(短期的な財政出動は、将来の増税で相殺されるという意味で)であり、長期間にわたって累積した政府債務はなるべく早く削減すべきという考え方が主流であった。

だが、主要国がリーマンショック後の低成長局面からなかなか抜け出せない中、財政政策の役割が再評価され始めた。

最近話題になっているFTPL(Fiscal Theory of the Price Level：「物価の財政理論」)やMMT(Modern Monetary Theory：「現代貨幣理論」)は、その考え方の基本は全く異なるものの、長期停滞局面での財政政策の積極的役割に光を与えたという点では共通項もある。

そこで、まず最初にFTPLについて簡単に言及しておきたいと思う。

日本ではFTPLを、「シムズ理論」と呼ぶことが多いようだ。「シムズ理論」は本来、「物価の財政理論」といわれるもので、略すと「FTPL」となる。実はこの「FTPL」

は、決して新しいものではなく、1990年代の終盤から2000年代前半にかけて、当初は、主にアメリカのマクロ経済学者の間で「理論的な可能性」として議論された。プリンストン大学のクリストファー・シムズ教授の他、同大学のマイケル・ウッドフォード教授、インディアナ大学のエリック・リーパー教授、スタンフォード大学のジョン・コクラン教授らが主な提唱者である。

FTPLに関する論文は多岐に渡り、数学的にも難解な部分があるので、一言で表現するのは難しい。そこで、より実務的に解釈すると、「積極財政に転じることで生じた政府債務を将来の増税によって返済していく」という従来の標準的なマクロ経済学的な考え方の前提をなくしてしまっても、政府債務（対GDP比率）は、物価の上昇によって返済可能であるという考え方になろうか。

このFTPLは、標準的なマクロ経済モデル（「ニューケインジアンモデル」といわれる）の抱える問題点の一つの解決策として提示されたものである。

その問題点とは、金融政策がいわゆる「ゼロ金利制約」に陥ってしまうと（すなわち、政策金利がゼロ近傍まで低下してしまった場合）、金融政策が機能しなくなるという点である。

すなわち、標準的なマクロ経済理論では、金融政策がゼロ金利に到達してしまうと、その後はデフレに有効な金融政策の処方箋を導き出すことができないという建て付けになっている。これは前述の「量的緩和無効論」ともつながる。

標準的なマクロ経済学のモデルでは、金利政策以外は考慮されておらず、しかも、金利政策は政策金利がゼロになった段階で限界点に達してしまうので、それ以降は何もできないという話になっているのである。最近では、同じマクロ経済学の枠組みを残したまま、量的緩和政策の効果を検証しようとする試みもなされているが、いまだに誰もが納得する答えを出すことができないでいる。

そこで、あらためてＦＴＰＬが登場した背景を考えてみたい。

これまでマクロ経済学では、経済政策というともっぱら金融政策が考察の対象とされてきたが、この場合の金融政策の手段は政策金利であった。だが、現実の金融政策では、すでに主要先進国でＱＥ（Quantitative easing：量的緩和）政策などが実施されている。この量的緩和を標準的なマクロ経済モデルの枠内に取り入れて、その効果を実証することが時代の要請となっているが、なかなか有効な答が見つけられず、「ＱＥ政策とは何か？」ということが長い期間、議論されてきた。

このような状況下で、FTPLの枠組みは、「財政政策が物価を決める」という「発想の転換」をすることによって、ゼロ金利制約で金融政策（金利政策）が機能しない世界で答え（現実的にはインフレ率などの経済状況を示す数値）を導き出すことを理論的に可能にした。

また、FTPLでは、「量的緩和」を中央銀行による国債購入とそれによる貨幣（マネタリーベース）供給という形で事実上の中央銀行による財政ファイナンスとして取り扱うことができる。そういう経緯もあり、2000年代半ばに一旦下火になったFTPLの議論が、再びアメリカのマクロ経済学関連の学界で脚光を浴びることになった。2018年4月には、前述のFTPLの論客らを中心に、シカゴ大学で、「The Next Step for FTPL」というシンポジウムが大々的に行われた。

このFTPLが、日本でにわかに脚光を浴びたのは、内閣府参与であるイェール大学名誉教授の浜田宏一氏が、FTPLの論客の一人でノーベル経済学賞受賞者であるクリストファー・シムズ教授の話に感銘を受け、シムズ教授の議論を日本のマスメディアに紹介したことがきっかけである（そのため、「FTPL」というよりも「シムズ理論」で通っている）。

当初、この「シムズ理論」は、日銀によるリフレーション政策に反対する論者によって好意的に捉えられた。なぜならば、「シムズ理論（FTPL）」は、政策金利の誘導という伝統的な金融政策が機能しない世界でインフレ率がどのように決定されるかを考察したものだが、単純なＦＴＰＬのモデルでは、ＱＥ（量的緩和）政策には効果がないとされたからである。

だが、ジョン・コクラン教授による国債の満期構成を考慮したＦＴＰＬの論文では、ＱＥ政策は、ゼロ金利に近い短期国債の買いオペによるものであれば全く効果はないが、金利が大きくプラスになっている長期国債の買いオペであれば、インフレ率を上昇させる効果がある点が明らかにされている（そのため、コクラン教授は、長期国債の購入によって長期金利の水準を固定化する「イールドカーブ・コントロール政策」の有効性も主張している）。

そのため、「シムズ理論（ＦＴＰＬ）」は、長期債の買いオペをともなう量的緩和であれば、「量的緩和無効論」に対する反論になり得てしまう。「量的緩和無効論」が圧倒的多数を占める日本では、量的緩和無効論の根拠をＦＴＰＬに求める動きが急速に萎《しぼ》んでいったのはそういう背景があってのことだと想像できる。

また、日本での「シムズ理論（ＦＴＰＬ）」のシンポジウム開催で来日したシムズ教授は、「デフレ解消（日銀が設定した２％のインフレ目標を達成）するまでは、消費税率引き上げを凍結すべき」と発言した。そして、安倍首相がシムズ教授と面会したということもあり、政府が「シムズ理論」に便乗して、財政拡大、もしくは、財政拡大にともなう国債増発を日銀の量的緩和政策でファイナンスするという「(狭義の) ヘリコプターマネー政策」に踏み込むのではないかという思惑が台頭したことは記憶に新しい。

これまでのFTPL研究は、専ら理論的分析がほとんどであったが、実証分析が皆無に等しかった。だが、最近の研究では、過去の経済政策において、「金融政策と財政政策の組み合わせ」がどのようなものであったか、そして、FTPLは、その中でどの組み合わせなのかという観点から実証分析がなされるようになっている。この実証研究では、FTPLは、いくつかある金融政策と財政政策の組み合わせの中の一つであるとみなされる。

この「金融政策と財政政策の組み合わせ論」の提唱者であるデューク大学のフランチェスコ・ビアンチ教授の論文によると、金融政策と財政政策をそれぞれ、「積極的 (Active)」、「受動的 (Passive)」の2種類に分類する。したがって政策の組み合わせは、4通りあることになる (図表3－11)。

ここでいうところの「能動的な金融政策」とは、「中央銀行がインフレ率の変動幅を上回る規模で政策金利を変動させること」と定義している。したがって、現在の日本のように政策金利を操作する余地が極めて小さい場合は、たとえ、大幅な量的緩和政策が実施さ

**図表3-11. 金融政策と財政政策のレジームの組合せ**

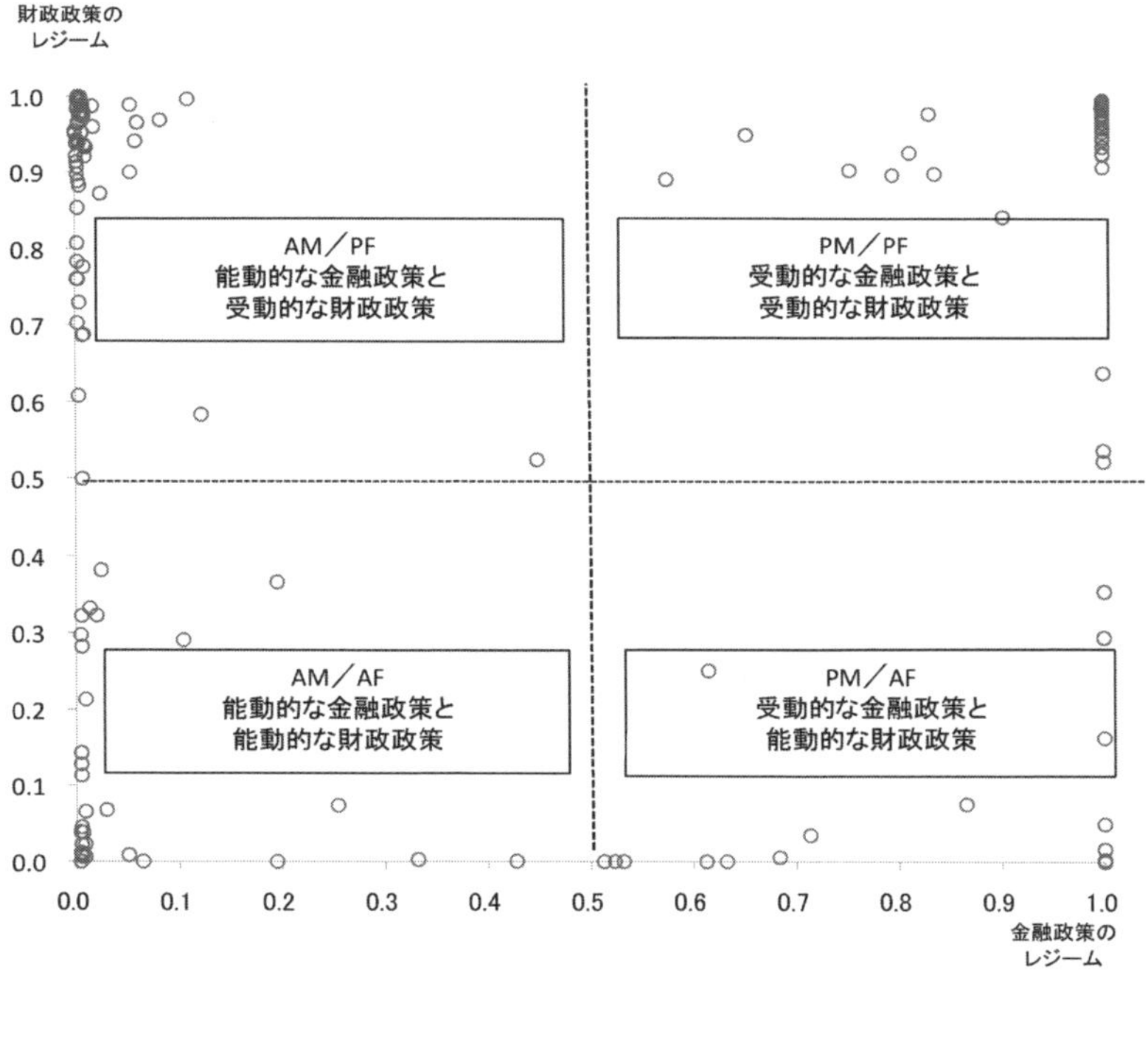

れていたとしても、「受動的な金融政策」に分類される。一方、「能動的な財政政策」とは、「政府債務（の対GDP比率）の変動幅が、税収の伸び率を上回るように国債を発行する（簡単にいってしまえば政策的に財政赤字を拡大させる）財政政策である」と定義している。以下、金融政策と財政政策の四つの組み合わせについて簡単な解説を行う。

**能動的な金融政策と受動的な財政政策（AM／PF）**

この議論では、「能動的な金融政策と受動的な財政政策」の組み合わせ（頭文字を取って「AM／PF」）が「平時」の経済政策とされている。すなわち、「平時」では、中央銀行が、金融政策でインフレ率の変動を上回る幅で政策金利を操作できれば、あえて政府債務を拡大させるような財政拡張策を用いなくてもよいという考え方である（ただし、一時的な財政出動による財政赤字増は許容されており、その代わりに、その後の財政黒字ですぐに返済されると仮定されている）。

**受動的な金融政策と能動的な財政政策（PM／AF）**

そして、話題の「シムズ理論（FTPL）」は、「受動的な金融政策と能動的な財政政策」

の組み合わせ（「PM／AF」）となる。すなわち「シムズ理論」の世界では、政府は積極的に財政支出（減税でもよい）を増加させる一方、金融政策は、財政支出拡大で新たに発行された国債を「受動的に」購入する（その結果、金利は変動させない）という組み合わせになる。

ここで注意すべきは、「シムズ理論」では、拡大した財政赤字を、金融政策が「受動的（もしくは「自動的」といってもいいかもしれない）」にファイナンスしている点である。これは、財政拡張と同時に、中央銀行は国債買いオペを拡大させていることを意味する。したがって、「シムズ理論」は必ずしも「金融政策無効論」を意味するものではない（ただし、政策金利の操作を通じた金融政策はできない）。

**能動的な金融政策と能動的な財政政策（AM／AF）**

次に、積極財政の下、中央銀行が、逆にインフレを抑制する目的で金融引き締め（政策金利の引き上げ）を行う場合、（長期）金利が上昇する可能性が高まる。このケースは、「能動的な金融政策と能動的な財政政策（AM／AF）」の組み合わせとみなされる。

国内での「シムズ理論」の議論では、この「AM／AF」の組み合わせも「シムズ理論」の一部として議論されることがあるようだが、この組み合わせは、「シムズ理論」の世界とは別の世界である。

また、この「AM／AF」の組み合わせの下では、金利の上昇、物価の上昇、そして、政府債務（対GDP比率）の上昇が持続的に（「発散的」に）実現する可能性が指摘されている。

すなわち、多くの人が懸念する「ハイパーインフレ」や「財政破綻」は、「シムズ理論」を実践した場合に発生するのではなく、財政拡張が実施される局面で、同時に金利上昇をもたらすような金融政策（「AF／AM」）を実施した場合に起こり得るシナリオということになる。現実世界で経済政策がこの組み合わせになった場合には注意しなければならない。

## 受動的な金融政策と受動的な財政政策（PM／PF）

残る金融政策と財政政策の組み合わせは「受動的な金融政策と受動的な財政政策（PM／PF）」の組み合わせである。実は、この政策の組み合わせの下での政策効果は極めて不確かであることが指摘されている。

すなわち、持続的な低金利によってデフレが解消する可能性がある一方、デフレが長期化する可能性がある。この組み合わせが実現する最初の段階で、経済がどういう状況にあるかに依存しており、どちらになるかは事前にはわからないとされている。

次に、以上のような考え方を今後の日本の経済政策にあてはめてみよう。

ここでは、日本のおける金融政策と財政政策の組み合わせが過去からどのように推移しているかを推定してみた。金融政策のレジームは次ページ図表3－12に、財政政策のレジームを165ページ図表3－13に示している（どちらも「Passive（受動的）」な政策を採用している確率で示してある50％超か否かでレジームがどちらに位置しているかを判断する）。

金融政策のレジームについては、基本的にゼロ金利・量的緩和の局面（もしくは、それが予想される局面）で「Passive（受動的）な金融政策」の確率が上昇し、50％を超える状況となっている。また、量的緩和の局面においては、マネタリーベースの伸び率が前年比で5％を下回る局面で、50％は上回っているものの、「Passive（受動的）な金融政策」の確率が急低下している。

一方、財政政策のレジームについては、1990年代初頭までは概ね「Passive（受動的）」なスタンスで推移していたことがわかる。これは、政府が景気対策による一時的な歳出拡大を除けば、「財政再建」のスタンスを維持していたためだと推測される。

ところが、1990年代に入ってからは、前半は、不良債権処理のための費用等による

図表3-12. 金融政策のレジーム

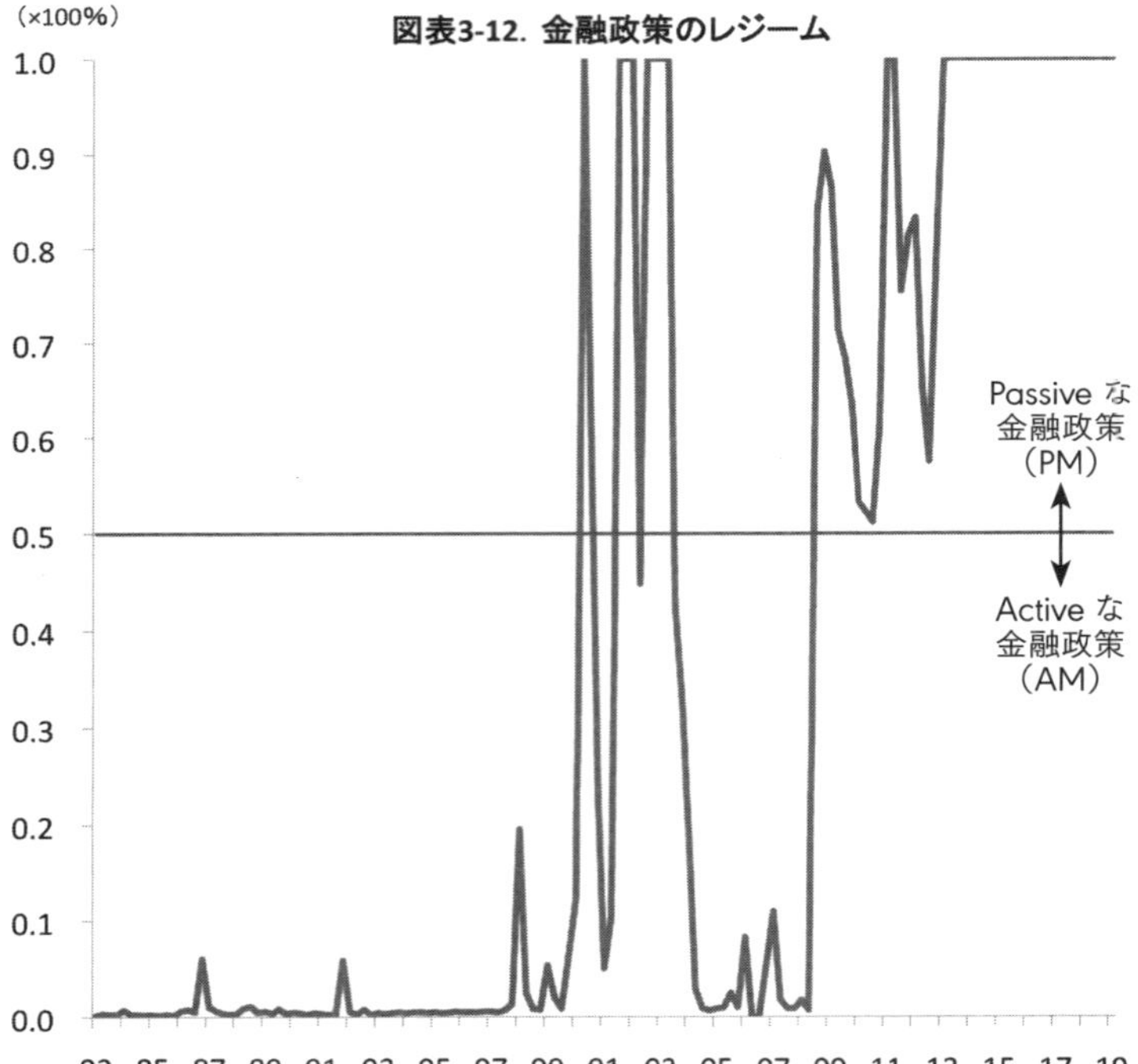


出所：内閣府データ等よりレジームスイッチングモデルにて推定した結果

図表3-13. 財政政策のレジーム

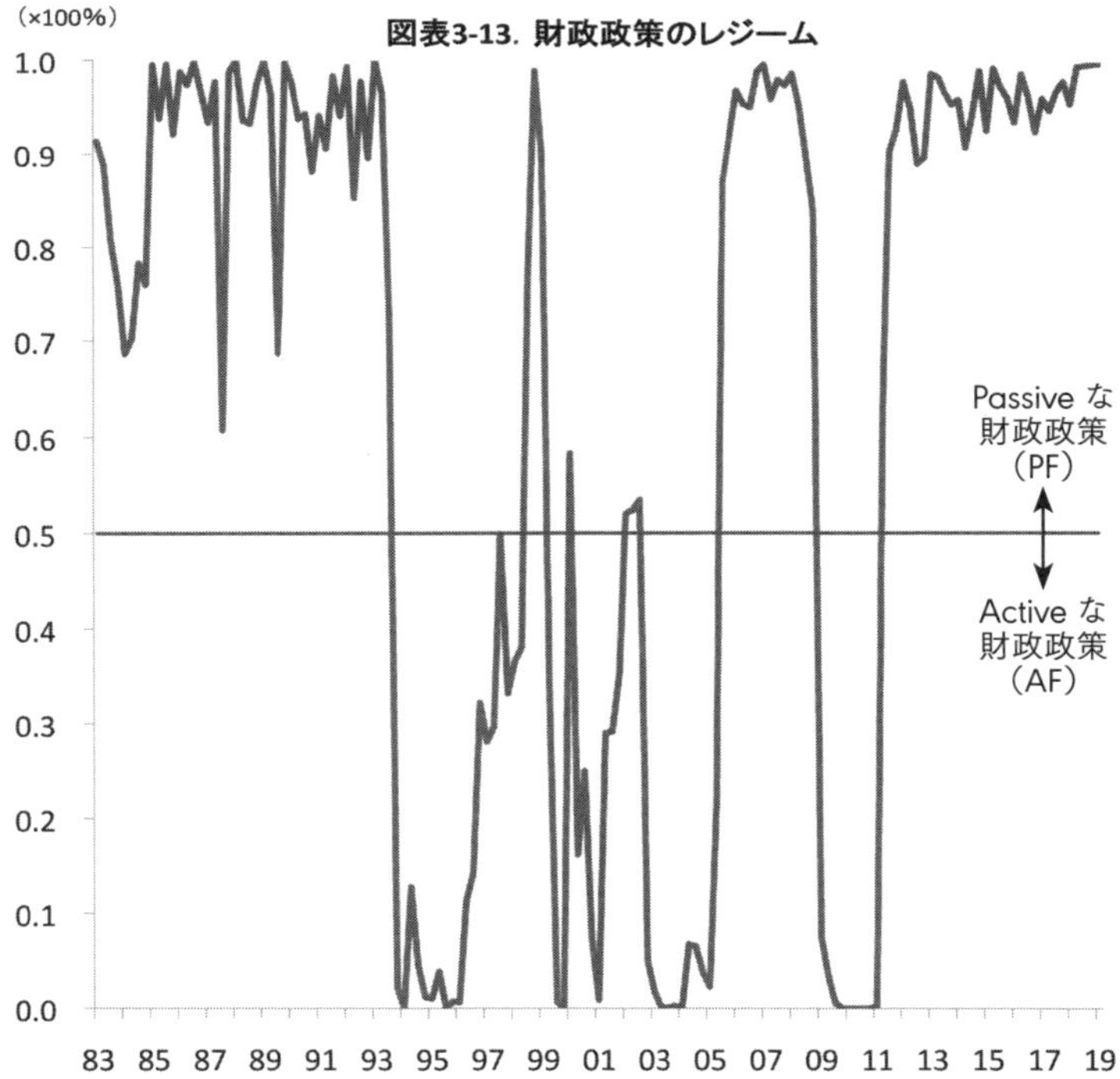


出所：内閣府データ等よりレジームスイッチングモデルにて推定した結果

財政支出拡大、および、小渕政権下でのデフレ対策の一環としての大幅な財政支出拡大をきっかけに財政政策のレジームが「Active（能動的）」に転換していることが見て取れる。

その後は、リーマンショック後の経済対策として、財政出動がなされた局面で、財政政策は再び「Active（能動的）」に転換しているが、その他の局面での財政政策のレジームは「Passive（受動的）」である。

2005年からリーマンショック前までの局面、および、意外だが安倍政権の局面では、ある程度の金融政策の成功による景気拡大が税収を押し上げたのに加え、消費税率引き上げと財政支出の抑制（および、2020年までにプライマリーバランスを黒字化させるという「財政健全化目標」へのコミットメント）から日本の財政状況は改善しており、これが、財政政策のレジームを「Passive（受動的）」に転換させているものと考えられる。

164ページ図表3－12、165ページ図表3－13をみると、現在の日本の金融、財政政策のレジームの組み合わせは、「Passive（受動的な）金融政策とPassive（受動的）な財政政策（PM／PF）」の組み合わせであると考えられている。注意すべきは、このポリシーミックスによって、デフレが解消する確率はよくて五分五分（すなわち、運がよければデフレが解消する可能性もある）という点である。

この「ＰＭ／ＰＦ」の局面では、外部環境が偶然よい方向に向かえば、デフレ脱却の方向へ経済が向かう可能性もある。簡単にいえば、「運だめし」の政策ということになろう。ただし、このまま世界経済の回復が続くという見通しを持てるのであれば、場合によってはこのまま緩やかにデフレ脱却プロセスが続き、気づいてみたらデフレ脱却という「好運」がもたらされる可能性もないことはない。

もちろん、ここでもう一度、「積極財政（Activeな財政政策）」に転じ、「シムズ理論」に飛び込むという選択肢もあり得る。特に、現在、日本銀行が採用している「イールドカーブ・コントロール政策」は、典型的な「受動的な金融政策」である。

もし今後、国債増発で金利上昇圧力が生じても、現行の「イールドカーブ・コントロール政策」がある限りは、ほぼ自動的に国債を購入することになるため、金利の急騰の可能性は極めて低いと思われる。

実は、この議論については、もう一つ重要な問題がある。それは、経済政策の効果を考える場合には、「現時点の」組み合わせだけではなく、「将来、どの組み合わせに転換すると人々が予想しているか」という点である。つまり、もし、デフレ脱却に有効な政策の組み合わせになったとしても、人々がその組み合わせはすぐに別の組み合わせに転換してしまうと予想してしまうと、その効果はほとんど殺がれてしまう可能性がある。

これは、2016年6月の消費税率引き上げの先送りに際して実現してしまった可能性がある。消費税率引き上げを見送ったという判断については正しかったものの、2年後に引き上げることを表明したために、人々は、「場合によっては再びデフレ脱却前に消費税率引き上げが実施されるかもしれない」という予想を形成し、予備的な貯蓄増に走ったのではないかと考えられる。

その意味で、もし、政府がデフレ脱却のために「シムズ理論」の世界に飛び込むのであれば、「正常な」経済政策への転換（すなわち、「AM／PF」）は、「2年後」といったような「（実現が不確かな）期間」にコミットするのではなく、シムズ教授が言及したような「日銀・政府の共同声明であるインフレ率が2％近傍で安定的に推移することを確認してから（筆者は、安倍政権が掲げている「600兆円の名目GDPが達成された後」というコミットメントルールでもよいのではないかと考えているが）」というような「（デフレ脱却の実現という）経済状況」にコミットしなければ、効果を十分持ち得ないかもしれない。

さらにいえば、「シムズ理論」では、「正常な政策の組み合わせ（AM／PF）」に戻る出口政策をどう設計するかが重要となる。まず、「出口政策」では、マーケットなどに「サプライズ」を与える必要はない。

また、正常化の局面では、金融政策と財政政策がともに政策転換する必要があるが（金融政策は、「PM」から「AM」へ、財政政策は「AF」から「PF」へ）、両者のタイミングがずれてしまうと経済政策が不安定化してしまい、経済にショックを与えてしまう懸念がある（例えば、「AM／AF」の組み合わせになってしまうなど）。両方の政策がうまく協調して転換していくことが重要だと考えるが、現実の政策では、これをどう設計していくかが課題となろう。

以上、日本経済の現状を考えると、経済政策を「シムズ理論」の世界へシフトさせていくことかどうかは政権の判断次第だが、デフレ脱却のためには有効であることは確かであろう。ただし、単に財政支出を拡大させればいいのではなく、将来の出口政策のことを考えて、かなり周到に政策のコミットメントルールを考える必要があるというのが、ここでの結論になる。

## MMT（現代貨幣理論）とは

次に今、旬を迎えている感のあるMMTについて言及したいと思う。

最近、MMT（現代貨幣理論）という新しい経済理論が内外で話題になっている。このMMTとは、ごく簡単にいえば、「自国通貨建てで政府債務を拡大させればさせるほど、物理的な生産能力の上限までは経済を拡大させることができる」という考え方である。

つまり、MMTは「自国通貨建てで財政赤字を拡大させれば、政府は簡単に経済の長期停滞から脱出できる」と主張して世間の注目を集めているのである。

当然のように、主流の経済学者達のほとんどがMMTを強く批判している。特に、ブランシャール、クルーグマン、ロゴフ、サマーズといった主流派経済学の重鎮たちは、執拗にMMT批判を展開している。彼らの批判は大きく分けて二つある。

一つ目は、MMTが主張するように「規律なく」財政支出を拡大させてしまえば金利が急騰し、民間投資が阻害されてしまう懸念（「クラウディングアウト」）である。

そして、二つ目は、財政支出を無限に拡大させることによる（ハイパー）インフレ懸念である。

このような批判に対し、ＭＭＴを主張する人たち（「MMTer」といわれているらしい）は、以下のように反論している。

一つ目のクラウディングアウト懸念に対しては、『中央銀行が固定（ゼロ）金利政策を採用し、財政赤字をそのままファイナンスすれば、財政赤字の増加分が、そのまま資金供給増となるので、民間投資が押し出されることはない（また、中央銀行がゼロ金利政策を長期間維持することが予想できれば、将来の政策金利の予想で決まる長期金利も低位安定するはずである）。したがって、「クラウディングアウト」はあり得ない。むしろ、『政府が自らの負債である国債や通貨の発行量を増やしてこなかったことが世の中の「金回り」を悪くし、その結果として世界的に長期的な景気低迷が続いている』というのがＭＭＴからの反論である。

ほぼ財政再建一辺倒の主流派経済学とは一線を画し、政府の負債拡大が通貨の流通速度を上げ、それが民間部門にも新たな需要を生み出すとした点が、これまでの主流派経済学にはなかったＭＭＴの新しい主張である。

二つ目のインフレ懸念に対しては、「インフレという現象はある特定のセクターの資金需給バランスが崩れることによって起こる」と主張している（「Sectorial Balance Equation」の議論）。

例えば、リーマンショックは住宅市場に資金が集中したために住宅価格が高騰し、それが過度の金融引締めを誘発したために発生したとしている。そして、このような、ある特定セクターの資金需給バランスの崩れから発生するインフレを予防する方法としては、他のセクターにも幅広く影響を及ぼす金融政策ではなく、税制改正（この場合は不動産取引に対する増税措置）で対処すべきだと反論としている。

そして、これを突き詰めると、個々の財・サービス市場への「税制」での政府介入でインフレは抑制できるということになる。

MMTの有効性を主張する人々による一つ目の反論は、いわゆる「信用創造」の考え方を基にしたものであり、主流派経済学にも同様の議論がある。また、最近は主流派も財政拡張の必要性を認識しつつあるという経緯から、この点に関しての主流派による再反論はほとんど聞かれなくなっている。

そこで問題は、二つ目の反論に関してである。筆者は、理論としてのMMTの最大の問題点は、ハイパーインフレをもたらす可能性というよりも、物価水準全体の決定メカニズムがあやふやな点であると考える。ＭＭＴの解説本（例えば、L. Randall Wrayの「Modern Money Theory ; A Primer on Macroeconomics for Sovereign Monetary Systems」）を読んでみても、主流派経済学の「フィリップス曲線」のような明快な物価決定メカニズムが展開されていない。

ＭＭＴでは標準的なマクロ経済学のような「モデル」が一切提示されていないので、ＭＭＴの有効性を主張する人たちが、本当にどのように経済システムを考えているかがはっきりしない。しかし、そのままでは議論がこれ以上進まないので、ここでは「ＦＴＰＬ（物価の財政理論）」のモデルを基に、このＦＴＰＬのモデルを修正してＭＭＴを再解釈してみたいと思う。

ＦＴＰＬでは、現時点の債務残高と将来にわたる財政政策の予想（将来にわたってのプライマリーバランスの予想値、および財政赤字を中央銀行がファイナンスすることによる通貨発行益の予想値の合計値）から物価水準が決定されるが、ＦＴＰＬで物価水準を決める際に、重要な条件としては、「政府が無限に負債の発行を続けることによって政府支出を無限に増やすことができない」という制約条件がある（「No Ponzi Game」）。

この制約条件が存在するからこそ、ＦＴＰＬでは財政政策によって物価水準が決定されるのだが、ＭＭＴでは、この制約条件が課されていない可能性がある。ちなみにこの制約条件をはずすと、政府支出を拡大すればするほど経済は拡大していくことになる（これは、国内経済だけのモデルであれば、「自国通貨建ての政府債務はいくら発行してもデフォルトしないので、それによって財政拡大すれば経済は拡大する」というＭＭＴの主張に合致するのではないかと考える）。

問題は、このとき物価水準がどのように決まるかだが、前述のＭＭＴの解説論文を読んでみると、「物価は、賃金水準によって決まる」とされている。より具体的には、政府が最低賃金を設定することによって物価は制御可能であるという主張がなされている。つまり、ＭＭＴでは、物価の「Anchor（アンカー・錨の意味）」として、最低賃金の水準が重要であり、その最低水準の水準を政府が決めるという設定なのである。

そして、これと関係するが、ＭＭＴの重要な主張の一つに「政府が雇用保証を行う」点が指摘できる（「Job Guarantee Program：JGP）」と呼ばれている）。

これは、民間で職を得られなかった人に対して、政府は、自らが設定した「最低賃金」で職を直接提供することを意味している。そして、「民間の賃金は政府の定める最低賃金から大きく逸脱することはないだろうから、最低賃金を通じて全体の物価は制御可能である」というのがＭＭＴの主張である。それゆえ、ＭＭＴではＪＧＰが極めて重要な役割を果たし、ＪＧＰなしでＭＭＴは語ることができないものとなっている。

したがって、「ＭＭＴではインフレを制御することができない」という批判も、実は的外れである。

物価水準が「政府による最低賃金の設定」という形で外から与えられるとすると、ＭＭＴのモデルでは、最後に決まるのは将来の財政政策（プライマリーバランス、政府支出と税収の差）ということになる。つまり（あくまでも筆者のモデリングだが）ＭＭＴでは最低賃金から先に決められる物価水準に合わせて、後から政府支出と税収の組み合わせが決まるということになる。

したがって、経済拡大という目標のために政府支出の規模を政府が先に決めるのであれば、もし、最低賃金の水準から決まる物価水準を逸脱するような物価上昇圧力がかかれば、増税が物価上昇圧力を鎮めるように課されることになる。

これは、「インフレ上昇圧力がかかった場合には増税によって鎮静化すればよい」というＭＭＴの主張と一致するのではないかと考える。

以上のように、ＭＭＴは、政府が負債を増やして自ら事業を創出し、最低賃金で国民全員に雇用を保証すると同時に、増税で物価をコントロールしながら景気拡大をいつまでも続けることができるという主張になっていると考えられる。もし、これが極限まで行くとなると、財政支出拡大と増税がともにとめどなく増加していくことになるので、最終的には政府が経済全体をコントロールすることと等しくなりはしないだろうか。

そう考えると、米国で社会主義的なスタンスを取るサンダース上院議員やオカシオ・コルテス下院議員がＭＭＴを支持するのはわかる気がするし、自由主義を標榜する主流派経済学者が血相を変えて反対する理由もわかるような気がする。

このように、ＭＭＴを「トンデモ理論」と一蹴するのは簡単である。だが、一部で熱狂的に支持される理由もわからないでもない。なぜならば、主流派経済学の主張が現実の経済を説明できているかといえば、必ずしもそうではないからだ。いやむしろ、主流派経済学の現状分析がことごとく外れていることがＭＭＴの支持者を勇気づけている側面が強い。

この最も卑近な例は、失業率が歴史的な低水準まで下がりながらインフレ率が一向に上昇せず、単純な形での「フィリップス曲線」は当てはまらなくなっている点であろう。

また、いつかインフレ率は上がるはずだとする主流派経済学の処方箋に従って急いで利上げを実施したら株価が暴落し、逆に景気後退の危機に陥りそうになっている米国経済の置かれた現実も主流派経済学の信頼性を著しく損ねているだろう。

さらにいえば、米国では、リーマンショック後に急低下した労働参加率がいまだに上昇していない。（↓次ページ図表3－14）

これは求職活動すらまともにできていない「無業者」が依然として多く存在することを意味する。ＭＭＴは、政府自らが職を作り出して「無業者」を最低賃金で雇うことができると主張しているので、「無業者」で雇用を得る見込みがない低所得者にとってみれば、ＭＭＴを採用してもらったほうが都合がよい。実際の生活がかかっている者たちからみれば、「モデルがないトンデモ理論かどうか」などという点は関係ないのである。したがって、将来の経済状況次第では、ＭＭＴが有権者に支持されることは全くあり得ないこともない。これは国民の選択の問題になるのである。

現に、このＭＭＴは全くの「机上の空論」かといえば、そうではない。筆者は、実は歴史上、ＭＭＴの主張に極めて似た政策が実際に採用されたことがあると考えている。

米国を例に取ると、１９３０年代終盤から１９４０年代にかけて実施された「ニュー

図表3-14. 米国の労働参加率の推移

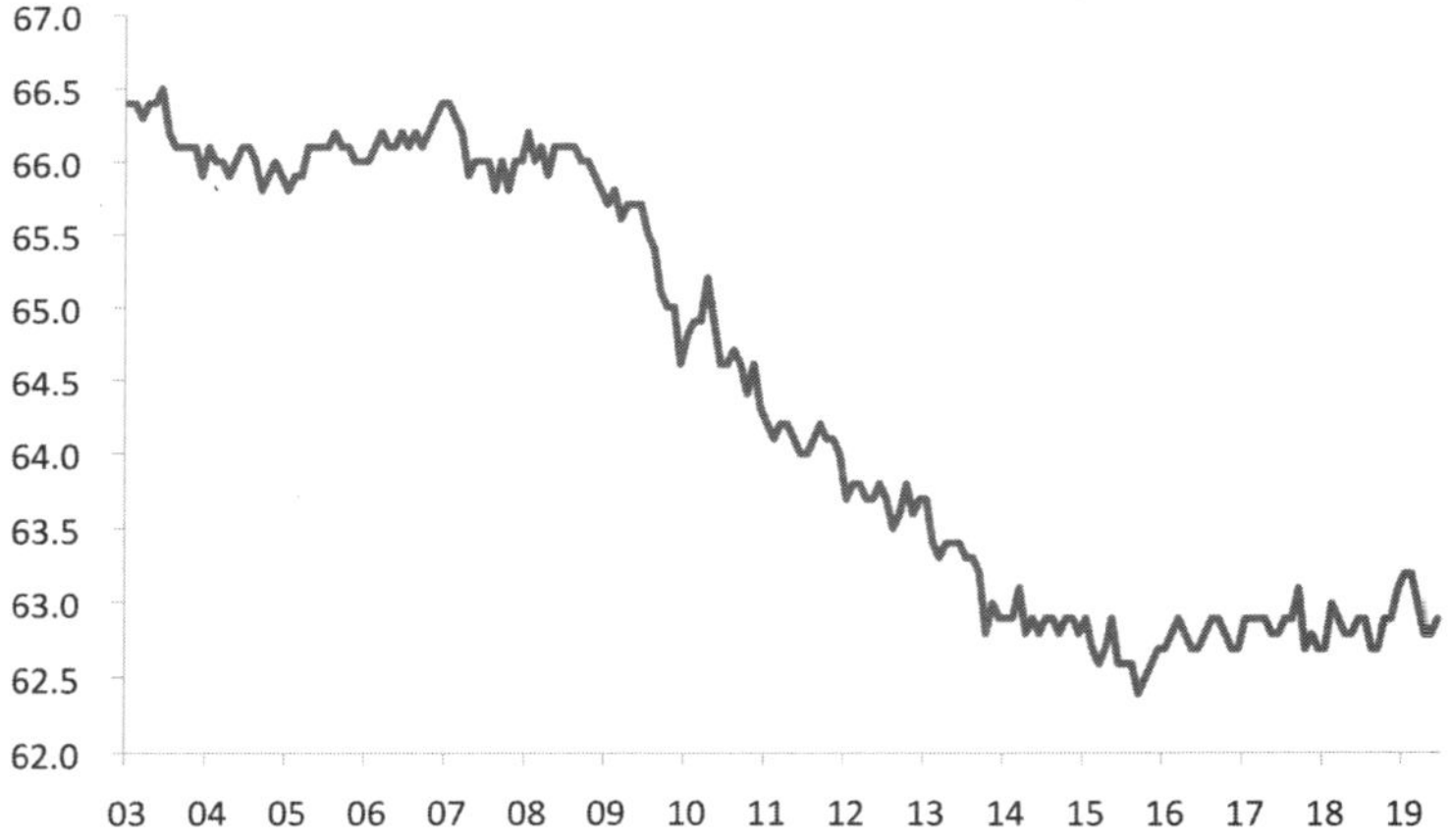


出所：FRED等より作成

ディール政策」である。その具体的な政策はあまりに有名だが、

❶財政支出の拡大（国債の大量発行に加え、同時にいろいろな種類の増税も実施された点に注意）と政府事業による雇用創出

❷ゼロ金利・量的緩和政策（1942年からは「Bond Price Peg」という事実上の国債利回りの固定化も実施）による財政ファイナンス

❸物価統制

が実施された。

同様の政策は、1936年の「2・26事件」以降の日本でも採用された。「2・26事件」で凶弾に倒れた高橋是清蔵相による「高橋財政」ではデフレ脱却後の出口政策があらかじめ想定されており、高橋蔵相は、ほぼデフレ脱却を実現させた1935年以降、国債発行を減額すると同時に財政支出も削減するなど、財政政策も平時に戻そうとしていた。

だが、結局、出口政策は実現せず、高橋蔵相は暗殺されてしまった。そして、高橋財政に続く、「馬場財政」、「結城財政」では、ほぼ無制限の財政支出拡大と増税が実施された

（国債増発も）。

そして、その後まもなくして、政府は、物価統制によってインフレの制御を試みるようになった。これらの政策メニューをみると、基本的な仕組みはＭＭＴと同じである。

それでは、なぜ、このような経済政策が採用されたのであろうか。

当時は世界大恐慌後の回復期であったが、経済成長率は大恐慌期前に比べればかなりの低水準であった。すなわち、現在と同様の長期停滞期であった。この長期停滞期の最中の１９３７年に、米国の政策当局は拙速な出口政策（金融引締めへの転換と増税）を実施し、再デフレを誘発させてしまった（「１９３７年大不況」）。

一方、日本は、数字上はデフレ脱却に成功したものの、経済の行き詰まり感を払拭することができなかった（そのうえ、戦争が一種の「景気づけ」となった）。

つまり米国は、一旦は金融緩和をメインにしたリフレーション政策でデフレから抜け出したかにみえたが、最後の最後で詰めを誤り、深刻な再デフレを誘発させてしまった。

そして、日本は第一次世界大戦直後にバブル景気がはじけて以降、20年近い長期デフレを経験していた。その長期デフレの最中に、金本位制への復帰（しかもデフレ促進的な円高水準での）を急ぎ、それがより深刻なデフレをもたらしていた（「昭和恐慌」）。このように、当時の政策当局によるリフレーション政策の失敗（米国）、および実施の遅れがMMT的な統制経済への期待感を高めたと考えられる。

そして特筆すべきは、その中で、いち早く大恐慌からの脱却を実現させていたのがナチスドイツであったという点だ。そのナチスドイツが採用していたのがMMTに近い政策であった（「アウトバーン」に代表される政府支出の拡大と雇用創出、「メフォ手形」発行による財政ファイナンスに加え、雇用政策や物価統制も実施）。なんとか長期的な経済停滞からの脱却を図りたい各国政府はデフレ脱却にいち早く成功していたナチスドイツの政策を研究し、こぞってそれに追随していった。

このようなMMT的な経済政策の採用によって大恐慌の克服に成功したかにみえた世界経済だったが、最終的には「生産能力（MMT的にいえば原材料等の資源）の壁」に当たってしまい、インフレを制御できなくなってしまった。

ここからは筆者の推測だが、主要国間で新たな資源の確保のために天然資源が豊富なアジア・アフリカ地域の領土をめぐる争いが勃発（その中心的な存在が日本とドイツであった）、やがて、これが第二次世界大戦という悲劇につながった。

すなわち、あれほど悲惨な結果を迎えた第一次世界大戦終結からすぐに再び第二次世界大戦に突入していったのは、このような経済的な背景があったのだろうと推測される。

以上のような歴史的な経緯を考えると、リフレーション政策の限界がみえつつある現在、今後、ＭＭＴが実際の政策として採用される確率は決してゼロではない。ここで世界各国が長期停滞からの脱出に失敗してしまえば、戦前同様、ＭＭＴに近い極端な経済政策が国民の熱狂的な支持を受けて採用される可能性は十分にあるのではなかろうか。

筆者は、この歴史的教訓から学ぶとすれば、例えば、中央銀行と財政当局の間のアコードによって、明確に「インフレ目標」にコミットする形で財政出動を行うことであろう。それができなければ、世界は再び戦前の悲劇を繰り返す懸念が残る。

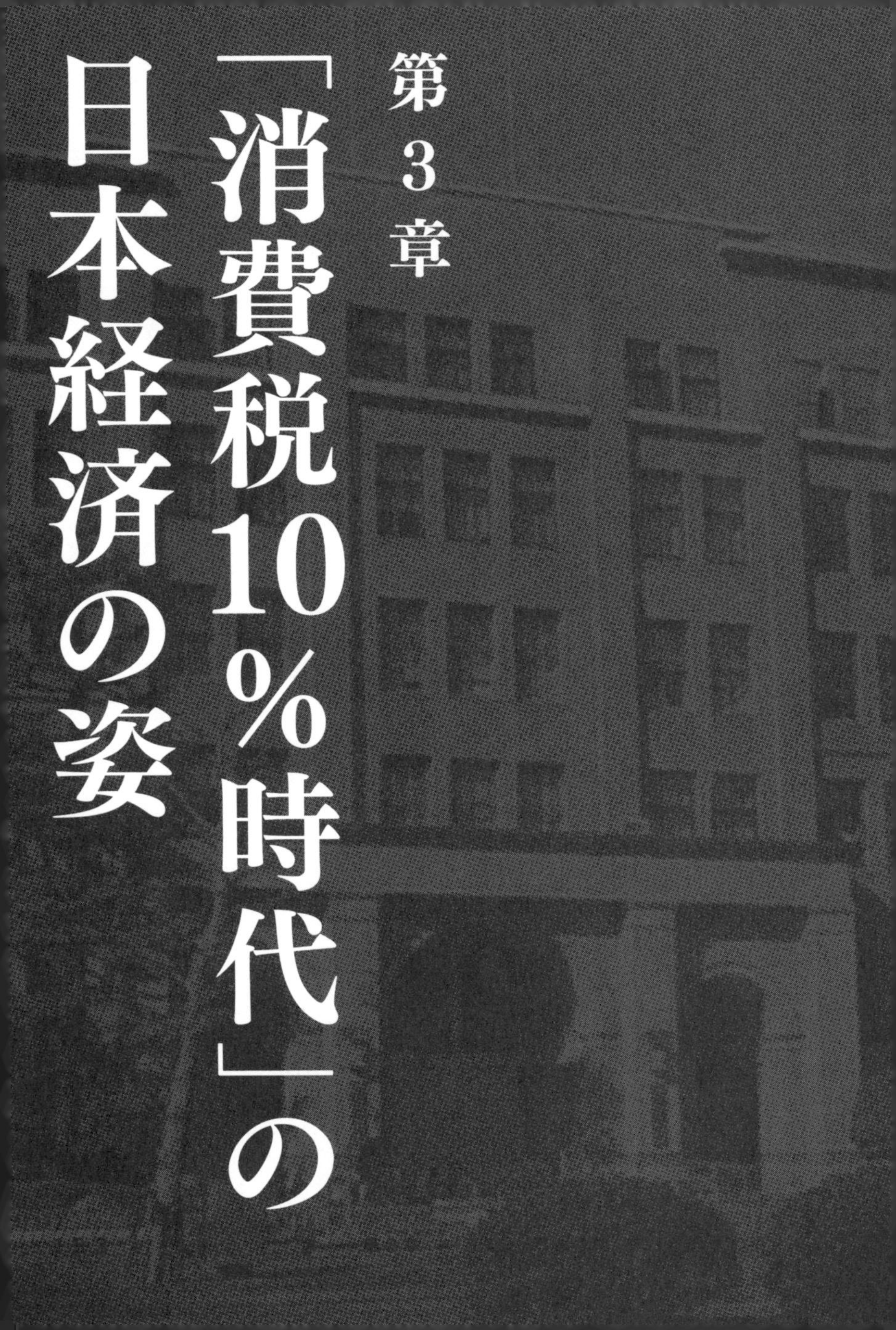

# 第3章
# 「消費税10%時代」の日本経済の姿

# 1. 消費税のメカニズム
## ～マクロ経済への影響をどのように考えるか～

　ここではまず、消費税の論点について簡単に整理をしたいと思う。消費税の仕組みは複雑なので本書で詳細に説明するには限界がある。したがって、消費税率引き上げの影響を考える際、特に必要な項目だけをとりあげて簡単に説明することにしたい（消費税の詳細な説明については、税法関係の書物を参照していただきたい）。

　本章で説明するのは、

❶増税の方法はさまざまなのに、なぜ消費増税が選好される傾向があるのか
❷今後の日本経済への影響を考える際に重要だと思われる消費税についての論点整理

である。特に、❷の論点整理では、「損税・益税」の問題、消費税の逆進性、そして、軽減税率について言及したい。

「消費税」は、1980年代前半より検討されており、実際に大平内閣のときに「一般売上税」として導入を試みた経緯がある。このときは、与党自民党が選挙で大敗したため、導入は見送られた。

その後、1989年、竹下登内閣のときに消費税は税率3%で初めて導入された。そして、1997年に橋本龍太郎内閣で消費税率は3%から5%に、2014年安倍晋三内閣で5%から8%にそれぞれ引き上げられた。

さらに、2019年10月に同じく安倍晋三内閣の下、8%から10%に引き上げられた。ちなみに竹下内閣、橋本内閣は、消費税導入、および消費税率引き上げ後の選挙で敗北し、政権を維持することができなかった。だが、安倍内閣は2019年7月の参院選でも負けなかった。そして、2度の消費税率引き上げを実施することになった。そういう意味では画期的な政権である。

ところで、2019年7月の参議院選前に開催された党首討論会の席上、安倍首相は、「消費税率を10%に引き上げた後は、少なくとも10年間は消費増税を行う必要はない」と、当面の消費増税の可能性を否定する発言を行った。これに対し、連立与党の一角を占める公明党の山口那津男代表は、安倍首相の発言をやんわりと否定した。

また、参院選の投票日直前に野田毅自民党税制調査会最高顧問が「消費税率は20％まで引き上げるべき」と発言した。野田氏は、自民党の税制調査会の重鎮であり、「消費税率は20％まで引き上げるべきである」というのが持論である。

その後、参院選の結果を受け、麻生太郎財務相や稲田朋美自民党副幹事長が、「10月からの消費増税は国民から信認を得た」という旨の発言を行った。

7月の参院選の結果を詳細にみると、唯一の「筋金入り」の消費増税反対勢力であった「れいわ新撰組」が政党要件を満たすほどの得票数を獲得したように、必ずしも国民は消費税率引き上げを信認したわけではないと思われる。

だが、政府与党の政治家は参院選で消費増税は信認を得たとばかりに、さらなる消費増税に積極的である。ちなみにすでに２０１５年10月の財政審議会では、十分な社会保障財源を確保するためには将来的に消費税率を32％まで引き上げる必要があるとの試算結果が発表されている。そういう意味では、消費増税はこれで終わりではなく、まだまだ道半ばであると考えたほうがよいだろう。

したがって、今後も、政府与党は、さらなる消費税率の引き上げの機会をうかがうことになると思われる。

ところで、数ある増税のメニューのうち、消費税が選好される理由としては以下の三つがあると考えられる。


第一点は、「直間比率」の見直しである。

「直間比率」とは、税収における「直接税」と「間接税」の割合のことである。

このうち、直接税とは、納税者（個人や企業）が直接支払う税金のことである。代表的な直接税としては、所得税、法人税、固定資産税、相続税、贈与税などがある。

そして、消費税は直接税ではなく間接税である点に注意する必要がある。一般的に、消費税は商品やサービスの提供を受けたときに消費者が支払っているので、消費者が直接負担しているようにみえるが、実はそうではない。消費税に代表される間接税は、「納税義務者（税金を国や地方自治体へ納める義務がある人）」と「担税者（税金を負担する人）」が異なっている。「担税者」である消費者が税金を支払っているようにみえるが、消費者は「納税義務者」である業者に税金の支払いを託し、「納税義務者」である業者が「担税者」に代わって国や地方自治体に税金を納めている。このような税を「間接税」という。

日本の税制は、長らく諸外国に比べ、直接税の割合が高いとされてきた。消費税を思い浮かべていただければ理解が容易だが、間接税では、所得が高い・低いにかかわらず税金を一律に徴収することになる。例えば、消費税の場合には、基本的には消費した金額に応じて税が徴収され、そこに所得の高い・低いは影響を及ぼさない。そのため、消費税は「一応」は平等な税制であるといわれている。

一方、直接税の場合、所得や資産の増加に伴って税の負担も増加する。資産が過去にがんばった労働の結果として積み上がったものであるとみなすと、直接税の割合があまりにも高ければ、せっかく所得を増やそうと頑張った分だけ税金も増えることになるので、納税する側は不満を持ちやすくなる（これについては二点目の論点と関係してくる）。

その点、間接税は誰もが公平に税を負担するという意識（税を負担したくなければ消費を抑えればよい）が前提にあるため、税を徴収されることに対する不満を抑えやすい。実際に過去の消費増税のケースでも、当初はモノの値段が上がったような感覚が強く、支払い時に痛税感から不満を覚えることがあったが、時間が経つと痛税感も薄れていったように思う。したがって、政府は直接税と間接税のバランスを取り、あまりに直接税に偏った税収を是正するという名目で消費増税を検討してきたという経緯がある。

第二点は、「貯蓄と勤労意欲に対するインセンティブを高め、できるだけ高い経済成長を維持する」という観点である。

少子高齢化がどの先進国にも増して加速度的に進行する日本にとって、限られた労働資源をいかに効率よく稼動させるかということは、それなりの経済成長率を維持するために重要な論点である。80年代に学界で一大勢力となった「サプライサイド経済学」では、労働者にどのように勤労に対するインセンティブを付与するかが検討されてきたが、このときに議論されたのが、まさに所得減税であった。

簡単にいえば、所得減税によって可処分所得を増やすことができれば、労働者の勤労に対するインセンティブは高まることが期待される。そしてこれは、まさに少子高齢化が進む日本に適した税制ではないかという議論が高まったのである。

さらに、90年代から2000年代にかけて、デフレによる景気の悪化もあり、段階的に所得税減税（累進制の緩和）が実施された。だが、増税が必要な際には不思議と、所得税の累進制を再び強化する（もしくは元に戻す）という議論は聞こえてこない。

そして、所得減税による税収減を補う手段として、間接税である消費増税が検討されてきたのである。

第三点は、「安定財源」としての位置づけである。

所得税や法人税を中心とする直接税は、景気動向に大きく左右される。そのため、景気が悪化すると税収が大きく落ち込み、その分を国債の増発に頼らざるを得なくなる。さらに、景気悪化局面では、政府が景気浮揚策を打ち出す必要が出てくるとすれば、その財源として国債が増発され、その結果、財政赤字が拡大することになる。

確かにその後の景気回復で、直接税収が増えれば、それによって景気悪化局面の国債を償却すればよいということになるが、実際に経済政策を策定する場合、景気循環から生じる景気悪化と少子高齢化等の「構造要因」によって生じる成長率の低下の区別がつかないことが多い。一時的な景気悪化だと考え、国債増発で財源を補填したところで、これが構造的要因による恒久的な成長率の低下、そして、それによる税収の恒久的な落ち込みであった場合、財政赤字が累積に膨らんでゆくことになる。これを可能な限り阻止するためには、景気に左右される度合いが小さい消費税のウェイトを高めるしかないというのが、消費増税が選好される理由の一つとして指摘されてきたところである。

さらに少子高齢化の進展にともなって社会保障費は右肩上がりで増大していく。社会保障コストは景気にあまり左右されずにコンスタントに増えていくのであれば、これを税で補うた

**図表4-1.消費税の構造**

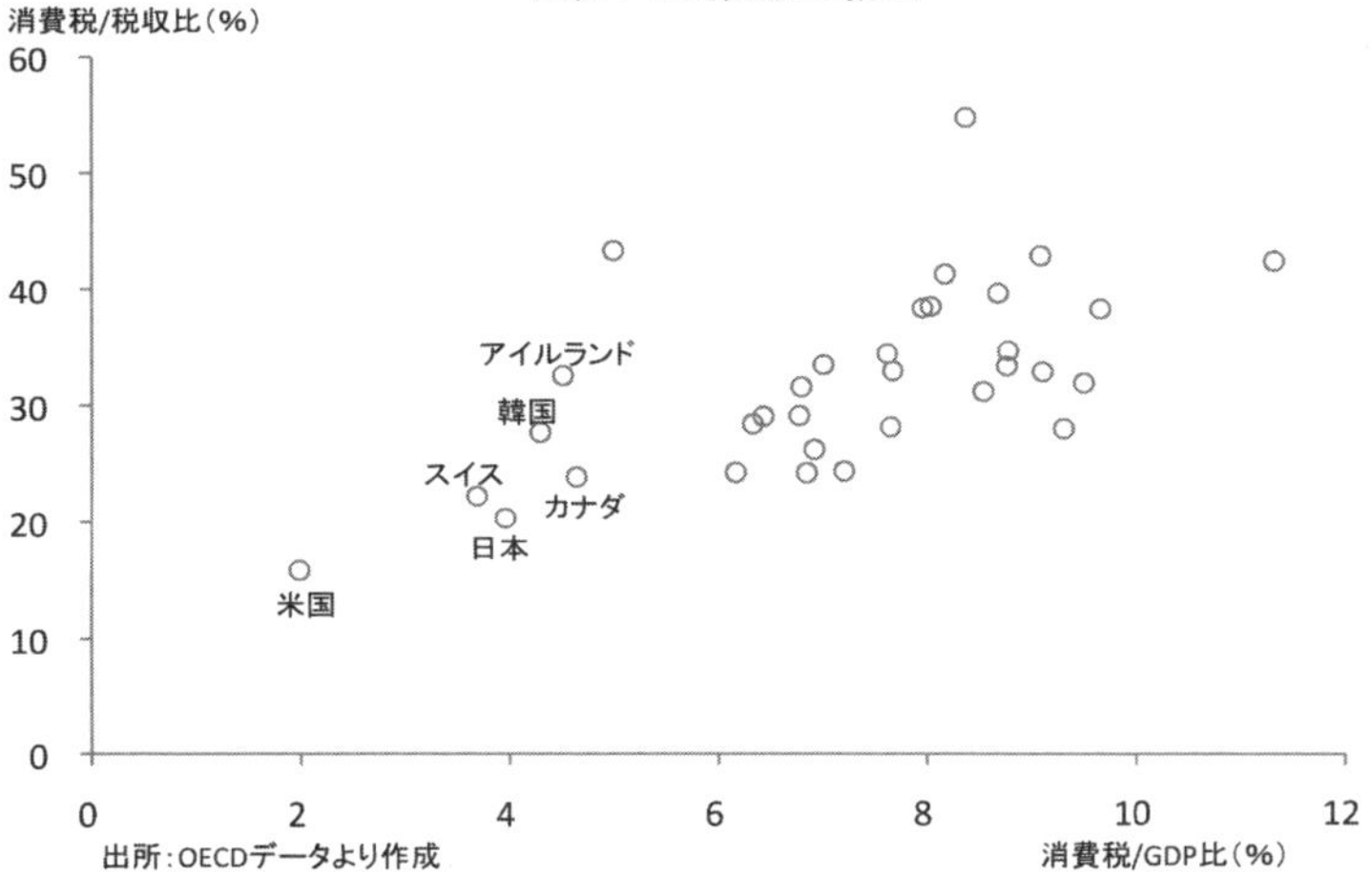


めには、同じく景気に左右されにくい消費税収を増やしていくしかないという考えもあるようだ。このような経緯で消費税の増税が絶えず選好されるようになったと考えられる。

以上が消費税が優先的に検討されてきた経緯だが、これらの考えは経済の実情を考えると必ずしも的を射ていない可能性がある。

まず、第一の論点である「直間比率」についてだが、国際比較でみると税収全体に占める消費税の割合、および消費税収の対GDP比でみた日本の消費税の負担率は世界的にみて低い。だが、突出して低いわけではなく「直間比率の是正」という名目で無理やり「国際標準」に合わせるべく消費税率を引き上げる必然性はないと思われる（図表4－1）。

図表4-2. 申告所得に占める株式譲渡益等の比率

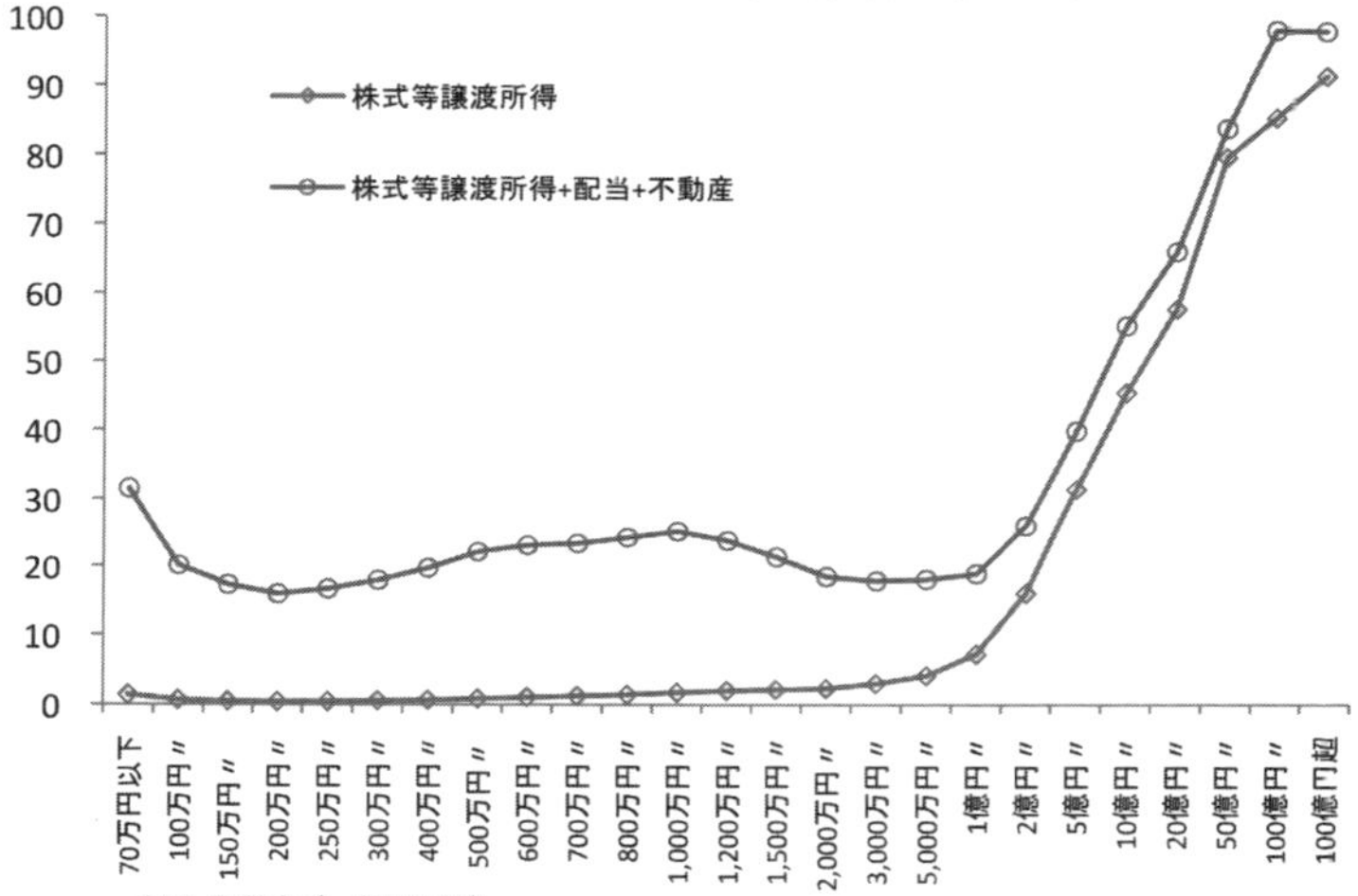


出所：国税庁データより作成

ちなみに、米国については、国税（連邦税）では、消費税は徴収していないのに加え、相対的に消費税率が高いといわれる欧州も食料品などの生活必需品に対しては消費税は課せられていない。

次に、第二の論点である「勤労のインセンティブ論」であるが、日本の場合、高額所得者は、勤労の結果としての高額所得というよりも、配当、不動産、株式の譲渡所得等の「不労所得」のウェイトが圧倒的に高い（図表4－2）。この株式の譲渡益は勤労インセンティブとは直接的には関係ない。したがって、所得税の累進性を強化しても労働インセンティブに

**図表4-3. 決算における税収の伸び率の推移**

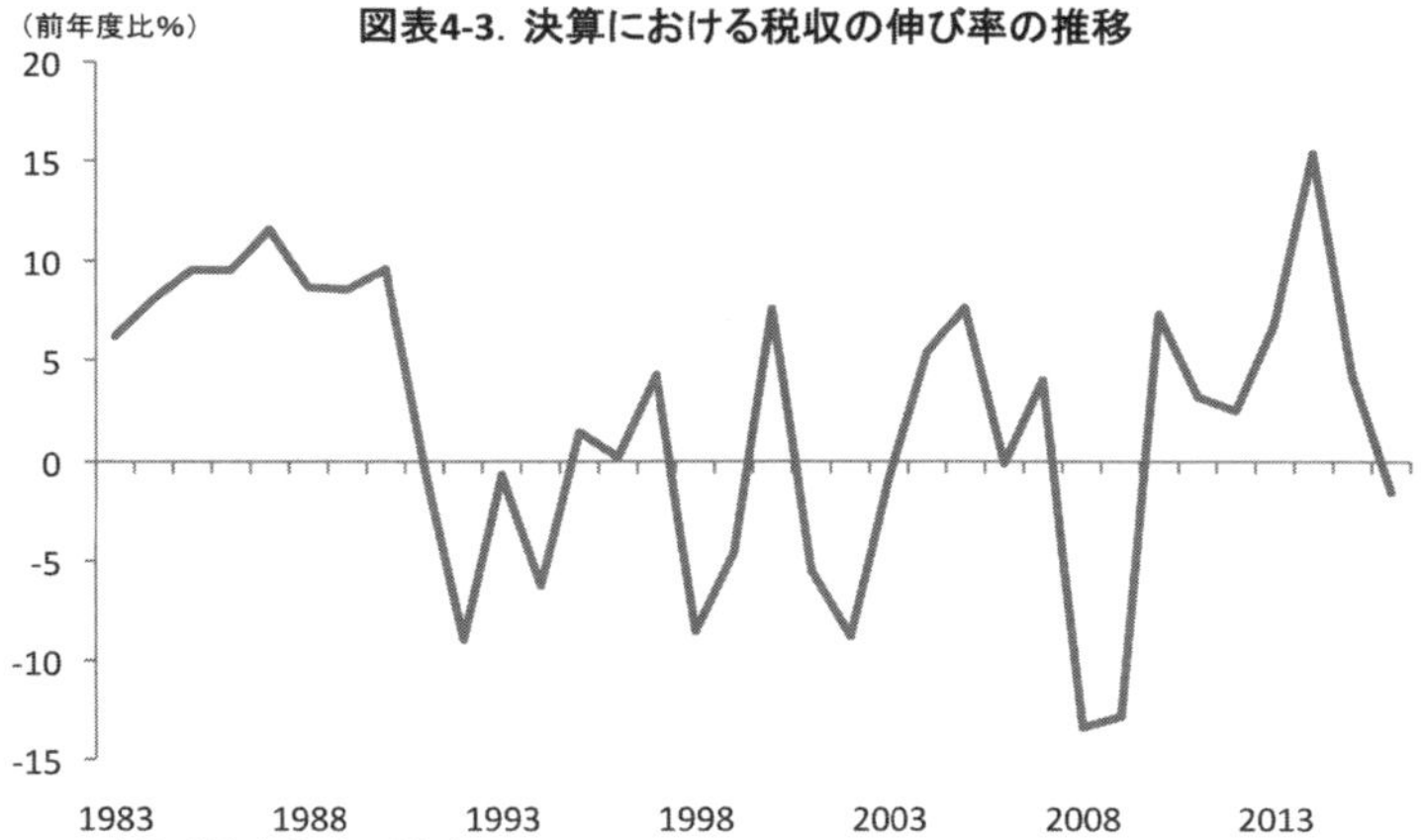


出所：財務省データより作成

影響はほとんどないという見方もある。

　さらに、年収数十億円を稼ぐような高額所得者から数億円の所得税を徴収したとしても手元には数億円が残る。年間数億円あれば、「働けど働けどわが暮らし楽にならざるけり」というわけではないので労働のインセンティブを失うことはないのではないかという意見をある著名な経済学者の方から頂戴したこともある。

　第三の論点である「安定財源としての消費税」であるが、事実として、消費税導入後、税収が安定して推移するようになったかといわれると、残念ながらそのようなことはない。

むしろ、1989年の消費税率導入後まもなく日本経済はデフレに陥ったが、デフレ下の消費増税によって税収のボラティリティ（伸び率の変動）は逆に上昇しているようにみえる（↓前ページ図表4－3）。

この理由は、消費税収だけとってみれば安定しているかもしれないが、消費税率引き上げの影響で国内景気が落ち込んでしまえば、所得税収や法人税収は大きく落ち込み、トータルの税収でみれば、結局、変動は大きくなるということを意味している。すなわち、デフレ下の消費増税自体が日本経済を不安定化させている側面を考慮しなければならない。したがって、当初想定されたような安定財源としての役割を消費税が果たしているかといわれるとこれまた微妙なところであろう。このまま少子高齢化が進み、同時にデフレが続く状況の下、消費税率引き上げを中心とした増税路線がこのまま続くようであれば、日本経済自体がさらに不安定化していくリスクが高まる可能性がある。

したがって、社会保障コスト等の中長期的な課題を解決するために消費増税を行わざるを得ないとしても、まずは経済が十分に安定して成長できるような状況にならないと、経済の一層の落ち込みから税収自体も逆に減少してしまうことにもなりかねないということになる。そのため、本来、増税のタイミングには十分注意する必要があるはずである。

## 2. 消費税の経済に与える影響を考えるための論点整理

### ❶逆進性の問題

ここでは、今後の消費税の影響を考える際に重要となる論点について簡単に言及したい。まずは、「逆進性」の問題である。消費税は消費支出に課税されるため、消費性向（可処分所得に占める消費の割合）が高い階層の負担が重くなるという性質がある。これを「逆進性」と呼ぶ。

消費性向が高い階層といってまず思い浮かぶのが低所得者層である。さらに、高所得者層ほど金融所得が多く、申告分離課税が適用されると金融所得にかかる税率は、所得税の税率よりも低いため、逆進性はさらに拡大する。

一概に「低所得者」というが、日本の場合、1990年代終盤から本格化したデフレによって、失業者が急激に増えた点に注意する必要がある。職を失った人は、統計の定義上、ハローワークで求職活動を続けないと失業者にはならない。何を言っているのかというと、求職活動を止めてしまった失業者は、正確には「失業者」ではなく、「無業者」となり、統計上は「非労働力人口」というところに分類される。失業者、および無業者は当然のように所得税の負担はほぼない。だが、消費税は毎日の生活のために購入せざるを得ない財・サービスに課されているため、負担せざるを得ない。

2013年以降、雇用環境が急速に改善し、失業者だけではなく、無業者の数も激減している。だが、彼らの多くが職を得ることができたとしても、総じてその賃金水準は高くはないだろう。

消費水準には所得水準ほどの格差はないため、税の負担を可処分所得対比でみると、どうしても、失業者・無業者、および低賃金の労働者の負担が高いということになる。そして、彼らがこの消費税の負担を軽減させるためには、なるべく消費を抑制させるしかない。一般的に考えると、消費抑制の程度は高所得者より低所得者のほうがより強い。そしてこれを是正するための施策として、よく指摘されるのが、「軽減税率」と「給付付き税額控除」である。

「軽減税率」とは、食料品などの生活必需品を中心に低い消費税率を課す、もしくは消費税を免税にする仕組みである。また、「給付付き税額控除」とは、消費税を課す代わりに所得税の納税者に対して一定の税額控除を認めるとともに、控除前の所得税額が控除額よりも少ない場合には、納税者に対して現金給付を行う制度である。

しかし、これらの消費税の逆進性軽減策は、（軽減税率の適用対象から除外される財・サービスに対する）消費税率のさらなる引き上げにつながりかねない。なぜならば、軽減税率を適用することで消費税収が当初の見積もりよりも減ってしまうので、将来、その分を確保するためには、さらに消費税率を引き上げなくてはならなくなるためである。

さらに軽減税率の最大の問題点は、軽減税率の対象品目の選定に恣意性が残ることである。生活必需品が軽減税率の対象であるというが、「紙おむつは軽減税率の対象外なのに、なぜ、新聞が軽減税率の対象なのか」という疑問をよく聞く。軽減税率の対象品目は政治的に決められる以上、このような恣意性を排除することは不可能である。そのため、軽減税率対象品目が増えれば増えるほど、対象外の品目に適用される消費税率はますます上昇し、それが個別の財・サービスの消費に大きな歪みをもたらす懸念がある。

また、給付付き税額控除の場合には、控除対象の家計や個人が所得の申告を行う必要が出てくる。特に日本の場合、確定申告の手続きはかなりめんどうくさく、そのため、税務相談をこなす税務署員の対応能力の制約が心配でもある。その他、今回の軽減税率はあまりにも細かすぎて、個々の店舗で対応が難しく、消費税の申告の際にかなり大きな混乱を生じるとの指摘もある。

## ❷損税・益税の問題

次に「損税・益税」の問題について言及したい。前述のように、消費税の納税義務者は課税対象となる財・サービスを取り扱う事業者である。正確にいうと、その事業者は、売上額（販売価格×売上数量）から、仕入れ時に負担した消費税分を控除した金額を消費税として納税することになる。

そこで問題となるのが「販売価格」の設定である。一般的には、事業者は販売価格に消費税分を上乗せして財・サービスを消費者に提供し、そこから得た収入から消費税を納税する。だが、問題は、売上数量が販売価格の影響を受けるという点である。

すなわち、いくら消費税率が引き上げられたからといって、販売価格を消費増税分だけそのまま引き上げてしまうと、価格の上昇によって、モノやサービスが売れなくなる可能性が出てくる。

財・サービスを購入するかどうかは消費者の判断に委ねられている。したがって、もし、消費者が消費税率引き上げ分をそのまま転嫁した「割高な」販売価格では財・サービスを購入しないことを選択をするならば、事業者は消費税をそのまま転嫁することが難しくなる。

また、現行の消費税法では、転嫁するしないにかかわらず、税抜きの販売価格に消費税率を上乗せした販売価格で財・サービスを販売したとみなし、消費税を課税する仕組みを取っている。その結果、事業者は、消費税の負担増分を自己負担することを余儀なくされる。これを「損税」という。

中小企業庁等のアンケート調査では、半数超の中小小売業者が「完全な価格転嫁は不可能だろう」と回答している。

このような中小小売業者の「損税」対策として、2019年10月からの消費増税では、「ポイント還元」という制度を創設した。この「ポイント還元」は、消費者がスマートフォンのアプリなどを通じたキャッシュレス決済を行うと、その都度、ポイントを付与し、そのポイントを消費の際に価格割引に利用できるシステムである。

ポイントは品目によって異なるが、5%~10%程度付与される場合もあるので、消費者がこれを有効利用すれば、事実上の割引セールとなる。政府はこの制度によって、主に中小小売業者の「損税」を回避しようとしている。

この種のキャッシュレス決済は主に若年層を中心に急速に広がりつつある。また、消費支出全体に占めるシェアは低いが、中国人を中心に海外観光客による利用頻度が高い。さらにいえば、2020年の東京オリンピックを控え、外国人観光客をさらに呼び込むためにキャッシュレス決済を日本中に普及させたいという別の政策意図もあるようだ。

確かにこの政策自体は評価できる。だが、中小小売業の経営者の多くが高齢者であり、しかも、ポイント還元のメリットを享受できる期間はたったの半年である。そのため多くの中小小売業者がキャッシュレスのための設備投資に消極的な側面もある。

したがって、「ポイント還元」は、中小小売業者の「廃業」を促進させる懸念がある。これは特に中小業者が集中する地方の衰退を促進することになりかねない。

これに加え、さらに深刻な問題になるリスクがあるのが、「消費税転嫁特別措置法」の問題である。この法律は、消費税率引き上げによる売上減を防止するための値引きが過剰にならないように制限を加えるものであるが、大手スーパーに代表されるような大型小売店は適用範囲外になっている点である。

今回のポイント還元は中小小売業者の売上減を防止するものであったが、適用可能なのは、コンビニエンスストアのフランチャイズ店までであり、大型スーパーなどは適用外である。したがって、消費税率引き上げによって、大型スーパーは価格競争上、不利な立場となる。大型スーパーは大量購入で仕入れコストを軽減させ、それを安い販売価格で消費者に還元するビジネスモデルなので、ポイント還元による価格競争力の低下には黙っていないだろう。現に、一部飲食店やポイント還元適用外の大手小売業者の中には消費増税前に価格を引き下げる動きも見られる。

以上の要因を普通に考えると、消費税率引き上げが実施されてしばらくたつと、今度は、熾烈な値引き合戦が展開され、日本経済は再デフレに向かって突き進むリスクがあるのではなかろうか。

一方、「益税」というのも存在する。実は消費税には「免税点」がある。消費税法では、課税期間の売上が1000万円以下の事業者は免税となる。また、売上高が5000万円未満の事業者については、事務負担軽減という名目で仕入れ時にかかる消費税負担額の控除額を簡素化できる仕組みがある。これを「簡易課税制度」と呼ぶ。

この「簡易課税制度」は、インボイスと呼ばれる一種の帳簿に取引ごとに記載される仕入額（通常はこれに基づいて仕入れ税額控除がなされ、消費税額が計算される）ではなく、売上高に「一定の比率」を掛けた金額で代替してよいという制度である。この「一定の比率」が売上高に対する実際の仕入れ額の比率に近ければ問題はない。だが、この「一定の比率」は実際の比率よりもかなり高いことが指摘されている。高ければ、それだけ仕入額が大きくなり、控除される額が多くなるので「節税効果」が高まることになる。

さらにこの「仕入れ税額控除」にはもう一つの問題がある。消費税法の規定では、控除の対象となる「仕入れ」の定義を「事業者が事業として他の者から資産を譲り受け、もしくは借り受け、または役務の提供を受けること」としている。

ここで注意が必要なのは、「役務の提供」も仕入れとして認められることである。すなわち、もし労働力として派遣社員を使えば、事業者にとってこれは「仕入れ」として認められ、税額控除の対象となる。

一方、同じ職務を正社員で行えば、これは給与所得の支払いとなり、仕入れ税額控除の対象にはならない。したがって、人件費率の高い業種においては、正社員を派遣社員（非正規社員）に置き換えたほうが税法上有利ということになる。

つまり、消費増税はその分、社員の非正規化を促進する側面があるということになる。アベノミクスの下、順調に進んできた非正規から正規への雇用の流れがどのようになるかは消費税の影響を見る際の重要な論点になり得る。

以上より、今回の消費税率引き上げには「地方再生」や雇用環境のさらなる改善を阻害するリスクを内包しており、運用を間違えると日本経済の衰退を加速させかねないものであるかもしれない。

## 3. 実際のデータからみえてくる「消費税10％時代」の日本経済の姿

以上を踏まえて、２０１９年10月に消費増税が実施された場合、日本経済、特に家計行動にどのような影響が出てくるかを考えてみたい。

まず、消費税率引き上げの影響を考える際に重要なポイントの一つは、過去の消費税率引き上げの際には、消費税率引き上げのスケジュールが事前に決まっていたにも関わらず、実際の影響はタイムラグをともなって、税率引き上げ後に徐々に波及していったという点である。

論者の中には、「消費税率引き上げによってリーマンショック並みの景気の落ち込みが発生する」と警告する人もいるが、リーマンショック並みの危機が来た場合には、それはあくまでも海外要因などの「外的ショック」であり、消費税率引き上げ自体の影響は「後からじわじわと襲ってくる」と考えたほうがよいのではなかろうか。

また、前回（２０１４年４月）の消費税率引き上げ時もそうだったが、税率引き上げ直後はいわゆる「駆け込み需要」の反動減による消費の急激な落ち込みがみられた。

ここでいう「駆け込み需要」とは、消費税率が上がってしまうと、特に耐久消費財のような大きな買い物をする際には支払い金額が増えてしまうので、消費税率が上がってしまう前に消費者が大きな買い物を済ませてしまおうとする行動である。だいたい消費税率が上げる3ヵ月前くらいから始まる。従来の消費税率引き上げはいずれも4月1日だったので、年明けくらいから「駆け込み需要」の拡大が発生した。これは、「どうせ近々買わないといけなかったもの（例えば、冷蔵庫がもう少しで壊れそうとか）」があるなら、せっかくなら消費税が上がる前に買っておいたほうが安くつくという話である。

だが、注意すべきは、これは単に需要が前倒しで発生したに過ぎない。現に過去においても、消費増税実施前に発生した駆け込み需要の拡大と消費増税実施後の反動減を合算すると影響は相殺され、ほぼプラスマイナスゼロであった。したがって消費増税の影響の本質は、消費増税実施直後の消費減ではないという点に注意が必要である。

そこで消費増税実施後の消費に与える影響をどう考えるかだが、前述のように、すでに10月からの消費増税は決まっているので、「経済学」的に考えれば、「合理的な（さまざまな情報を正しい経済の知識に基づいて理性的に解釈して行動できる)」家計であれば、来るべき増税に備え、消費増税前から消費は減速していてもよいはずである。

だが、過去の消費増税のときもそうであったが、現状、家計が来るべき消費増税を事前に織り込んだ行動をとっている感じはしない。むしろ、過去においては、直前の駆け込み需要の反動による消費減を別にすれば、消費へのマイナスの影響は遅れて出てきたように思われる。

したがって、過去の消費増税のパターンを踏襲するとすれば、ここに来てようやく前回の消費増税前の水準に戻りつつある消費は、消費増税実施直後から急激に落ち込むというよりも、2020年初めあたりから緩やかに再び減速していくというのが基本的なシナリオであると考えてよいだろう。

その家計消費の動向だが、長期的なトレンドでみると、前回(2014年4月)の消費税率引き上げ(5%から8%へ)以降、ほぼ横ばいで推移してきた。

普通、経済というのは成長するものだが、消費もその例外ではない。だが、日本の消費は前回の消費税率引き上げの後、基本的には横ばいで推移しているため、その意味では消費は低迷を続けているといってよいだろう。

確かに日本経済は、輸出の好調に加え、最近は民間設備投資の拡大もあり、全体でみれば確かに回復基調にある（筆者の実感では、全体の経済は1997年のデフレ初期の状況にようやく戻した段階）。だが、その回復ペースは極めて鈍い（2014年4～6月以降の実質GDPの平均成長率は年率で+1.5％）。もちろん、この日本経済回復の足を引っ張っているのが家計消費である（同じ期間の実質家計最終消費の平均伸び率は年率で+0.7％）。したがって日本経済回復、ひいてはデフレの完全克服の鍵を握るのは個人消費の回復であることは間違いないと思われる。

だが、このような状況において、安倍首相はあえて消費税率引き上げに踏み切ることを決断した。安倍首相の意思は相当堅かったようだ。

安倍首相は、2014年の消費税率引き上げは経済政策としては失敗であったことを一応は認めた上で、10月からの消費増税に関しては、

❶2014年時点と比較して経済状況は格段に回復していること
❷消費税率引き上げと同時に増税のマイナスインパクトを軽減する財政的措置を講じる予定であること

から、消費税率引き上げの影響は２０１４年ほど大きくはないとの考えを示している。

また、安倍首相は教育無償化を新たに憲法の条項に追加し、しかも、消費税率引き上げにともなう税の増収分をその財源とする方針である意向とも伝えられている。もし、それが本当だとすれば、憲法改正と今回の消費税率引き上げはリンクしており、在任期間中の憲法改正に強く意欲を示す安倍首相にとって、消費税率引き上げ分を財源とした幼児教育無償化は将来の憲法改正を実現するためにも重要な政策の一つであるということになろう。

## 消費増税の影響は消費性向の低下に現れる

それでは、２０１９年10月に消費税率引き上げを断行した場合の影響をどのように考えればよいだろうか。この点について、主に前回（２０１４年４月）の消費税率引き上げ前後の家計調査のデータを用いて考えてみたいと思う。

まず、筆者が重要だと思うのは、このところの消費低迷の原因は、必ずしも可処分所得の低迷ではないという点である。図表４－４は、家計調査における実質可処分所得と実質消費支出の関係を図示したものである。

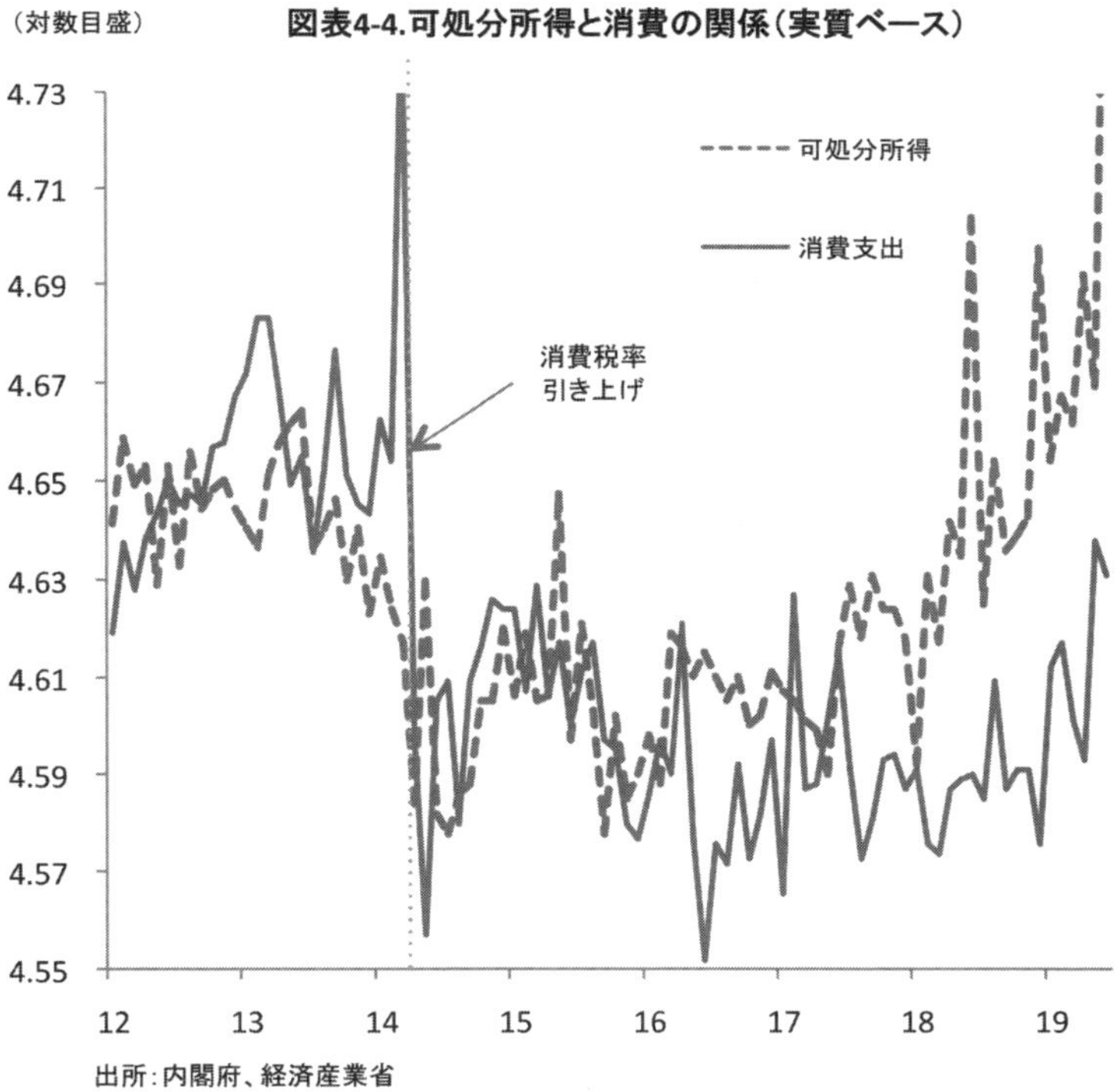
（対数目盛）
図表4-4.可処分所得と消費の関係（実質ベース）
4.73
4.71
4.69
4.67
4.65
4.63
4.61
4.59
4.57
4.55
可処分所得
消費支出
消費税率
引き上げ
12
13
14
15
16
17
18
19

出所：内閣府、経済産業省

通常、消費税率の引き上げは小売価格（消費者物価）の上昇を通じて実質の可処分所得を押し下げることになる。したがって、消費税率引き上げの悪影響に言及する場合には、多くの論者が、「（実質）可処分所得の減少によってその分、消費支出も減少する」という議論をする。

これは今回の消費増税の影響を考える際にも例外ではない。

確かに消費税率の引き上げによって小売価格が引き上げられれば、その分は減税をしない限り、価格上昇による実質可処分所得の減少は永遠に残る。だが、これが消費増税によるマイナスの影響のすべてかといわれると必ずしもそうではない。

筆者は2014年4月以降の消費の低迷は、このような「実質可処分所得の減少」ではなく、もっと別の要因だったのではないかと考えている。

確かに2016年第1四半期までは、可処分所得と消費の間に、それなりに高い相関関係が存在したのは事実である。

わかりやすく言い換えれば、消費増税後1年間は、消費増税による実質可処分所得の減少がそのまま実質消費支出の減少に結びついていた。だが、それ以降の状況はこの要因では説明できない。つまり、その後の雇用環境の改善によって実質可処分所得は増加トレンドに転じたものの実質消費支出のほうは相変わらず横ばいで推移したままだったのである。

もし、ここまでの議論が正しいのであれば、実質可処分所得が増加に転じた時点で、実質消費支出も増加に転じるはずである。そして、経済は一般的に伸び率（もしくは成長率）の推移で良し悪しを判断することが多いので、両者が増加に転じれば、やがて、消費増税の影響は克服できたという話になっていたはずである。

だが、前回の2014年の消費税率引き上げ後の実質消費支出は、実質可処分所得が増加に転じたにも関わらず、ほぼ一貫して横ばいで推移していた。このことは、消費税率引き上げの影響として、増税分の価格転嫁がもたらした実質可処分所得減だけを考えるべきではないことを意味している。

そして、何が重要かといえば、2016年以降は消費性向（可処分所得に占める消費の割合）が低下していることであると思われる。

「消費性向」というとなんだかわかりにくいが、、これは裏を返せば、「貯蓄率の上昇」を意味している。消費増税から1年が経過した頃から、多くの家計は可処分所得の増分の多くを貯蓄に回す傾向をより強めていることが問題だと考える。

この消費性向の低下（もしくは貯蓄率の上昇）は、消費税率引き上げから約半年が経過した2015年初め頃からすでに始まっていた（図表4－5）。途中（特に2017年後半）、株価の上昇で一時的に消費性向が上昇したこともあったが、その後、2018年に入り、株価の伸びが鈍ると消費性向は加速度的に低下している。

これは、多くの家計の間で、次の増税、もしくは、将来、まだまだ増税が続くという「予想」が定着し、来るべき増税時代に備え、貯蓄を増強する動きが強まったことを意味しているのではなかろうか。

このような状況下で、消費税率引き上げを数年先送りし、短期的に実質可処分所得の減少を回避できたとしても、将来の不安が払拭されなければ（どうせ近い将来、また増税が実施されると考える状態に変化がなければ）、家計の貯蓄増強・消費抑制という行動パターンは変らないだろう。

その意味では、2019年7月の参院選で、10月からの消費税率引き上げを過去2回（2014年11月、2016年5月）同様、一定期間（例えば、1年や2年）先送りしたところで、いずれにせよ将来の増税は変わらず、しかも、増税時の所得環境や雇用環境がどのように

### 図表4-5. 平均消費性向の推移

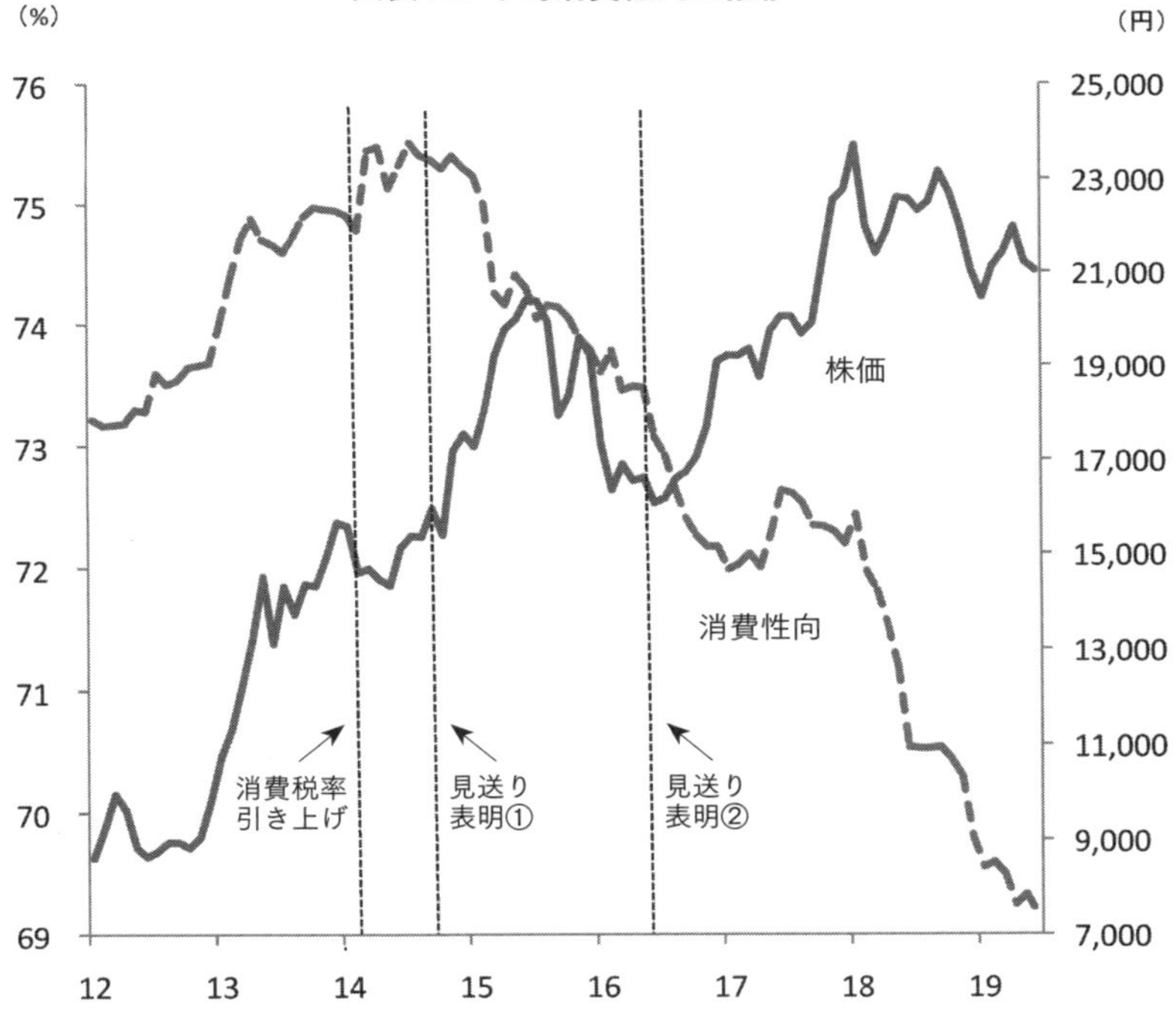


出所：内閣府、経済産業省

なっているかも不透明であれば、家計は節約志向を強め、貯蓄率を高めるため、結果として、消費性向はさらに低下していたであろう。

また、「消費減税を実施すべき」との声もある。これも恒久的に消費減税するのであれば理解できるが、目先の景気対策としての消費減税であれば、逆に将来、さらなる大幅増税の懸念が高まるだけであり、やはり、消費性向は低下するだろう。場合によっては、「目先の減税ゆえに、将来、より大型の増税が実現する」と懸念すれば、消費性向の低下は加速するかもしれない。もし、そうなれば、消費減税に消費増の効果はないだろう。それどころか逆効果であることも想定される。

したがって重要なのは、消費「減」税自体の有無ではなく、経済が安定的に成長する状況になるまでは増税はしないことを国民に信頼される形で約束することではなかろうか。

それでは、筆者が考える、家計消費の回復策とは何であろうか。簡単に列挙すると、

❶まず最初に「デフレ脱却の最後の総仕上げを最優先させる」ことを政府は明示的に示す。
❷デフレ脱却に「コミット」するために、「デフレを完全に克服するまでは増税は行わ

ない」ことを明言し、そのうえで必要な財政措置（災害対策としての公共投資や子育て支援などの財政支出拡大、もちろん減税でもよい）を講じる。

❸財政支出拡大分は国債増発で行い、これを日銀がファイナンスできるような枠組み（現行であればイールドカーブ・コントロール政策であろう）を維持する。

ということではなかろうか（この場合、金融緩和は自動的、受動的に拡大することになる）。要は政府が一体となって、デフレの完全克服にコミットすることが最も重要であると考える。

もう一つ重要な点がある。それは、２０１４年の消費税率引き上げをきっかけに、家計構造に「世代間の断絶」が生じている点である。

筆者は、この世代間の断絶を克服するためには、前述のような「デフレ脱却の最後の総仕上げ」を行っている間にデフレ脱却後の総合的な税制、および社会保障の改革の枠組みを、時間をかけて検討すべきではないかと考える（それについては第4章で改めて言及したい）。

そこで、実際のデータで、消費増税が実施される前である２０１３年末〜２０１８年末に至る5年間の年齢階層別の消費行動の変化をみてみよう（↓次ページ図表4－6）。

図表4-6. 世帯主の年齢別の消費支出等の伸び率　（年率、%、%ポイント）

| | ～29歳 | 30～39歳 | 40～49歳 | 50～59歳 | 60～69歳 | 70歳～ |
|---|---|---|---|---|---|---|
| 全世帯 | 0.9 | -3.7 | -1.0 | -0.1 | -2.1 | 2.5 |
| 住宅ローン保有 | -2.7 | 1.7 | 0.4 | -0.9 | 2.6 | 5.5 |
| 勤労者世帯 | -2.4 | 0.5 | 0.1 | -0.6 | -1.0 | -2.1 |
| 可処分所得 | -0.1 | 2.5 | 1.2 | 1.4 | 1.2 | 1.5 |
| 消費性向 | -7.8 | -6.5 | -3.6 | -7.1 | -9.8 | -15.8 |

注：可処分所得の平均伸び率と消費性向の2013年～2018年にかけての下げ幅を示す

出所：家計調査年報各年版より作成（2013年～2018年の平均）

まず、「全世帯」でみると、20歳代と70歳以上の階層の消費は5年間平均して増加しているが、より顕著なのは70歳以上の階層の旺盛な消費の伸びである。

20歳代で注意が必要なのは、住宅ローンを保有しているかいないかで消費の伸びが全く異なることである。20歳代の住宅ローン保有世帯の消費は大きく減少している。つまり、20歳代では住宅ローンの有無で消費行動が全く異なっている点が大きな特徴である。（正確にいえば全世帯の可処分所得データがないので上表からだけでは消費性向は算出できないが、住宅ローンを抱えているために将来の返済に備えて貯金している可能性が高いということが推測できる）

それと対称的なのが、高齢者世帯（60歳以上）の住宅ローン保有世帯の消費である。2013年から2018年までの5年間の平均的な消費支出の伸び率が、60歳代では2.6%、70歳代では5.5%とかなり大きな伸びとなっている。

これら高齢者の階層では、返済が進み、住宅ローン残高はかなり減少していることが推定される。そのため、この年齢階層では、持ち家は「負債」というよりも「資産」という位置づけなのであろう。アベノミクス以降の地価の回復がむしろ、将来住宅を売却することを検討している高齢者層の世帯で資産効果をもたらした可能性も否定できない。

また、勤労者世帯で顕著なのは、すべての世代階層で消費性向が大きく低下している点である（２０１３年と２０１８年の2時点比較）。可処分所得が減少している20歳代の世帯で低下するのは致し方ないが、60歳以上、および、70歳以上の「高齢者世帯」の低下幅が大きい点は注目に値する。いわゆる「ライフサイクル仮説」では、高齢者になるほど平均消費性向は上昇することが想定されているが、前回の消費増税実施以降は、逆に高齢者の平均消費性向の下落が顕著になっている。これは、「ライフサイクル仮説」が成立しなくなっていることを示唆している。

「ライフサイクル仮説」とは、経済学における家計（個人）の消費パターンの変遷のことである。若年期は勤労年数が少なく、一般的に所得水準は低い。だが、それなりに支出はある（結婚して子供ができればなおさらである）。そのため、可処分所得に占める消費支出の割合である消費性向は高まる。そして、勤続年数が高まるにつれ、可処分所得が増えていくと消費性向は低下していく。一般的に子育てや住宅ローンの返済を終えた壮年期で消費性向は底を打つ。高齢者になると引退したり、再就職したりで可処分所得は低下する。消費支出も減るが可処分所得の減少のほうが一般的には大きいので消費性向は上昇する。したがって、消費性向は年齢とともにU字型で推移していく。

安倍政権下では、2014年4月の消費増税以降、2回(2014年11月、2016年6月)にわたり次回の消費増税を延期してきた。これはその時点の経済政策としては正しかったと考えるが、残念なのは、「消費増税に耐え得る経済状況を実現させるまで延期する」というようなやり方ではなく、それぞれ、1年半、2年半と単純に一定期間に限って延期した点であった。このようにデフレ脱却にコミットしない形での消費増税延期は、前述のように、デフレ脱却に今一つ不安を覚える家計にとっては、逆に、節約志向をより高めるきっかけとなったと考えられる。それゆえ、消費増税実施延期発言をきっかけに平均消費性向の低下はより加速度的に進行することになった。これが高齢者世帯の平均消費性向をも大きく低下させることになったと考えられる。

次に、図表4-7は、図表4-8と同じ期間(すなわち、2013年末~2018年末まで)を取った場合の家計金融資産の資産別年齢階級別の増減率を示したものである。

図表4-7. 個人金融資産負債の分布(2018年)　(%)

| | ～29歳 | 30～39 | 40～49 | 50～59 | 60～69 | 70歳～ |
|---|---|---|---|---|---|---|
| 貯蓄 | 0.3 | 3.7 | 11.0 | 18.2 | 30.3 | 36.4 |
| 通貨性預貯金 | 0.6 | 6.6 | 14.7 | 17.7 | 28.0 | 32.6 |
| 定期性預貯金 | 0.2 | 2.4 | 8.4 | 15.2 | 32.7 | 41.1 |
| 有価証券 | 0.1 | 1.8 | 5.9 | 16.3 | 28.8 | 47.1 |
| うち株式関連 | 0.1 | 2.2 | 6.5 | 16.2 | 27.8 | 47.1 |
| 外貨預金・外債 | 0.3 | 2.6 | 10.2 | 26.3 | 31.0 | 30.3 |
| 負債 | 1.8 | 24.7 | 37.7 | 22.0 | 8.5 | 5.3 |
| 住宅・土地 | 1.8 | 26.2 | 39.1 | 21.1 | 7.4 | 4.2 |
| 住宅・土地以外 | 1.0 | 10.6 | 22.8 | 31.0 | 16.6 | 16.3 |
| 月賦・年賦 | 2.0 | 14.4 | 27.5 | 26.0 | 17.8 | 11.0 |

注:各金融資産の年齢階級別分布の合計が100%になるように算出している

出所:家計調査年報各年版より作成

図表4-8. 個人金融資産の資産別年齢階級別増減率(2013年から2018年までの平均)　(%)

| | ～29歳 | 30～39 | 40～49 | 50～59 | 60～69 | 70歳～ |
|---|---|---|---|---|---|---|
| 貯蓄 | 3.3 | -3.4 | -0.2 | 1.9 | -1.6 | 1.3 |
| 通貨性預貯金 | 3.4 | 0.5 | 6.4 | 7.3 | 3.2 | 6.9 |
| 定期性預貯金 | -4.4 | -8.1 | -3.0 | -1.4 | -3.0 | -0.5 |
| 有価証券 | 1.9 | -3.5 | -3.3 | 5.1 | -3.1 | 0.0 |
| うち株式関連 | -6.5 | 1.9 | -2.5 | 6.9 | -1.2 | 3.3 |
| 外貨預金・外債 | 39.5 | -3.5 | 0.5 | 14.0 | -5.6 | -9.2 |
| 負債 | 12.3 | 1.9 | 2.6 | 2.1 | -0.8 | 4.8 |
| 住宅・土地 | 13.0 | 2.1 | 2.7 | 2.0 | -1.3 | 3.9 |
| 住宅・土地以外 | 17.5 | -2.0 | -0.7 | 1.9 | -1.1 | 7.7 |
| 月賦・年賦 | -2.5 | 1.9 | 5.9 | 5.1 | 5.8 | 9.6 |

注:各金融資産の年齢階級別残高の平均の増減率

出所:家計調査年報各年版より作成

これをみると、この間、金融資産を増やしたのは20歳代・50歳代・70歳以上の家計であることがわかる。給与所得が増え、生活に余裕があり、相対的に裕福な家計が多いことが想像される中・高齢者層で金融資産が増えるのはある意味納得がいく。だが、興味深いのは20歳代で貯蓄額が増加している点である。しかも、資産別の増減率をみると、有価証券（株式や債券、投資信託）の残高が激減する一方、預貯金の残高の伸び率が比較的高い。

また、超低金利局面（2016年からはマイナス金利）ということもあり、20歳代の負債残高の伸び率の高さが土地・住宅関連を中心に目立つ。一方、30歳代から60歳代までの階層は金融資産残高を概ね減らしている。定期預金等の取り崩しもある程度大きいことから比較的多額の頭金を積む形で住宅ローンを組んでいるのかもしれない。

負債をみると、住宅ローン、およびそれ以外のローンともに20歳代で突出して急増していることが指摘できる（負債トータルで、年率で15・3％の増加）。歴史的な低金利ということもあり、20歳代で住宅ローンを設定するケースが急増していることがうかがえる。

以上のようにみていくと、

❶20歳代は雇用環境の劇的な改善と歴史的超低金利で借金を積極的に増やしたまではよ

かったが、多くの負債（自分の年収との対比で）を抱える中、消費増税をきっかけに節約志向をより高めざるを得なくなった（逆に住宅ローンを保有していない世帯は雇用環境改善による所得の上昇によって消費を増やすことができている）。

❷20歳代の将来のための備えとしての貯蓄は外国債券中心で、かなりの為替リスクを取っている状況である。

❸一方、高齢層は株式等を中心に貯蓄を増やす一方（為替リスクは取らない傾向）、資産としての住宅の価値の上昇（地価の回復など）もあり、消費意欲は他の世代と比較すれば旺盛だが、それでも従来より消費性向は大きく低下している。

❹中堅（30〜50歳代）の階層は、可処分所得も増加し始めたが、多額の負債を抱えており、消費は抑制している。

という傾向が見て取れる結果となった。

そして、今後のリスクとして指摘できるのは、若年層の負債のデフォルト懸念ではなかろうか。超低金利という環境の下、20歳代で住宅ローンを保有するケースが増えている点が気がかりである。変動金利で借りている場合、金利水準のちょっとした上昇、もしくは雇用環境の悪化による所得の低下などに直面した場合にデフォルトリスクが高まる懸念がある。また、同時に外債、外貨預金で為替リスクを取っている点も気がかりである。円高への転換で将来のための運用が一気に頓挫し、資産を減らすリスクにも直面している。

このように、家計行動としては、若年層の世帯が今後のマクロ経済環境の激変に脆弱な構造になってしまっている点に注意が必要であろう。

このように、おおまかにみれば、日本の家計は、

❶住宅ローンを組んでいる世帯を中心に、負債の拡大にともない、消費を切り詰め、しかも元本の目減り回避を最優先する極めて安全志向の強い貯蓄を増やす20歳代の世帯

❷住宅ローンと子育て（教育）費用を抱えていながら、所得の伸びが低いために貯蓄を増やすこともままならず、住宅ローン以外の負債は返済し、消費を抑制せざるを得ない30〜50歳代

❸老後の生活を念頭に借金の返済を行い、同時に消費を抑制させている60歳代

❹消費も貯蓄も積極的に増やしている70歳代以上の階層

に明確に分かれていることが家計調査からわかる。

以上の結果を鑑みると、アベノミクスによる雇用環境の劇的な改善は、主に20歳代の年齢階層には所得拡大という効果をもたらしていると思われるが、彼らが消費を抑制し、元本保証でほぼゼロ金利の「現金等価物」への貯蓄を増やしていることは、若年層の間には依然としてかなり強力な「デフレ・マインド」が染み付いていることがうかがえる。

この若年層の間にいまだに蔓延している強力な「デフレ・マインド」を払拭しなければ消費の拡大はままならないのではなかろうか。

ついでにいえば、この状況を変えなければ「貯蓄から投資へ」という金融資産のリスク資産へのシフトもままならないし、将来の技術革新のためのリスクマネーの供給がおぼつかないとすれば、新しい産業や技術革新が日本国内から生まれるという状況もなかなか実現しないだろう。

そういう意味では、デフレ脱却が不完全な状況での消費税率引き上げの断行というのは日本経済の中長期的な成長という意味でも不安を残す結果となるかもしれない。逆にいえば、消費増税が実施される以上は、それを相殺するようなかなり大胆な追加の対策を覚悟を決めて実施することが必要ではなかろうか。

## 消費増税の世代別影響を考える

次に、年齢別家計の消費税率引き上げの影響を考えてみたい。

今回の消費税率引き上げがこれまでとは大きく異なるのは、プレミアム付き商品券やポイント還元などの影響緩和策が講じられている点である。また消費税率引き上げによって、もしくはその他の要因によって景気が悪化しそうな状況になった場合には、追加の景気対策の可能性もある。

さらには、時期はわからないが、ひょっとすると携帯電話の通信料の値下げがあるかもしれない。ついでにいえば、可能性は極めて低いものの、参院選での「N国（NHKから国民を守る党）」の台頭によって、NHK受信料にも何らかの策が講じられるかもしれない。

これらは当事者（携帯電話会社やNHK）からすると突発的事故で不幸としかいいようがないが、消費者にとっては消費税率引き上げの影響を相殺できるかもしれない。そのため、今後の対策次第では、今回の消費税率引き上げの影響をあまり過度にネガティブに考える必要性はなくなるかもしれない。

また、安倍首相の「（在任期間中は）さらなる消費増税はない」との発言は、好意的に捉えるならば、「これ以上の増税で景気を悪化させない」という決意表明なのかもしれない。したがってどの程度の規模になるかという問題はあるが、参院選後は政府与党の経済政策スタンスの変化（財政支出の拡大）にも注意しておく必要があろう。

10月から実施される消費増税だが、今回は消費増税の影響を相殺すべくさまざまな対策が講じられている。その代表例が、軽減税率、幼児教育無償化と中小小売店、およびコンビニエンスストアのフランチャイズ店のポイント還元である。その他にも住宅ローン減税の延期や自動車関連税制の緩和などがある。

そこで、2018年の家計調査年報の実績データを用い、世帯主の年齢階層別で消費増税の負担と諸還元策による恩恵のバランス（収支）がどのようになるかを名目値で全世帯ベースで推計したのが次ページ図表4－9である。ただし、これは「平均的な姿」であり、各年齢階層内の分布などは考慮していない点に注意が必要である。

今回の消費増税の影響を年齢別にみると、20歳代は収支がプラス（還元額が負担額より多い）、30歳代は収支トントン、40歳以上では収支はマイナス（負担額が還元額より多い）で、特に50歳代から60歳代で収支のマイナス幅が比較的大きいという結果となった。

図表4-9. 消費税率引き上げの年齢階層別の影響（全世帯ベース、一世帯平均）（年間、万円）

| | ～29歳 | 30～39歳 | 40～49歳 | 50～59歳 | 60～69歳 | 70歳～ | 平均 |
|---|---|---|---|---|---|---|---|
| 年間消費支出（万円） | 203.9 | 301.2 | 355.2 | 351.5 | 309.0 | 242.9 | 295.8 |
| ネットの影響（⑤=④-③） | 0.5 | 0.0 | -1.0 | -2.8 | -2.2 | -0.7 | -1.2 |
| 消費税率引き上げの影響（③=②-①） | 1.9 | 3.1 | 3.8 | 3.9 | 3.3 | 2.3 | 3.1 |
| 現行（8%）（①） | 12.6 | 18.1 | 22.1 | 22.0 | 20.1 | 15.4 | 18.7 |
| 引き上げ後（10%＋軽減）（②） | 14.5 | 21.2 | 26.0 | 25.9 | 23.4 | 17.8 | 21.7 |
| 増税対策による家計への還元分（④） | 2.4 | 3.1 | 2.8 | 1.0 | 1.2 | 1.7 | 1.9 |
| 幼児教育無償化 | 1.3 | 2.1 | 1.9 | 0.2 | 0.0 | 0.0 | 0.7 |
| キャッシュレス決済ポイント還元 | 0.4 | 0.3 | 0.4 | 0.4 | 0.2 | 0.2 | 0.3 |
| 年金生活者支援 | 0.0 | 0.0 | 0.0 | 0.1 | 0.4 | 1.1 | 0.5 |
| プレミアム商品券 | 0.1 | 0.1 | 0.1 | 0.1 | 0.2 | 0.3 | 0.2 |
| 住宅ローン減税延長等住宅支援 | 0.5 | 0.5 | 0.3 | 0.1 | 0.1 | 0.1 | 0.2 |
| 自動車取得税減税 | 0.0 | 0.0 | 0.0 | 0.1 | 0.1 | 0.0 | 0.0 |
| 自動車保有減税 | 0.1 | 0.1 | 0.1 | 0.1 | 0.1 | 0.1 | 0.1 |
| 過去5年間の可処分所得の平均増加額 | -0.3 | 12.5 | 6.6 | 8.3 | 5.1 | 5.9 | 7.0 |
| 過去5年間の平均消費性向の変化幅（%） | -7.8 | -6.5 | -3.6 | -7.1 | -9.8 | -15.8 | -7.9 |

注：ネットの影響については、プラスが負担減、マイナスが負担増を意味する

出所：家計調査年報等より作成

還元策では、幼児教育無償化の効果が大きいため、特に30歳代までの子育て世代の収支はプラスとなり、「表面的には」メリットを受ける可能性が高いという結果になった。その一方で、幼児段階の子育てを終えた中高年層の世帯以上はやはり消費増税によるデメリットを受ける可能性が高いという結果になった。

ちなみに、全世帯平均では、一世帯当たり年間1.2万円程度の負担増になると試算される。家計調査年報では、全世帯ベースでの年収は掲載されていないが、勤労者世帯に限定した場合、アベノミクスが本格的に始まった2013年からの可処分所得の平均増加額は年間7万円となっている。

したがって、図表4－9では考慮されていない価格転嫁による値上げを考慮したとしても、従来のような可処分所得の増分が確保できれば、収支上は、消費増税の影響は2014年4月時点よりも軽微になる可能性が高い。すなわち、消費増税だけで「リーマンショック並みの危機が来る」というのはあまりにも誇張され過ぎの表現ではなかろうか。繰り返しになるが、消費増税の影響について過度に悲観的になる必要はないと考える。

## 消費増税の影響が軽微に終わる条件は何か？

ただし、話はそこで終わらない。消費増税の影響が軽微で終わるためには、以下の二つの条件が必要であると考える。一つ目は、平均消費性向がこれ以上低下しないこと、二つ目は、雇用環境が悪化に転じないことである。両者は独立した事象ではなく、互いに影響しあっている。つまり、両者を両立させることが今後の安倍政権の経済政策での最重要ポイントとなる。

### ❶平均消費性向がこれ以上低下しないこと

まず、前回２０１４年４月の消費税率引き上げ実施以降の平均消費性向だが、消費税率引き上げによって、政権交代が確実視されるようになった２０１２年終盤から始まった上昇の動きが止まっている点が注目される。そして、消費税率引き上げの見送り（それぞれ１年半、2年半延期）を決めた２０１５年11月、および、２０１６年６月に平均消費性向の下げが加速した。（↓56ページ図表２－13）

さらに、最近の平均消費性向は株価との相関が高まっているが、２０１８年２月に日本の株価の上昇が止まったのとほぼ同じタイミングで消費性向の低下はさらに加速し、現在に至っている。その結果、平均消費性向はすべての年齢階層で大きく低下している。

このうち、有価証券の保有比率が高い高齢者層については、特に２０１８年２月以降の株価低迷が消費性向を引き下げたことが推測される（２０１４年の消費増税の影響はあまり受けていない）。一方、高齢者層以外の階層は、むしろ２回の消費増税延期の影響が大きいと推測される。（↓２１３ページ図表４－５）

この２回の平均消費性向の低下の要因をどう考えるかだが、２０１４年４月の前回の消費増税以前の平均消費性向の動きを考え合わせると、「一定期間経過した後の増税実行（それぞれ、１年半、２年半後）を約束しての増税延期」の影響が大きいと考える。

マスメディア等では、「消費税延期によって将来の財政問題や社会保障に対する不安がより高まったことが平均消費性向低下の理由である」とする見方がまことしやかに報道される。だがもし、それが正しいのであれば、２０１４年の消費増税以前も平均消費性向は低下しており、予定通り２０１４年の消費増税を実施したことをきっかけに逆に将来に対する安心感から反転してもおかしくないだろう。

だが、そうはなっていない。むしろ、２０１４年の消費増税実施後に間髪を入れずに次の消費増税が検討され、十分に雇用や所得環境の回復が見られない中での増税の進行が家計の節約志向をさらに高めたと考えたほうが整合的であると考える。「一定期間が経過した後の増税実施」は単なる増税の先送りに過ぎず、雇用や所得環境が回復に不安を抱える世帯にとっては逆に将来不安を高めることになったのだろう。

そのように考えると、今後の政府与党の経済政策では、「デフレ脱却の実現」という2013年時点での原点に戻るスタンスを明確に示す必要があるのではなかろうか。今回の参院選前の党首討論会で、安倍首相は、「10月の消費増税以降は、少なくとも10年間は増税する必要はない」という旨の発言を行ったが、さらに「デフレ脱却の実現まで次の増税は実施しない」ということをあらためて明言したほうがよいのではなかろうか。

もし、「デフレを完全克服するまで次の増税はない」ということを明確に打ち出し、デフレ克服に経済政策を集中させれば、消費性向のさらなる落ち込みは回避できるかもしれない。そうなれば、消費増税の影響は一時的、軽微で終わる可能性もまだ残されているのではなかろうか。

## ❷雇用環境が悪化に転じないこと

二つ目は雇用環境の安定の維持である。

今回の消費増税の還元策のメリットは若年層に偏っている。それはよいことだが、老後の引退生活が間近に迫った50歳代以上の階層の負担超額は小さくない。これらの階層に属する世代は子育てを終え、これから老後のための資金を貯蓄する人が多いと思われるため、可処分所得の増加が続かないと厳しい。金融庁の「2000万円問題」は、これらの世代の世帯には相当の危機感をもたらしたはずである。

今後、これらの引退前の世代は節約志向をかなり強めていくことが想定され、これは明らかに消費抑制要因となり得る。また、還元策によって収支上はメリットを受ける20歳代の世帯は、アベノミクスによって比較的景気が堅調であったこの5年間ですら可処分所得が減少している。この世代は、「働き方改革」による残業代の減少によって収入面でかなり大きなデメリットを受ける可能性がある。

したがって、この傾向が続くのであれば、20歳代の世帯も還元策でメリットを受けるとはいえ、節約志向を高めるだろう。これらの世代の世帯の消費を促すには、雇用の安定を継続させ、可処分所得を増やしていくしか方法はないのではなかろうか。そのためにはやは、マクロ経済政策をデフレ脱却にフォーカスして実施していくしかないと考える。

そしてデフレ脱却にフォーカスしない経済政策が実施されるのであれば、やはり、生活防衛上、無駄な消費は止めるという行動が合理的になる。

## 消費に関連する業界にどのような変化が現れるか？

次に家計の消費に関連する業界の話に転じてみたい。

まず、日本の場合も株価の上昇局面では消費性向が上昇、ないしは低下ペースが減速しているので、ある程度の「資産効果」が働いていると考えられる。

「資産効果」とは、家計が保有する資産（株式もしくは不動産）の価格が上昇すれば、保有資産の時価が増えるため、家計は実際の貯蓄額も増加したと認識して消費を増やす行動を指す。主に金融資産や不動産を多く所有する富裕層でみられる消費パターンだが、米国においてはこの資産効果はかなり強く、消費全体を左右する状況でもある。

日本では資産効果は強くないといわれてきたが、最近はそれなりに消費全体の伸び率に影響を与えている。特に、日本の場合には、株価上昇局面では、消費性向が上昇する傾向がゆるやかだが確認される（↓213ページ図表4－5）。

次に、消費の中身だが、昨年終盤より、娯楽（旅行や遊興）や外食といった「嗜好型個人サービス」の消費が大きく回復しつつある（↓次ページ図表4－10）。

その中で例えば、外食サービス業をみると、いわゆる「専門店（簡単に言い換えれば高級レストラン）」の活動指数は消費税率引き上げの影響をほとんど受けずに緩やかに上昇を続けている（↓235ページ図表4－11）。

その一方で「居酒屋」は消費税率引き上げによって活動指数の低下ペースが加速した。これは富裕層（その多くが高齢者層であると推測されるが）とそれ以外の階層の消費動向が消費税率引き上げをきっかけに二極化した可能性を示唆している。

また、興味深いのは「ファーストフード」である。消費税率引き上げをきっかけに一旦は売上高の減少（活動指数の低下）に見舞われたものの、2015年以降は復活した。

このファーストフードの活動指数の上昇とほぼ軌を一にして上昇基調を強めたのが「ゲームソフト」の活動指数である（↓236ページ図表4－12）。

ファーストフード業界では、例えば、マクドナルドのように経営努力で業績を回復させた側面も確かにあるが、若年層のライフスタイルの変化を示唆しているのかもしれない（単純化した議論だが、筆者の世代では、独身若手社員は毎晩のように居酒屋で飲食した後、カラオケな

## 図表4-10. 種類別個人サービス業活動指数の推移

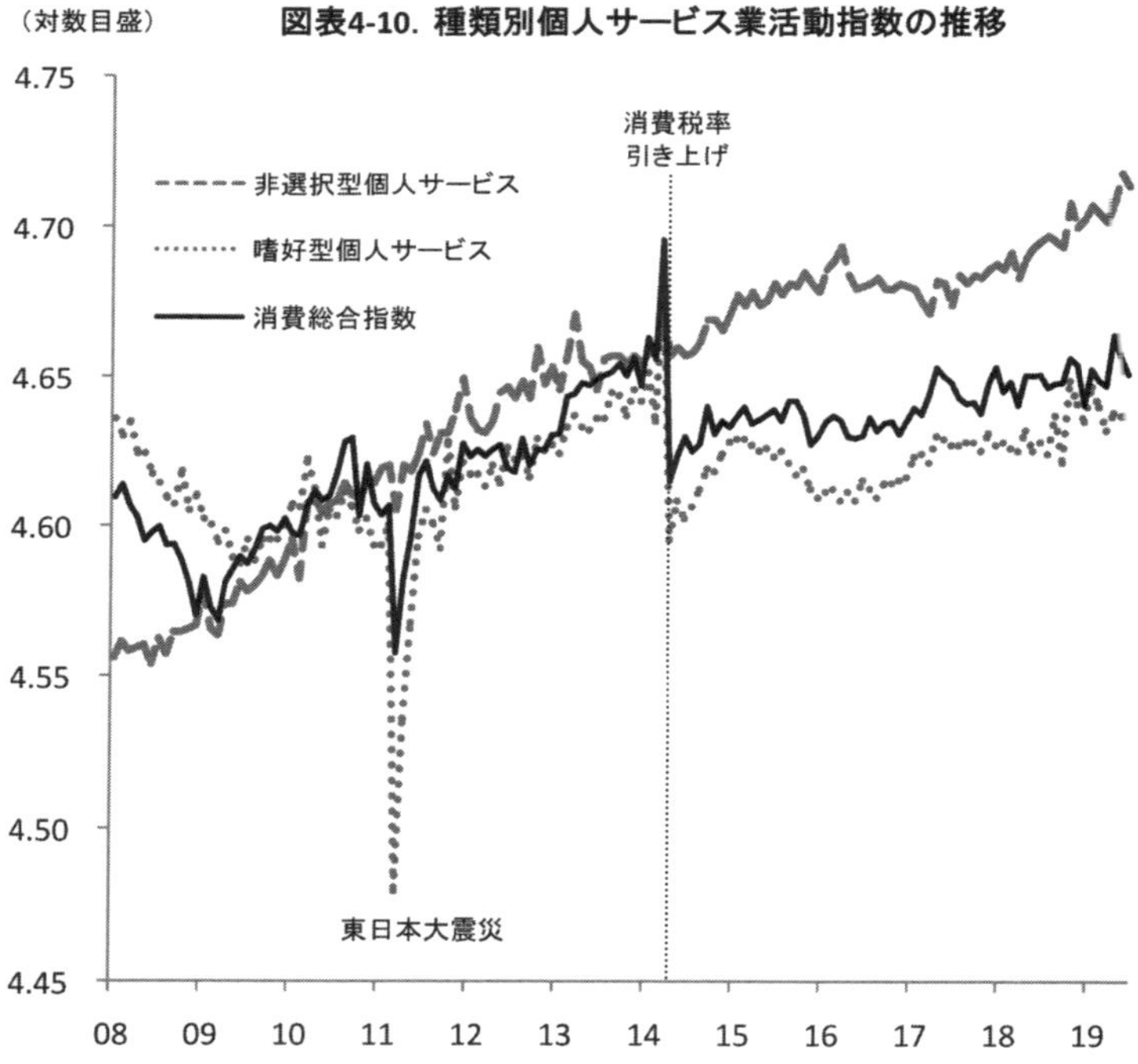


出所：内閣府、経済産業省

（対数目盛）　図表4-11. 飲食サービス業活動指数の推移

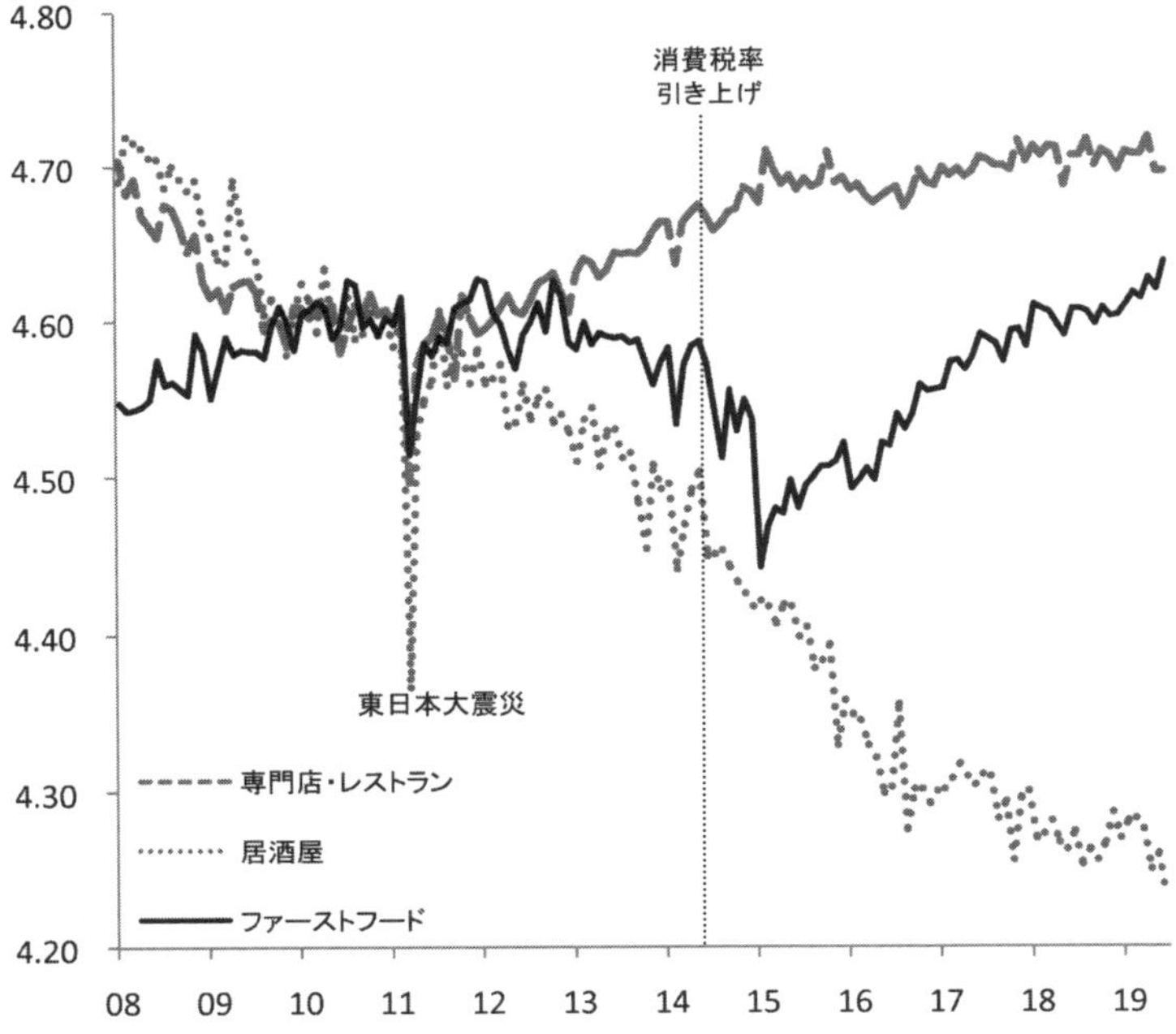


出所：内閣府、経済産業省

図表4-12. ゲームソフトとファーストフード

出所：内閣府、経済産業省

どの遊興施設でストレス解消して深夜に帰宅するという生活をしていた記憶があるが、今は、ファーストフード店でさっさと夕食を済ました後は自宅でゲームなどをして過ごすという形態に変わってきているということであろうか)。このようなライフスタイルの変化を反映してか、結婚式場の活動指数は右肩下がりで推移している(↓次ページ図表4－13)。

一方、軽減税率という「飴」の前に、「消費税率引き上げ賛成・容認」側になったメディアだが、その業況は着実に「右肩下がり」である(↓239ページ図表4－14)。

しかも、軽減税率の恩恵を受けながら、段階的に値上げをしている新聞も少なくないが、多くの消費者からは「無駄な消費」とされているようだ。もっともネット配信にシフトしているのかもしれないが、その場合でも、かなりのコスト削減と他の媒体との競争を強いられるであろう。

また、今回の消費増税では軽減税率の適用対象となったが、前回、2014年4月の消費税率引き上げ以降にその消費水準を大きく落としたのは、非耐久財と半耐久財である。

半耐久財は、衣料品やゲーム、スポーツ用品などであるが、その中に書籍が含まれる。

非耐久財は、食料品、電気ガスなどの公共料金、燃料などであるが、その中に新聞や雑誌が含まれる。

## 図表4-13. 冠婚葬祭サービス業

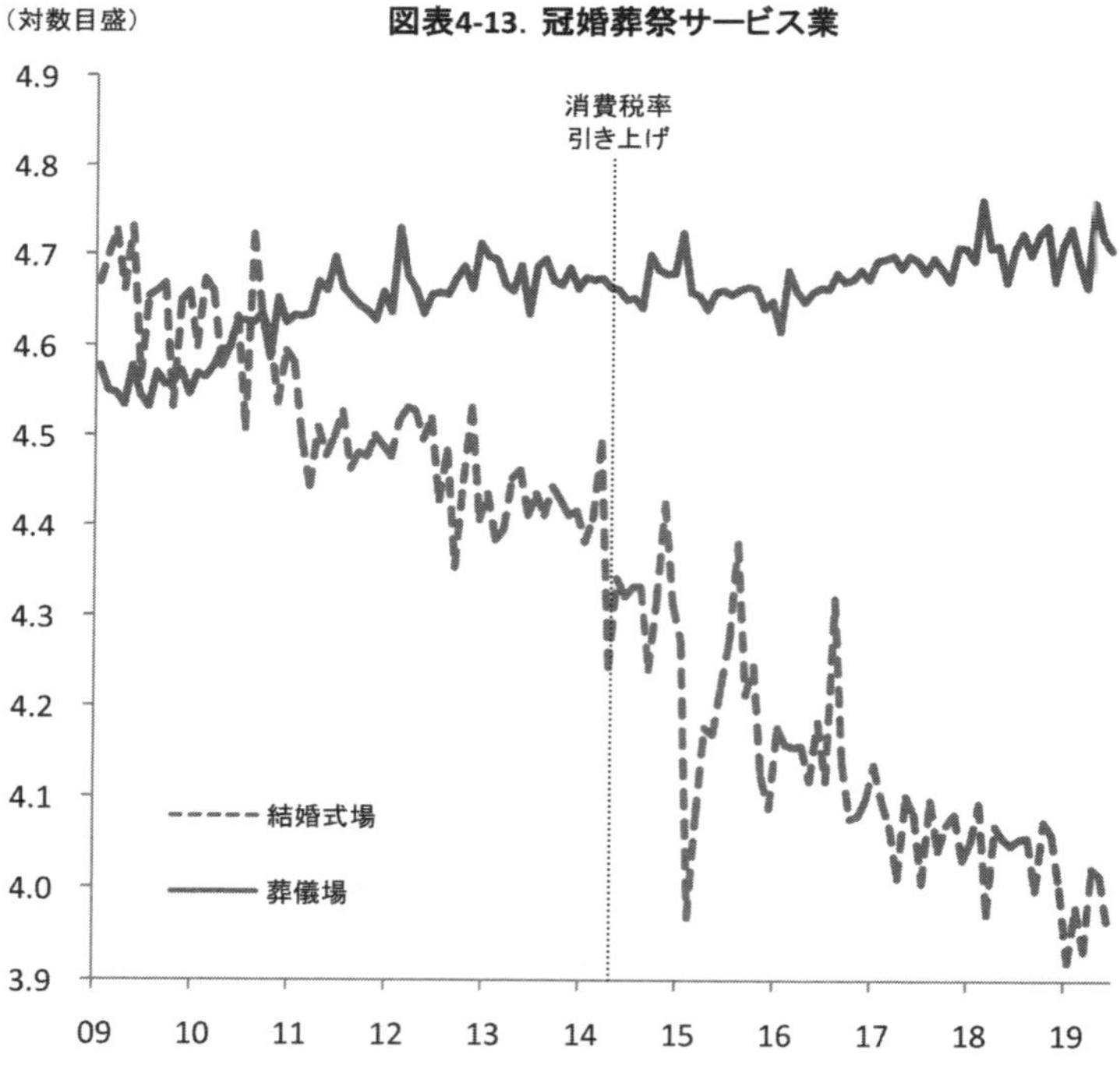


出所：経済産業省

**図表4-14. 新聞 VS インターネット**

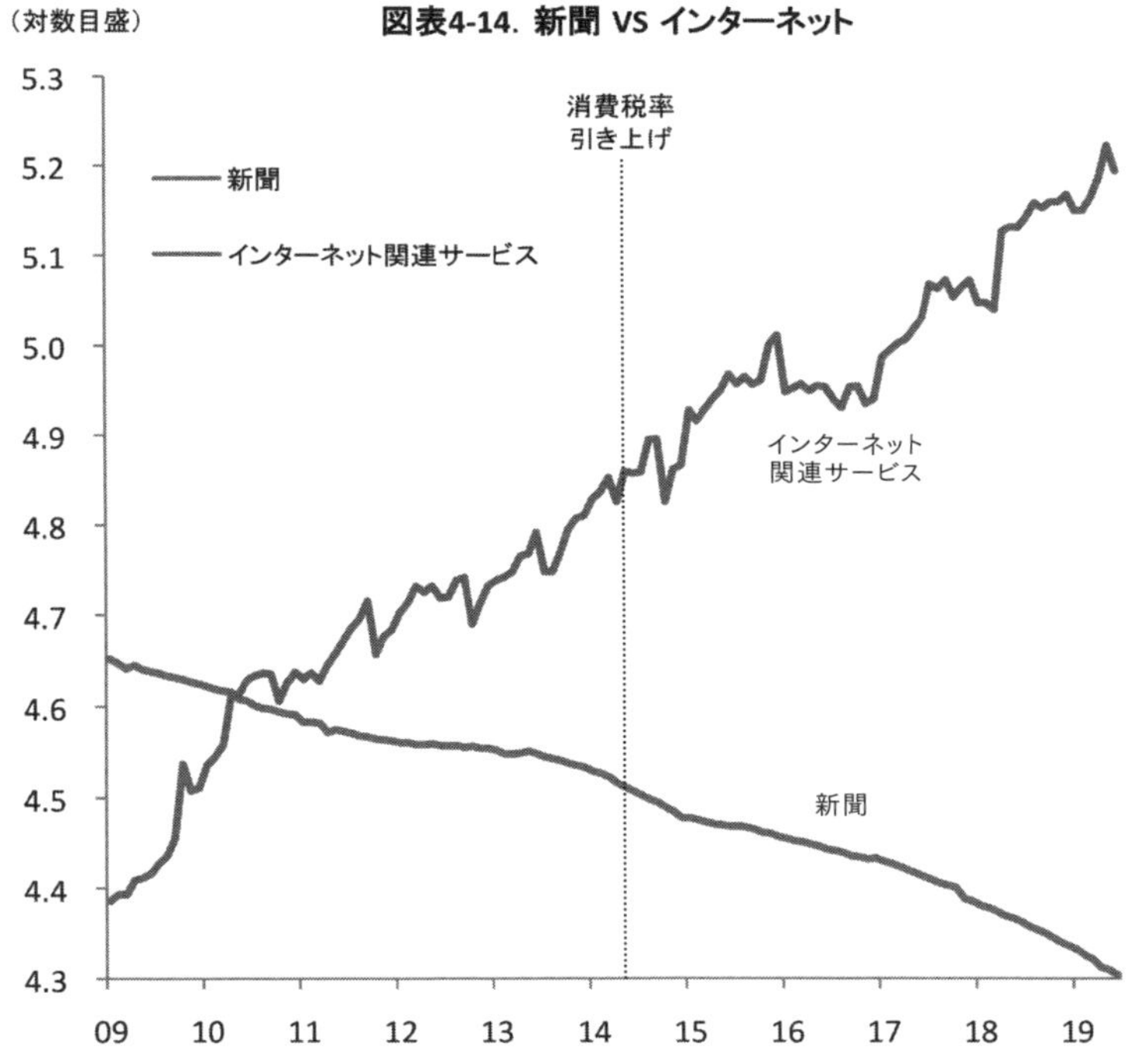


出所：経済産業省

特に非耐久財の品目をみると、家計自らの意思で積極的に減らすことが可能なのは、新聞や雑誌くらいなので、今回、いくら軽減税率の対象になったからといって、これらが生活に不可欠なものであるとの認識は低く、真っ先に経費削減の対象になっている姿が明確に浮き上がっている。

次に、10月の消費増税後に予想される状況だが、消費増税と「2000万円問題」が相乗効果を起こし、消費の減速が予想以上に大きくなった場合、小売業界を中心に熾烈な価格引下げ競争が勃発するというのが最悪のシナリオである。

特に、今回は消費増税の影響緩和策として、中小小売店とコンビニエンスストア（フランチャイズ含む）には政府支援によるポイント還元が認められている。一方、中長期的に売上高の減少に直面するスーパー（チェーンストア）などの大型小売店には政府支援のポイント還元が認められていない。このポイント還元の非対称性は、大型小売店に不利に働くと考えられる。消費増税時に便乗した値下げは禁止されているが、売上不振が際立つようであれば、頃合いをみて低価格戦略に訴えざるを得なくなるのではなかろうか。そうすると、内需セクター全体で、デフレ期で起きたような「仁義なき価格引下げ合戦」が勃発することにもなりかねない。

この「価格引下げ合戦」はマージンの縮小を意味するが、企業が十分な利益を確保できなくなれば、雇用の抑制、および設備投資の抑制というデフレ下での生き残り戦略に舵を切る懸念が出てくる。さらにいえば、このところ政府与党内で議論されている最低賃金引き上げの動きも、それ自体はよい政策であるかもしれないが、消費増税や一連の消費増税対策と同時に実施された場合、逆に雇用抑制要因として作用する懸念がある。

今回の消費増税の決定は、現在の雇用や設備投資の回復基調が続くという前提で、そのマイナスの影響は軽微であるとの判断で行われたものかもしれない。だが、現状のトレンドの先延ばしによる楽観論が実現するとは限らない。また、経済財政諮問会議では、景気悪化に直面した場合には躊躇なく財政出動するという話になっているが、そもそも増税した分を財政支出増で相殺しても、ますます将来の増税を意識した家計行動を強めるだけかもしれず、その場合には貯蓄率が上昇するだけになってしまう。

悲観論をいえばキリがないが、景気悪化（もしくは再デフレ）の局面での貯蓄増は、そのまま金融機関の運用難をもたらす可能性が高い。特に、今後、世界経済がより厳しさを増すとすれば、世界的な金利低下、株安という状況（日本もその例外ではない）に加え、マーケットでは「リスクオフの円高」になるリスクもある。国内の金融資産で運用できない金融機関が海外の金融資産（外債や外国株式）で運用しようとして失敗し、せっかく増やした貯蓄が大きく目減りすることになると目も当てられない。

以上より、筆者は、今回の消費増税のリスクは、それ自体が「リーマンショック級の経済危機」を日本にもたらすような劇的な効果ではなく、むしろ、「じわりじわり」と日本経済、特に内需を蝕んでいくことではないかと考える。劇的な悪化は対策を打つインセンティブを与えるが、「じわりじわりと蝕む」パターンの経済悪化は、一種の「諦観」をもたらしかねず、ある意味、劇的な悪化よりも筋が悪いというのは、「失われた20数年」の教訓ではなかろうか。

これらのシナリオが筆者の杞憂であればよいが、現在、まだ継続中の雇用環境の改善がピークアウトするようであれば危険であると考える。

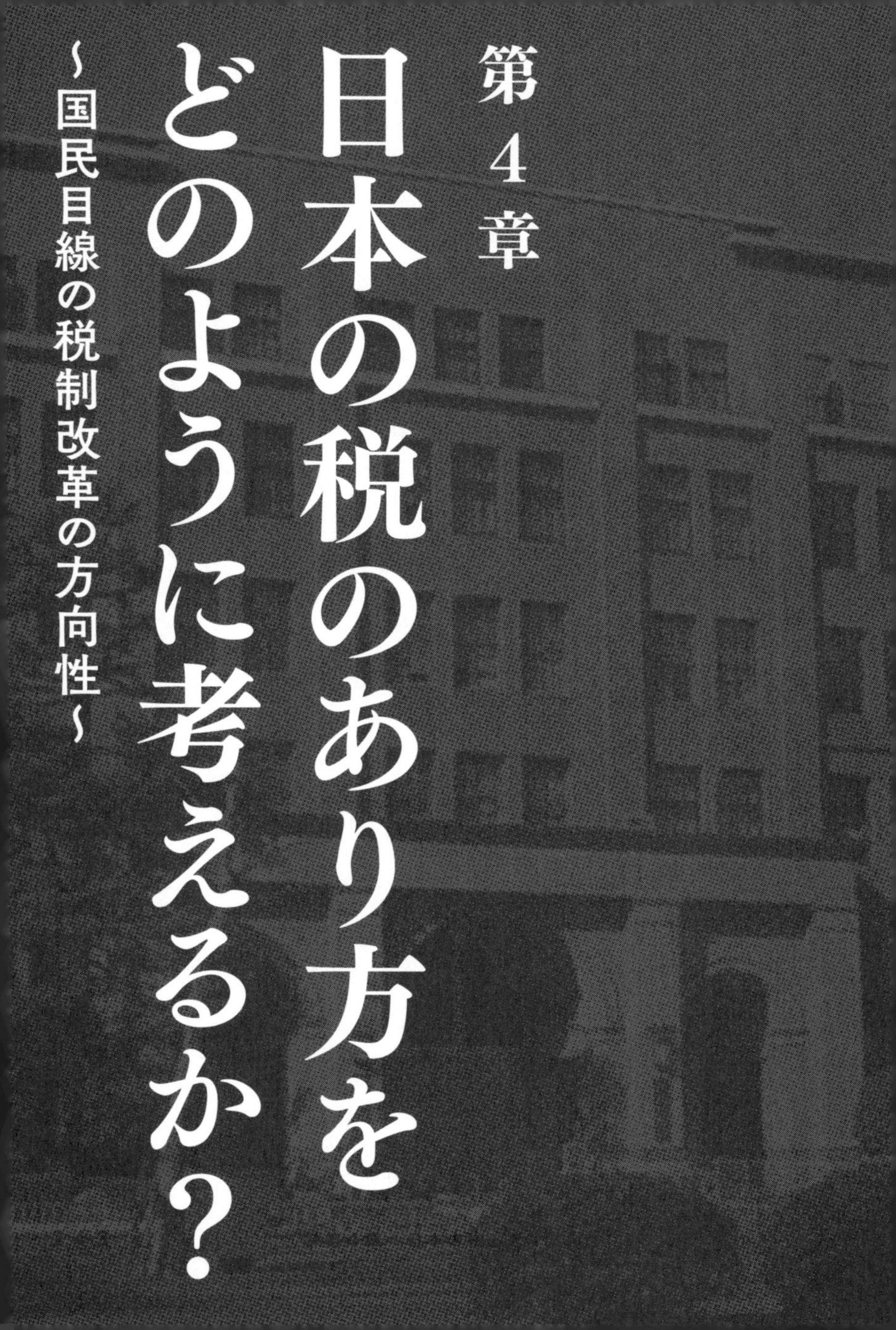

# 第4章 日本の税のあり方をどのように考えるか？

## ～国民目線の税制改革の方向性～

## 1. これまでの議論の整理とそのインプリケーション（結果として生じる影響）

本章ではこれまでの議論を整理しながら、今後の中長期的な日本経済の姿を描いてみたいと思う。残念ながら現時点で筆者の描く日本経済の姿はあまり明るいものではない。特に、今後は長期デフレで蓄積されたダメージが十分に癒えないまま、新たに少子高齢化のダメージが加わってくることが想定される。

筆者は２０１３年からのアベノミクスはそれまでの日本衰退の道をとりあえずは食い止めたという点で高く評価すべきだと考える。だが、残念ながら中長期的な衰退プロセスを完全に覆すまでには至っていないと考えている。その意味で、消費増税後に追加の需要拡大策が十分に出ないとなると、日本経済の将来は厳しい。

今回の一連の消費税率引き上げまでの政治的な動きを鑑みるに、さまざまな既得権益が「ゴルディウスの結び目」[*9]のように複雑に絡みあっており、いくら長期政権とはいえ、安倍政権がこれを10年弱の期間で解くのは難しかったのかもしれない。

ここで、これまでの議論を踏まえて筆者の見通しを整理すると、以下のように要約できよう。

❶10月の消費税率引き上げから日本は本格的な増税時代に突入する。

❷現在の政治状況を鑑みると、政権交代によって増税時代が阻止できる可能性は極めて低い。そして、さまざまな増税メニューのうち、消費税が選好される可能性が高い。消費税率は少なくとも20％超に向けて段階的に引き上げられていくのではなかろうか。

❸「アベノミクス」は基本的には、20年以上にわたる長期的なデフレによって失われた日本の経済的価値を取り戻す政策を実行してきたと考える。その甲斐あってデフレ克服まであとわずかというところまできたが、この先、デフレを本当に克服するためには、相当の覚悟をもってリフレーション政策を金融、財政両面から推し進めていく必要がある。

今後、デフレ解消に向けて日本経済を動かしていくためには、デフレの中で複雑に絡み合い、「凝固」した既得権益を解きほぐし、そして断ち切らなければならない。だが、現在、政策形成に深く関与している識者、専門家の多くが同時に既得権益を享受する立場にいる。

例えば、リフレーション政策や規制緩和を推進しようとしても、逆に多くの識者、専門家はそれを阻止する方向で動き、既得権益を擁護しようとしてきた。これが日本経済を長期的なデフレに陥れた構図であると考える。

❹2013年以降、日本経済はデフレ解消に向かって動いている。だが、2014年4月の消費増税率引き上げは明らかにデフレ解消の動きを阻害した。その後、外需の堅調などもあり、奇跡的に雇用の改善が進んだため、デフレ解消のプロセス自体が頓挫することはなかった。だが、今回の消費税率引き上げでは、外需のサポートが期待できないため、再デフレを誘発するリスクがある。

❺今回の消費増税自体が、すぐに破滅的な負の影響を日本経済にもたらすわけではないだろう。だが、影響は徐々にボディブローのように効いてくるのではなかろうか。特に消

費増税がもたらす深刻な問題は、さまざまな階層間での格差拡大であると思われる。その中で特に深刻なのは世代間の格差であり、世代間の断絶が経済面だけではなく、日本社会全体のリスクとなり得る。

❻しかも、現在40歳代を中心とする「ロスジェネ（失われた世代）」の高齢化の負の影響は深刻である。現時点での消費増税の緩和策は、30歳代までの「若年層」にその効果が集中している。この階層はいわゆる「子育て世代」であり、彼らに所得移転をすることは日本の将来にとってはいいことだが、「負のレガシー」である「ロスジェネ世代」に対する手当がほとんどされていない点は残念である。今後10〜15年で本格化する高齢化社会で高齢者の福利厚生を支えるのは、現在40歳代のこの世代であるが、彼らがそれより上の世代を社会保障等で支えることができるとはとても思えない。

❼非労働力人口（いわゆる無業者）の増減をみると、アベノミクスが本格的に開始された2013年以降、各年齢階層で減少基調が強まっているが、大きく減少しているのは、

30歳までの若年層と60歳代以上の壮年・高齢者層である。

30歳までの若年層については、企業の人手不足による新卒採用大幅増の影響を強く受けていると思われる。一方、50歳代以上は、例えば、給与水準を下げての再就職や非正規社員での採用増の効果だと思われる。

その一方で、40歳代、および50歳代の非労働力人口はリーマンショック以降、ほとんど変化がなく改善がみられない。

内閣府によると、40歳から65歳までの引きこもりの数が61万人と推計されているが、彼らの多くが属するいわゆる「ロスジェネ世代」の就職は思ったほど進んでいない可能性がある。（図表5－1、5－2）

したがって、この世代は他の世代よりも、社会保障コストを「負担する」能力に欠けている。現在の日本の社会保障制度は、現役世代の中でかつては所得水準が高かった中高年層がコストを支払い、彼らが高齢化し、社会保障の受益世代になったときに別の世代がそのコストを負担する、という世代間扶助の仕組みだが、この制度が崩壊するかもしれない。

図表5-1. 非労働力人口の推移（男女計）

（単位：万人）

| 年 | 総数 | 15〜64歳 | 15〜24歳 | 25〜34歳 | 35〜44歳 | 45〜54歳 | 55〜64歳 | 65歳以上 |
|---|---|---|---|---|---|---|---|---|
| 2008 | 4,407 | 2,162 | 735 | 286 | 316 | 236 | 590 | 2,244 |
| 2009 | 4,446 | 2,135 | 731 | 266 | 320 | 233 | 586 | 2,311 |
| 2010 | 4,473 | 2,117 | 724 | 255 | 319 | 230 | 589 | 2,356 |
| 2011 | 4,518 | 2,132 | 724 | 251 | 322 | 233 | 602 | 2,386 |
| 2012 | 4,543 | 2,097 | 719 | 240 | 319 | 235 | 584 | 2,446 |
| 2013 | 4,510 | 1,993 | 705 | 223 | 300 | 229 | 537 | 2,517 |
| 2014 | 4,494 | 1,915 | 698 | 214 | 284 | 231 | 490 | 2,579 |
| 2015 | 4,479 | 1,856 | 697 | 207 | 274 | 229 | 450 | 2,623 |
| 2016 | 4,432 | 1,772 | 678 | 189 | 264 | 225 | 416 | 2,659 |
| 2017 | 4,382 | 1,700 | 676 | 177 | 244 | 223 | 379 | 2,682 |
| 2018 | 4,263 | 1,591 | 639 | 159 | 219 | 223 | 350 | 2,672 |
| 2019 | 4,174 | 1,504 | 596 | 156 | 195 | 221 | 336 | 2,671 |
| 2019-2008（増減） | -233 | -658 | -139 | -130 | -121 | -15 | -254 | 427 |
| 2019-2012（増減） | -369 | -593 | -123 | -84 | -124 | -14 | -248 | 225 |

出所：総務省データより作成

図表5-2. 非労働力人口の推移（男）

（単位：万人）

| 年 | 総数 | 15〜64歳 | 15〜24歳 | 25〜34歳 | 35〜44歳 | 45〜54歳 | 55〜64歳 | 65歳以上 |
|---|---|---|---|---|---|---|---|---|
| 2008 | 1,454 | 613 | 378 | 39 | 29 | 29 | 140 | 841 |
| 2009 | 1,494 | 624 | 381 | 40 | 30 | 30 | 144 | 871 |
| 2010 | 1,513 | 621 | 376 | 39 | 30 | 28 | 149 | 893 |
| 2011 | 1,538 | 633 | 375 | 38 | 32 | 32 | 157 | 906 |
| 2012 | 1,566 | 634 | 370 | 39 | 35 | 35 | 156 | 931 |
| 2013 | 1,576 | 616 | 365 | 38 | 35 | 35 | 143 | 960 |
| 2014 | 1,583 | 597 | 361 | 39 | 33 | 38 | 127 | 986 |
| 2015 | 1,588 | 585 | 359 | 38 | 35 | 38 | 116 | 1,003 |
| 2016 | 1,582 | 562 | 349 | 36 | 35 | 37 | 106 | 1,019 |
| 2017 | 1,578 | 552 | 350 | 35 | 33 | 40 | 94 | 1,026 |
| 2018 | 1,542 | 523 | 333 | 32 | 31 | 40 | 86 | 1,019 |
| 2019 | 1,513 | 503 | 314 | 33 | 29 | 42 | 84 | 1,010 |
| 2019-2008（増減） | 59 | -110 | -64 | -6 | 0 | 13 | -56 | 169 |
| 2019-2012（増減） | -53 | -131 | -56 | -6 | -6 | 7 | -72 | 79 |

出所：総務省データより作成

❽したがって、このタイミングでの再デフレは日本経済にとっては致命傷であろう。再デフレは、現在の20歳代を中心に再び「ロスジェネ」を作る可能性が高いためである。若年層の雇用喪失が再びもたらされる場合には、日本の社会保障システムは崩壊の危機に瀕するだろう。

❾消費税率引き上げによる負の影響は、その後の政府与党の増税に対するスタンスで大きく変わってくるのではなかろうか。原点に立ち返り、「デフレ脱却」に回帰するような政策スタンスを取れば、ひょっとしたら衰退はさらに先送りできるかもしれない。だが、逆に増税・財政再建スタンスが強まるようなことになれば、再デフレを誘発する懸念がある。

## 2. 国家の衰退

コロンビア大学のグレン・ハバート氏とハドソン研究所のティム・ケイン氏の共著である『なぜ大国は衰退するのか』（日本経済新聞出版社２０１４年・文庫版２０１９年）は、古代ローマ帝国から中国王朝、かつてヨーロッパを支配したさまざまな覇権国家が衰退した要因を経済構造の変化という側面から整理した好著である。

その第８章に日本の事例が取り上げられている。この第８章「日本の夜明け」は、今後の日本の税制のあり方を考える上でも示唆に富んでいると思われるので、ここで紹介しつつ、筆者の考えを述べたい。

ハバート氏とヘイン氏は日本経済の成長史を囲碁になぞられている。彼らは、明治維新を契機に始まった日本の資本主義化を「国家管理型資本主義」の成功例と高く評価している。囲碁でいえば、日本オリジナルの定石（スーパーモデル）を見事に確立させ、それによってチャンピオンの座に一度は就いたということになるだろうか。

この日本の「スーパーモデル」だが、「政財官の連帯主義」が大きな特徴であったとしている。この本には具体的な記述はなかったが、これは、例えば、「財務省－日銀－銀行」という金融業界のヒエラルキーと大銀行を中心とした大企業グループ間の株式持合い構造、そして、グループ間での「危機のシェアリングシステム」に大きな特徴があったのではなかろうか。

ここでいう「危機のシェアリング」とは、何らかの要因でグループ内の企業が経営危機に瀕した場合には銀行を中心にグループ内の他企業が経営を下支えする、そして、この仕組みには政治や官僚によるサポートも不可欠である。そのような形でグループ企業の再建を支え、ときには経営陣を送りこむことによって短期的な利益を度外視してグループ一丸となって危機に対応する。そして、再建が見事に成功すれば中長期的には大きな利益を得るというシステムであった。

このグループの雇用システムでは、グループ内の社員は「ゆりかごから墓場まで」面倒をみることになる（終身雇用だけではなく、さまざまな側面で幼少期から退職後、葬儀まで手厚い保護が受けられる）。

この「モデル」は、すでに到達すべき目標が定まった「キャッチアップ型経済」では強

み を発揮する。したがって、「米国に追いつけ追い越せ」の80年代までは極めて有効に機能した。そして、「キャッチアップ型経済」に強いということで、韓国、台湾、シンガポールなどがこの日本型モデルを模範的モデルとして採用し、「東アジアの奇跡」を実現させ、これらの国は新興国では珍しく、「高所得国」になった。

だが、このモデルでは、企業家精神が育ちにくいという欠点があった。90年代に入り、ＩＴに代表されるベンチャー企業を中心とした最先端テクノロジーの開発がこれまでの経済成長のパターンを大きく変える局面になると、企業や産業のあり方が大きく変わることになる。

従来は、この日本型の資本主義システムにも強みがあり、それを維持していくことのメリットもあったが、２０００年以降のＩＴを中心とした技術革新は、日本型の「国家管理型資本主義」システムを完全に時代遅れの産物にしつつある。

ハバート、ケイン両氏は、日本が「国家管理資本主義」に変わる新たな定石を確立すべく「布石」を打つ必要があると説く。具体的には、

❶官僚機構が主導してきた各種規制を緩和し、規模の小さい企業がより自由な創造的活動ができるような環境整備をすること
❷国内部門での競争を阻害する既得権益の廃止

などである。

すでに日本のキャッチアップ型経済を支えた大企業を中心とした経済システムは崩壊しつつある。

例えば、株式の持合い構造はほとんど消滅したし、雇用法制の改正によって、企業が従業員の生涯の面倒をみるという制度も崩壊しつつある。そして、今まさに「フィンテック」の興隆によって、産業界全体における銀行の地位が急速に低下している。銀行がその資金力でもってグループを支えるということができなくなるかもしれない。

このような流れは、着実に旧来の「国家管理型資本主義」を崩壊させる方向で作用している。そして、今後の税制のあり方を考える場合、「特に規模の小さい企業がより自由な創造的活動ができる」という観点からの税制改革が必要となってくるように思える。

以上のような議論は、書店にあふれかえるＩＴ関連の本や著名な評論家たちの本で繰り返し言及されていることで、むしろ、陳腐な議論に分類されるかもしれない。だが、これらの構造変化に対する日本企業、特に大企業の対応は、場当たり的であり、既存の企業、産業システムを抜本的に改善するというよりも、既存のシステムを維持するために実施しているようにみえる。

## 3. 税の負担構造をどのように考えるか?

税制にはある種の「国家観」が反映される。例えば、キャピタルゲイン課税や有価証券取引税が高率な場合、極論すれば、国(政府与党)は株式投資を「博打」みたいなものだとみなしているということになろう。株式市場は資本主義の根幹をなす制度だと思うが、国はそれに対して否定的であるということだ。

そこで、株式譲渡益課税をみると、日本は申告分離課税で一律20%であるが、米国はキャピタルゲインの金額によって、0、15、20%の3段階の累進課税、イギリスは同じく10、20%の累進課税となっている。一方、ドイツは分離課税の場合は一律26・375%、フランスの場合は30%となっている(『図説 日本の税制』〔年度版〕財経詳報社による)。

株式譲渡益課税の税率をみる限り、日本は、英米のアングロサクソン諸国ほどではないが、仏独の大陸欧州諸国に比べれば、自由主義的な経済システムについての理解は比較的あるということになるだろう。

一方、家計の金融資産残高に占める株式等のウェートをみると、日本は10・9%、米国は36・2%、イギリスは7%（ただし、保険・年金のウェートが60%と米国の約2倍のシェアであり、間接保有比率を加味すると米国並みの保有比率になると推測される）、ユーロ圏は19・2%となっている。前述のように、日本の税制が株式投資に著しく不利というわけではない。むしろ、「貯蓄から投資へ」というキャッチフレーズの下、NISAなど、将来に向けた家計、および個人の資産運用のための制度整備を進めているといってもよい。

ただ、残念なことに、日本の株価は基本的には90年代初頭のバブル崩壊以降、30年弱にわたり低位で一進一退を繰り返しており、一般家計の資産形成には不向きな状況が続いている。これは、ほとんどの国の株価指数が長期にわたり上昇トレンドを維持しており、何も考えずに株価指数のインデックスに投資していれば自然と資産が増える状況であることと対照的である。（↓次ページ図表5－3）

そして、この日本の株価の低迷は、そのままほとんどゼロ成長で推移してきた実体経済とリンクしている。

日本の家計金融資産残高における株式のウェートの低さについてはいろいろと細かな議論がなされているが、デフレによる株価上昇率の低さに起因しているところが大きいと思われる。

**図表5-3. 1990年1月を100とした場合の日米株価指数の推移**

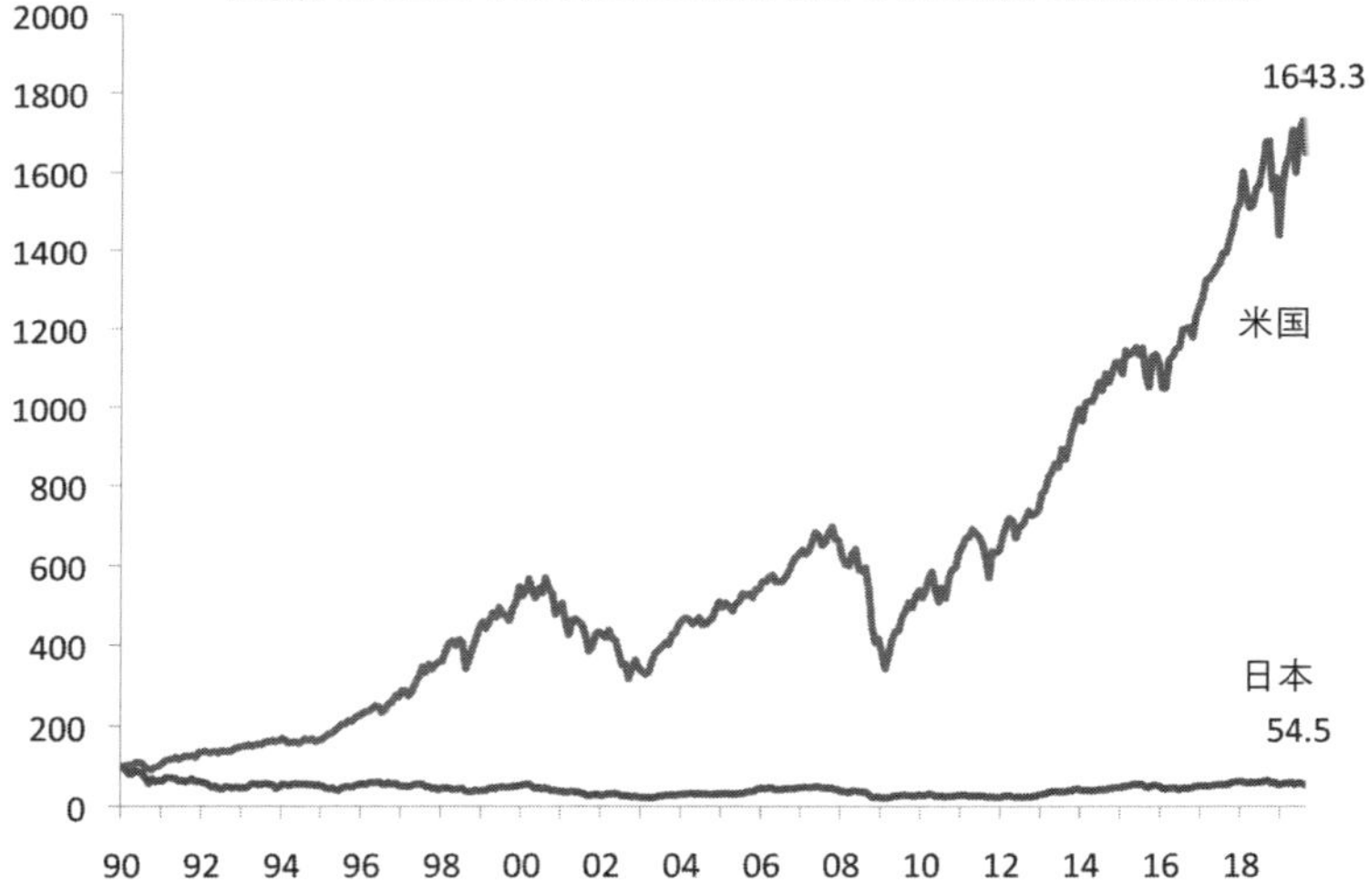


出所：FREDより作成

家計ばかりか、プロといわれるファンドマネージャーにも株式投資の成功体験が稀有なことが日本で株式投資が浸透しない大きな要因になっていると考えられる。

その意味で、経済政策での課題は日本経済を再び成長路線に戻していくことである。残念ながら10月からの消費増税は規定路線になってしまったが、それを打ち消すような大規模な財政出動を現状の金融緩和を持続させたままデフレ脱却まで続けることができるか否かが重要になってくるのではなかろうか。

ところが、増税については新たな不安材料が出てきた。参議院選後に少なくとも「負けなかった」ことによって、10月の消費増税は決まりとなったが、政府与党はそれに飽き足らず、「消費増税に対する信任は得られた」として早くも次の消費増税に向けて動く気配がある。古くからの持論を展開したとはいえ、自民党税制調査会の重鎮である野田毅氏の参議院選の投票日前に行った「消費税率20％発言」はその表われではなかろうか。

そこで、この消費増税のロジックをあらためて考えてみたい。なお、ここでは、政治的な要素（例えば、既得権益層への資金配分など）は考慮しない。

まず、消費税の特徴として、❶逆進性、❷（大）企業に有利な税制、が指摘されることが多い。

年収別の平均消費性向をみてみると、年収が多いほど概ね平均消費性向は低い傾向がある。消費税が消費支出の金額に比例して負担されるとすれば、所得に対する税負担の割合は低所得者ほど高くなる。これが「逆進性」といわれるものである。

この消費税と対照的なのが所得の累進課税である。これは、所得が高ければ高いほど所得税の税率が高くなっていく仕組みであり、所得に対する税負担の割合は低所得者ほど低くなる。

政府が増税を選択するときに消費税率引き上げを選択するということは、より高所得者にやさしい税制を選択したということになる。所得水準がある程度、労働生産性に連動しているとすれば、消費税率引き上げを選択するということは、労働生産性の高い労働者がさらに仕事に邁進するインセンティブを与えることになり、ひいては生産性の上昇によって国の潜在成長率を高めていこうという発想を政府が有していることを意味する。陳腐な言い方をすれば「ネオリベラリズム（新自由主義）」的な発想ということになるだろうか。

このような考え方は現在政府が推し進めている「働き方改革」にも現れている。「働き方改革」は単純にいえば、残業時間を減らして労働生産性を改善させ、その分個人の自由時間を増やそうという試みであり、4月から法制化され、ある程度の強制力を持つことになった。

筆者もサラリーマンの端くれだが、日本企業の場合、残業というのは半ば「慣習化」している側面も否定できない。そもそも残業とは、最初にビジネスプランがあり、そのビジネスプランに沿って業務をこなしながらも、突発的な出来事でプラン通りに業務が進捗しない場合に事後的に発生するものである。

だが、多くの企業において、（特にホワイトカラーは）労働者も企業も最初から残業ありきで日々の業務を行っている。また、そのためか、特に緊急の要件がなくても座席で多くの社員が時間をつぶしている光景も目にすることが多い。

確かにどうにも忙しく所定時間内の勤務で仕事が片付かないことも多々あるのは事実である。だが、最初から「残業ありき」での業務は得てして所定内労働時間中の生産性も低い。朝から夕方まで1日中何が決まるともわからないような会議で時間を費やし、本来の業務は残業時間で行うという経験はサラリーマンであれば誰しも経験しているだろう。

よく、日本の非製造業（サービス業）の労働生産性が他の先進諸国と比較して低いといわれるが、これは、業種の違いというよりもホワイトカラーの問題ではなかろうか。これを政府主導でなかば強制的に是正し、労働生産性を高めるとともに、できればベースの給料を引き上げようとする試みが「働き方改革」である。そう考えると、増税の手段として、所得税よりも消費税を選択するという政府の方針は、(労働生産性)が高い者に高い報酬が与えられるという仕組みを税制で支えることを意味しているのではなかろうか。そして、この場合、ある程度の所得格差が生れるのは必然であろう。

また、政府が消費税で税収を確保していく方針の別の側面としては、大企業を中心とした法人減税の流れがあると考える。この法人減税という流れは世界的な潮流となっている。世界の主要国で少子高齢化が進む中、各国は経済成長の源泉を「生産性の上昇」に求めていることは否定のしようがない。

そして、個別の企業ベースでみると、都市圏にさまざまな業態の企業が「集積」し、お互いの経営者や社員が「フェイス・トゥー・フェイス」で切磋琢磨することが高い生産性につながるという見方が都市経済学の研究成果として存在する。この研究成果に従えば、主要国にとっては、いかにグローバル企業を自分の国の都市圏に呼び込むかが成長にとっては重要であり、そのためのツールとして思い切った法人減税というのが選択されてきた。この動きは現在も続いており、例えば、イギリスは先進国では最低水準の法人税にまで下げる方針を固めている。

このミクロベースの国際競争に日本も参加しようとすれば、法人税率は今後も低下させなければならない。また、これと同じ文脈になるが、少子高齢化による社会保障費を保険料として徴収するというのは社会保障の議論では正しい論理だが、保険料の場合は企業と労働者が折半となり、企業にとっては事実上法人増税と同義になる。したがって、保険料率の引き上げは、ミクロベースの国際競争上不利となる。少子高齢化が加速度的に進む日本の場合はなおさらのことである。

経団連をはじめ、多くの企業団体が社会保障財源としての消費増税に賛意を示すのはこのためであろう。そして、政府も国際競争力を有する製造業が日本を離れ、日本の成長力がさらに低下していくのを防止するためには、消費増税を進めるという選択を行ったのだろう。


以上のように、税収における消費税のウェートを消費税率引き上げによって高めていくという政策は、「(国際)競争重視」の政策構想であり、このような政策で「格差」が生じるのはある意味必然である。その格差を財政的措置でどの程度緩和するかというのが政策課題になるだろうが、いずれにせよ完璧に「格差をなくす」ことはできないだろう。

その一方で、政府が「格差の縮小・ないしは解消」を第一の目標とするのであれば、消費増税は回避し、「応能原則（税を負担する能力が高い人がより多くの負担をする）」を適用すればよい（もしくはそれを主張する政党を国民が選択すればよい）。

その場合には、消費増税に代わって、所得税の累進強化や相続税・贈与税の税率の引き上げ（もしくは資産課税の強化）が実施されることになるだろう。ただし、これらの増税措置は、消費税にも増して「抜け道」が多く、平等に税を負担させることができるかどうかいまひとつ疑問である。また、人的資本（労働力）と金融資産等の海外流出から日本経済の空洞化と成長率の低下から日本の衰退を加速させる懸念がある。

筆者は消費増税に反対してきたが、これは、「いまはデフレ脱却を最優先する時期である」という認識からである（ちなみに「増税は必要なく、国債を増発すればよい」という考えもデフレ脱却という政策目標の遂行上の議論であると考える。これは、必ずしも「デフレ脱却後も一切増税は必要ない」という話ではない）。

消費増税によってデフレ脱却が遅れるか頓挫すれば、これは日本にとっては大きな損失だが、それを別とすれば、将来における消費増税は国民の選択の問題である。特に、ここまで言及してきたような国際情勢、および国内情勢の変化の大きな流れを踏まえると消費税を中心とした税体系にするということ自体はそれほど大きな誤りとは思わない。

ただ、これを選択するのは、国民の総意であり、消費増税を中心とした税体系に強く反対するのであれば、選挙で政権交代を実現させればよいだけの話である。

また、消費税を中心とした税体系にどうしても反対で、もし、「応能原則（税金を払うことができる能力がある人、つまり、富裕層が主体となって税を負担すべきという考え方）」を本当に平等に適用しようと思えば、中央銀行が記名制（誰にいくら現金を供給したかが記録されている）でデジタル通貨を発行し、マイナンバーカードもフル活用して、個々人のお金の使途（消費総額）を政府が完全に把握できるようにすればよいと考える。

この中央銀行によるデジタル通貨の発行は現在、さまざまな国の中央銀行で研究が進んでいる。日本銀行もそうだが、克服すべき課題が多く、まだ実用段階には程遠い。実用までにはなお時間がかかる見通しである。

筆者が考える中央銀行のデジタル通貨とは、現在流通している現金通貨をそっくりそのまま中央銀行が発行するデジタル通貨に置き換えてしまうことを意味する。

デジタル通貨にしてしまえば、中央銀行が直接個々人の端末(スマホやパソコンのソフト上)に収入に応じて通貨が送信することが可能になる(銀行経由でもよい)。さらに、誰にどの程度の現金(デジタル通貨)が送金されたかも追跡可能になる。追跡可能ということは、個々人の現金が記名式になるということと同義である。そして、現在の現金が、中央銀行発行のデジタル通貨にすべて置き換われば、すべての消費(海外での消費も把握可能だと思うが、少なくとも国内での消費)はすべて国家で把握可能となる。

これは現在の中国のキャッシュレス化で似たようなことが行われている。人の真の富裕度は消費スタンスに現れる。究極的には法人税は廃止し、すべてを個人税に集約させ、個々人の消費金額に応じて、所得、ないしは、保有資産の時価に対して累進で課税すれば、平等な「応能負担」になるのではなかろうか(場合によっては、個々人にデジタル通貨を発行する時点で、個々人にカスタマイズした税率によって、あらかじめ税を徴収した残りを発行することも、技術的には可能ではなかろうか)。

政府が個人の行動を監視しているようで、何とも恐ろしい話であるが、マイナンバー制度と中央銀行発行のデジタル通貨を使えば、消費者が使ったお金の金額から、所得や資産残高を総合した「富裕度」がある程度は把握可能となり、この「富裕度」に応じた課税を行えば、平等感は高まり、増税でも有権者の多くは納得するかもしれない。

ただし、これは極論であり、技術的にもクリアすべき課題は多いだろう。だが、応能負担を突き詰めると、このような税体系になるのではなかろうか。なんとも空恐ろしい話である。

筆者個人は、このような税体系には反対だが、より平等な課税制度が国民の総意で決まるのであれば、このような時代が来ることも覚悟しておかねばならないかもしれない。

思い起こしてみると、参院選が近づくにつれ、消費増税延期の憶測が見え隠れする展開が続いた。その発端は、2019年4月18日にインターネットTVの報道番組である「虎ノ門ニュース」にゲスト出演していた萩生田光一自民党幹事長代行（当時）が、「消費増税延期もあり得る」との発言を行ったことだった。これ以降、消費増税の再々延期の可能性が取り沙汰されてきた。

これに加え、「安倍総理は消費増税見送りを争点に衆議院の解散・総選挙を実施するのではないか」という思惑が台頭し、消費増税の是非がにわかに政治問題化した。

結局、消費税率引き上げは予定通り実施される運びとなったが、消費増税の3度目の見送りの期待感もそれなりにあった。特に今回は、世界的な景気悪化懸念も台頭しつつあり、このタイミングでの消費増税は日本経済に深刻なダメージを与えるという意見が従来よりも根強く、世論の大勢もこのタイミングでの消費増税断行には慎重であったように思える。安倍首相もそのリスクについては十分にご理解されていたであろう。

その一方で、与党の国会議員の多数は消費増税に賛成であるとの見方もある。特に、

「消費増税によって景気が悪くなったところで、財政支出を出せば与党の支持率は上がる」といった見方もあったようだ。

このような政治的な思惑はさておき、今回もし、消費増税見送りを理由に衆議院の解散・総選挙を実施するということであれば、与党の大勝という条件付きで日本株市場が再浮上するきっかけになり得たのではないかと筆者は考えていた（さまざまな情報を総合すると与党が大勝する可能性がかなり高かったとも考えている）。したがって、最終的には当初の予定通りに参院選が実施され、消費増税も10月実施ということになり、かなり残念であった。

衆議院の解散・総選挙での与党大勝をきっかけに日本株市場が再浮上したケースとしては、2005年8月の「郵政解散」がある。

当時の首相である小泉純一郎氏は、持論の郵政民営化を実現すべく、「郵政民営化法案」を国会に提出したが、2005年8月8日、参議院本会議で否決された。これを受け、小泉首相（当時）は衆議院を解散し、8月30日公示、9月11日投票という日程で衆議院選挙が実施された。

結果、与党は大勝したが、これによって、「小泉政権による構造改革が進展する」という期待感が海外投資家の間で高まり、日本株市場が上昇ピッチを強めるきっかけとなった。

これまで、消費増税に対する海外メディアの論調は、「財政再建、もしくは少子高齢化社会到来による社会保障費増に対応するために必要な措置であり、延期は国債格下げ等を通じて日本の財政状況をより厳しくする」という見方が大勢であった。だが、今回は、「ウォールストリートジャーナル」をはじめ、多くの海外メディアが、海外景気が悪化する中での消費増税は日本経済の体力を大きく損なうリスクが高いとして批判的である（海外投資家の多くも同様の意見であると聞いている）。

また、このところ、財政拡大を梃子《てこ》に現在の長期停滞という状況を打破すべきだという論調が保守、リベラル両陣営から出されており、このような状況での「消費増税見送り＋衆議院解散・総選挙」という選択は、日本株市場を活性化させる大きな「Catalyst（きっかけ）」になったのではないかと筆者は考える。

これに加え、もう一つ注目すべき点がある。それは、オーストラリアにおける選挙後の株価動向である。

オーストラリアは、5月18日、総選挙を終えた。事前の世論調査や選挙後の出口調査では、与党（現政権）の敗北・政権交代の可能性が高いとされた。だが、ふたを開けてみると、大方の予想に大きく反する形で、与党が勝利した。

オーストラリアにおける与党勝利の要因は、

❶減税（課税ベースの簡素化含む）
❷インフラ投資による財政支出拡大
❸規制緩和によるビジネス環境の整備

を経済政策の公約に掲げていた点であった。

オーストラリアでは、中国からの資金流入の減少もあり、不動産市況の悪化が著しく、全体の景気も加速度的に悪化しつつある。

通常であれば、景気減速局面での総選挙は現政権の経済政策批判によって支持を得やすい野党に有利なはずである。だが、オーストラリアの場合、野党は環境保護政策の強化や富裕層向け増税といった、景気減速をさらに加速させかねない逆行的な政策を打ち出して選挙戦を展開してしまった。このため、予想外の与党勝利となった。

**図表6-1. 5月17日を100とした株価指数の推移**

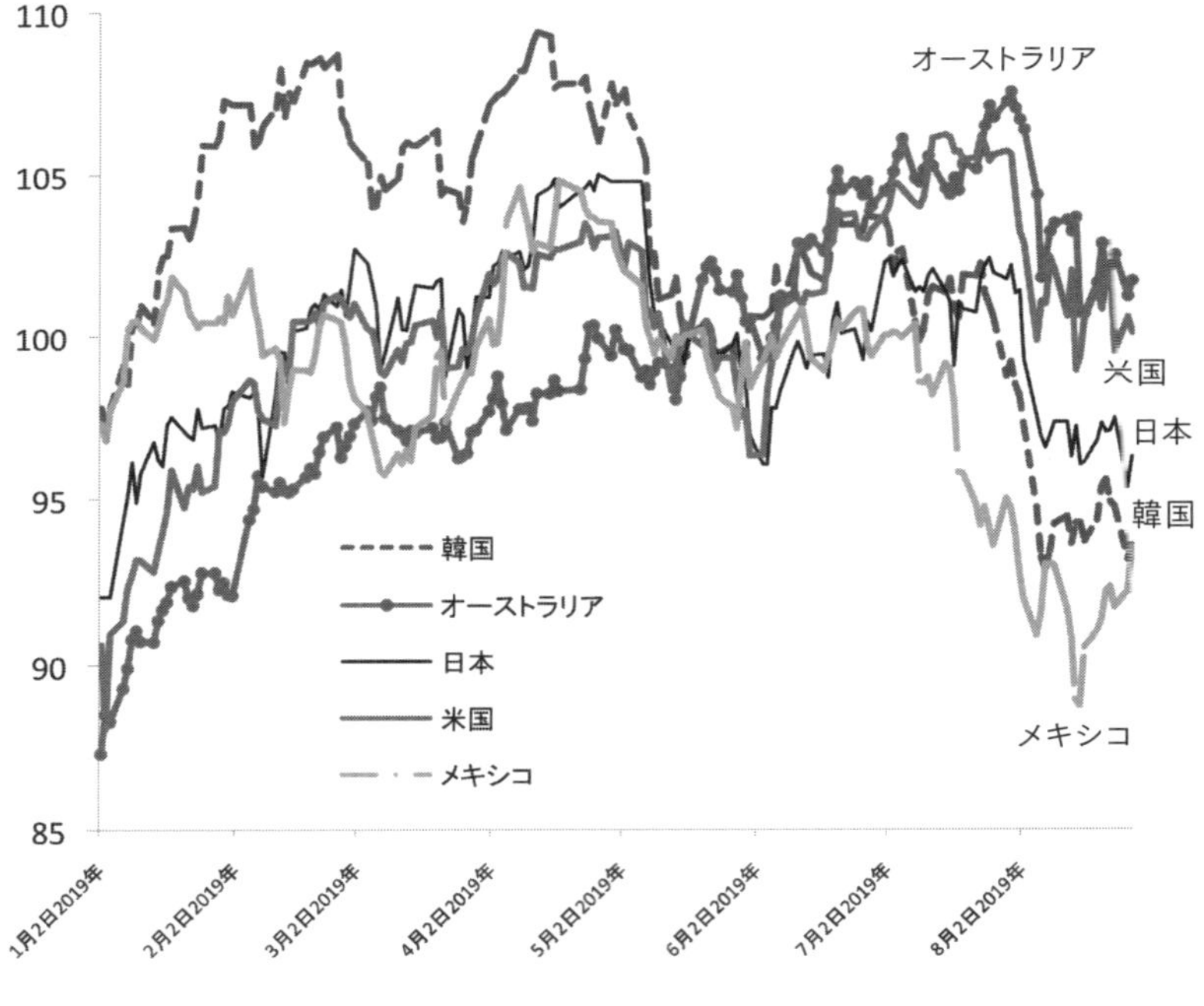


出所：各国統計より作成

その後のオーストラリアの株式市場だが、世界的な景気後退懸念と、主要国の株価指数が調整を余儀なくされる中、上昇基調で推移している（図表6－1）。

これは、世界の株式投資家が、オーストラリアの経済政策を高く評価したためだと推測される。

一方、これと対極にあるのが、メキシコと韓国である。

両国の経済政策の特徴は、あえて誤解を恐れずに言うならば、「誤ったリベラル」である。その代表格が「最低賃金の引き上げ」である。メキシコ、韓国とも現政権になってから最低賃金を引き上げた。また、メキシコは、さらに公共投資の無駄をなくすために配分の見直しを行うと同時に（これは、どこかの国の「事業仕分け」を彷彿とさせ、頭が痛くなるが）、公務員給与に上限を設定し、経費削減をはかった。

マクロ経済的な拡張政策がない状態での最低賃金の引き上げは、企業にとっては人件費負担の増加による収益減要因になるため、両国では雇用拡大ペースが大きく減速し、同時に設備投資の減少というマイナスの波及効果が出始めた。折りしも、両国とも外需の深刻な悪化の最中（韓国は中国の半導体需要の急激な落ち込み、メキシコは米国での自動車販売の不振）であったが、最低賃金の引き上げは、需要の悪化に拍車をかけることになった。

このように、メキシコと韓国の経済政策は典型的な「ポピュリズム政策の失敗」である。特に、2018年12月に政権が交代したメキシコは経済の悪化が次第に鮮明になりつつある。そして、この両国の株価だが、世界景気の減速が顕著になり始めた5月初め以降、下げ基調を強めている。

以上のようなオーストラリア、メキシコ、韓国の経済政策の事例を考え合わせた場合、環境保護や格差是正、もしくは財政再建という政策は、中長期的には正しい政策であるかもしれないが、世界景気が予想外に早く悪化しつつある現状という「誤ったタイミング」で行おうとすると、国民の支持を失うか、もしくは、政策失敗による景気悪化という深刻な「ツケ」を払うことになりかねないという教訓を示しているように思える。

参院選後の日本株市場だが、5月以降、上昇基調を強めるオーストラリアと下落基調を強めるメキシコ、韓国のちょうど中間に位置する。だが、5月以降の株価の動きをみると、「勝ち組（オーストラリア、米国）」から「負け組（メキシコ、韓国）」のほうに移行しつつあるようにみえなくもない。どうも株式市場は日本の「負け組み」入りを予想しているようないやな流れであった。

その中で参院選が終わった。「れいわ新撰組」や「NHKから国民を守る党（N国）」の議席獲得といったサプライズが局所的にはみられたものの、安倍政権を揺るがすような結果にはならなかった。個別の候補者をみれば悲喜こもごもという面はあったのかもしれないが、全体的にみれば「無風」に近かったのではなかろうか。

今回の参院選は、事前の予想では、安倍政権の消費税率引き上げに対する批判票が野党に流れる可能性が指摘されていた。確かに、与党で国会での改憲発議が可能な3分の2の議席は獲得できなかったという点で与党が勝利したとはいえないが、改憲に比較的前向きだといわれる「日本維新の会」の議席数を加えると、改憲可能議席数まであと4議席にまで迫っており、今後のやり方次第では、改憲発議は十分可能であると考える。その意味では、今回の参院選を総括すると、安倍政権は「負けなかった」と言っていいだろう。

今回の参院選において、立憲民主党をはじめとする野党は、与党に対抗して消費増税反対で足並みをそろえた。各種世論調査では、10月からの消費増税については、半数超（55～60％程度）の有権者が反対の立場だったので、選挙結果を考えると必ずしも消費増税反対の有権者がこぞって野党に投票したわけでもなさそうだ。

その理由ははっきりしているのではなかろうか。大阪で一応の実績を上げてきた「日本維新の会」を除けば、旧民主党を中心とした野党勢力が政権奪取したところで、本当に消費増税を見送ることができるかどうかが疑わしいからである。

旧民主党は、政権奪取を果たした際のマニフェスト(いまや死語になった感がある!)で、消費増税に頼らない財政再建を公約した。その帰結は、見かけ倒しの単なるパフォーマンスに終わった事業仕分けと野田政権下での消費増税決定(三党合意)であった。

そして、今回、立憲民主党は、介護・医療・保育分野での賃上げ、農業者戸別所得補償、年金の最低保障機能導入、公立小中学校の給食無償化などの公約を打ちだすと同時に消費増税反対の立場をとったが、消費増税に代わる説得的な財源を提示することができなかった。民主党政権の失敗の反省はなく、何も進歩していないことが露呈した。

国民民主党も同様である。国民民主党は、所得税の累進強化や金融資産に対する課税に加え、法人増税を打ち出した。

このうち、前二者(所得税、金融資産課税)については考える余地があるが、法人増税はあまりにポピュリスト的な政策である。

この法人増税は、「大企業を中心に租税回避が行われている」という議論を意識すると同時に、「家計重視」の姿勢をアピールすることで庶民受けを狙ったものだと推測するが、株式会社制度、および株式市場の現状を考えると、多くの企業は法人増税による収益減を、労働コストの抑制によって相殺しようとするだろう。

「働き方改革」を利用した残業規制による残業代の減少はすでに賃金の伸び率低下に表れているが、法人増税の実施は「働き方改革」を利用しての労働コストの引き下げをさらにエスカレートさせると同時に、正規社員から非正規社員への雇用形態の振り替えや、アウトソーシングや省力化投資増などの動きが加速させるだろう。これに加え、法人増税を財源に最低賃金の大幅引き上げを実施しようものなら、雇用環境は一気に悪化に転じ、日本経済は間違いなくデフレに真っ逆さまに落ちていくだろう。この、「代替財源として法人増税を」という発想は、かつてのマルクス主義の「資本家vs労働者」の亡霊であり、家計の世帯主の多くが企業で雇われていることを忘れている。全共闘世代のルサンチマンを若い党首が継承しているのをみて驚愕を禁じえなかった。

また、このような「企業を敵対視」した政策がもたらす不幸はすでに「リベラル政権」

が支配する国で確認することが可能である。経済状況を無視した大幅な最低賃金引き上げで景気が急速に悪化しつつある韓国やメキシコはその好例であろう。そして、最低賃金引き上げや法人増税による「負のスパイラル」は、資本主義ではある意味当然の帰結であると考えるが、これを防ごうとするならば、民間企業の経営に国が介入するしかない。国が企業経営に介入することによる労働政策(雇用の確保)、所得政策(賃金の確保)は、ナチスドイツを始めとする戦前の国家社会主義の典型的な経済政策である。ちなみにこのような政策思想は今回、2議席を獲得した「れいわ新撰組」の公約にもみられた。

その意味で、今回の参院選では、10月からの消費増税を決めた安倍政権に対する批判票の行き場がなくなってしまったのではなかろうか。その意味でやはり与党は野党のダメさに救われた。さすがに「消費増税が嫌だから国家社会主義を選択します」という有権者は一部のカルト以外にはいないだろう。

与党は、社会保障財源に消費税収の一部を充てるという方針を明確にしているのだが、それに対する野党は、消費税率引き上げに反対の姿勢を鮮明にしている。

まあ、それはいいとして、野党は例の「2000万円問題」が攻めどころと取ったのか、

「2000万円問題」をたてに、現政権の社会保障政策の不備を指摘する一方で、「一生安心できる社会保障・年金制度を再構築する」と主張することで参院選勝利を目指していたようだが、戦略的に大きなミスではないかと考える。

この「2000万円問題」、確かに消費税率を引き上げ、国民から所得の一部を召し上げる一方で、「老後の生活のすべてを国で面倒見切れないので、あと2000万円程度は自分で勝手に貯金してください」と言っているに等しく、多くの国民の怒りを買ったと思うのだが、国の年金だけで豊かな老後を送ることができないのは周知の事実であるため、現時点では、多くの家計は、怒りを投票行動にぶつけてあらためさせようというよりは、将来についてあらためて考えてみようというスタンスのほうが強いと思われる。

したがって、「2000万円問題」は与党にとっては確かに大きなミスであったが（それがわざわざ選挙のタイミングで金融庁から出てきた理由はよくわからないが）、今の野党の経済に対する実力ではそこを攻めても効果がない。現に、ほとんどの野党は社会保障・年金の財源に対してはあまり踏み込んだ発言はしていない。一般国民には負のイメージがあると考えているのだろうか、例えば、「（少なくともデフレ解消までは）国債の増発で賄う」というような発言は見られず、「法人税率の引き上げ（内部留保税に対する課税という意味も含まれているように推測する)」を主張することが多いような印象を持つ。

これは、「負担は家計ではなく企業に」ということだと思うが、多くの家計の世帯主が企業から雇用されている身であることを考えると、企業に対する増税は、収益環境の悪化につながるため、賃金の引き下げ圧力を高めることになる。また、そのために、正規社員の削減と非正規社員の拡充という流れも強まるかもしれない。

さらにいえば、従業員数自体を削減させる動きになる可能性もある。中小企業の場合は廃業の増加という話につながるかもしれない。かつてのマルクス主義的な「資本家vs労働者」のような構図は年金・社会保障問題の解決策にはならない。

以上より、社会保障費の財源問題で増税を主張する場合には、それが消費税でも法人税でも影響は「似たり寄ったり」になる可能性が高いということになる。野党が財源問題に対して増税という形態で真摯に向きあうのであれば、むしろ、資産課税の強化、もしくは相続税率の引き上げを主張すべきではなかったかと考える(それ以前に年金や社会保険料はきちんと徴収できているのかという問題もある)。しかし、これは、どちらかというと、高齢者に対して厳しい税制となるため、「選挙戦術」としては主張しにくい増税メニューということなるのだろう。

そう考えると、今回の参院選の争点のうち、将来の日本にとって極めて重要な問題である社会保障・年金問題、そして、その財源となり得る税制問題については、残念ながら、与党と野党で実質的にはそれほど大きな意見の相違はないということになるのではなかろうか。

＊6　ボラティリティ指数（VIX 指数：Volatility Index）【103 ページ】

米国シカゴオプション取引所によって、「S&P500 種指数」のオプション取引の値動きをもとに算出・公表されている指数のこと。この数値が高いほど、投資家が先行きに対して不安を感じているとされる。別名、「恐怖指数」とも呼ばれる。

＊7　リカーディアンの前提【113 ページ】

「リカードの等価定理（Ricardian equivalence theorem）」ともいう。米国の経済学者・財政学者ジェームズ・M・ブキャナンが、英国の経済学者デビッド・リカードに遡及して命名したもの。景気刺激のために政府が国債を発行し、減税、ないしは、財政支出を拡大させたとしても、その発行された国債の償還が将来の増税によって賄われると予想される場合、家計は貯蓄を増やして消費を抑制するため、減税や財政支出拡大は景気を刺激する効果を持たないとする考え方。

＊8　ドーマー条件（Domar's theorem）【135 ページ】

1940 年代にエブセイ・ドーマー（Evsey David Domar）によって提唱された、プライマリーバランス（基礎的財政収支）が均衡している状況下において、名目金利＜名目 GDP 成長率という関係であれば、財政破綻は起きないという定理。

＊9　ゴルディウスの結び目【244 ページ】

古代アナトリアにあったフリギアのゴルディウス王が結んだ縄の結び目。複雑な結び方をしたので誰も解くものがおらず、「これを解いた者はアジアを支配するだろう」と予言したが、アレクサンドロス大王が剣で切断しアジアを征服したという逸話から難題や難問を指す。「ゴルディアスの結び目」「ゴルディオンの結び目」「ゴルディオスの結び目」とも表記される。

## ■本文注釈

### ＊1　古典的なフィリップス曲線【65 ページ】

英国の経済学者アルバン・ウィリアム・フィリップス（Alban William Housego Phillips）が実際に英国において 1862 年～ 1957 年生じた現象から 1958 年に論文で定義した曲線。失業率が低いほど物価上昇率は高く，失業率が高いほど物価上昇率は低いという逆相関の関係を示した。

### ＊2　オーカンの法則【67 ページ】

米国の経済学者アーサー・オーカン (Arthur Okun) が 1962 年に提案した経験的に観測される関係則。米国において失業率が 1% 程度上昇すると，3% 程度の GNP の落ち込みに相当するとした。ただし他国においては、成長率と失業率の関係がアメリカほど明瞭でなく、そのままの形では適用できないとされる。

### ＊3　NAIRU（Non-Accelerating Inflation Rate of Unemployment）【67 ページ】

インフレを生じさせない失業率の下限のこと。「自然失業率」とも呼ばれる。失業率とインフレには相関関係があり、失業率が NAIRU の値を割り込むと、急激にインフレが加速すると考えられる。

### ＊4　イールドカーブ・コントロール【77 ページ】

イールドカーブとは縦軸に「債券利回り」、横軸に「債券残存期間」を取り、両者の関係を表す曲線を指す。

「イールドカーブ・コントロール政策」とは金融市場調節によって長期金利と短期金利を操作する金利政策で、日本においては、短期金利について日銀当座預金のうち政策金利残高にマイナス金利を適用し、長期金利について 10 年物国債金利がゼロ％程度で推移するように長期国債の買い入れを行うことを指す。

### ＊5　ソロスチャート【96 ページ】

為替相場を対比する二国の通貨流通量から読む方法。さまざまなバージョンがあるが、一般的には中央銀行が供給する「マネタリーベース」の比率を取ることが多い。

Herndon, Thomas, Michael Ash, and Robert Pollin. "Does high public debt consistently stifle economic growth? A critique of Reinhart and Rogoff." Cambridge journal of economics 38.2 (2014): 257-279.

## ■参考文献

ケネス・シーヴ、デイヴィット・スタザヴェージ『金持ち課税』みすず書房　2018年
グレン・ハバード、ティム・ケイン『なぜ大国は衰退するのか　古代ローマから現代まで』日経ビジネス文庫　2019年
安達誠司　Web版「現代ビジネス」各号
安達誠司『英EU離脱　どう変わる日本と世界』KADOKAWA　2016年
尾上修悟『BREXIT　民衆の反逆から見る英国のEU離脱　～緊縮政策・移民問題・欧州危機～』明石書店　2018年
尾上修悟『社会分裂に向かうフランス』明石書店　2018年
斉藤貴男『消費税のからくり』ちくま書房　2019年
上念　司『もう銀行はいらない』ダイヤモンド社　2019年
醍醐　聡『消費増税の大罪』柏書房　2012年
高橋洋一『消費増税は嘘ばかり』PHP新書　2019年
野口悠紀雄『超納税学』新潮社　2003年
野口悠紀雄『超納税法』新潮文庫　2004年
諸富　徹『私たちはなぜ税金を納めるのか　～租税の経済思想史～』新潮社　2013年
Bianchi, Francesco, and Leonardo Melosi. "The dire effects of the lack of monetary and fiscal coordination." Journal of Monetary Economics 104 (2019): 1-22.
Blanchard, Olivier. "Public debt and low interest rates." American Economic Review 109.4 (2019): 1197-1229.
Blanchard,Olivier and Takeshi Tashiro."Fiscal Policy Options for Japan."PIIE Policy Brief (2019)

# あとがき

最近は、ツイッターなど、いわゆる『ソーシャル・ネットワーキング・サービス（SNS）』を通じて一般の人々が自分の意見を比較的自由に世に問うことが可能になっている。筆者が、一応、専門分野としている経済問題についてもその例外ではない。

日本に限らず、「専門家」といわれる人々は、同時にその分野の利害関係者であることが多い。そのため、SNSが登場する以前は、一般の人々が何らかの知識を得たいと思って入手する情報は、往々にして利害関係者に有利な方向にリードするような形で発信されていた。

その点、SNSを通じた情報は多種多様であり、SNSを上手く利用すれば、従来よりも広い視点からものごとを考えることが可能になった。また、SNSを通じた多様な情報発信は、時には「専門家」にはない鋭い発想がなされている場合もあり、専門家の（意図的な）ミスリーディングな情報発信を抑制する効果もあるように思える。

その一方で、SNSを通じた情報発信には、比較的短い言葉で明確に情報を伝えねばならないという限界がある。そのため、非常にセンシティブな問題に対して極論がまかり通ることが多い。

本書のテーマである消費税の問題についていえば、従来は、財政学者が発信する情報のみがマスメディアを通じて発信されていた。したがって、世の中の多くの人が「増税は正しい政策で、かつ日本の将来のために必要なものである」と無条件に支持してきた。

だが、SNSでの消費税の見方は違っていた。さまざまな角度から反対の意見、もしくは、富裕層への所得増税などの代替案が多く見られた。そして、その結果、国民の消費税に対する見方も賛否両論で拮抗した。これはSNSの利点であろう。

一方、「極論」も多くみられた。「日本の財政破綻が近い」「国債が暴落し、日本経済が崩壊する」という賛成論者の意見や「今、消費増税すればリーマンショックが再来する」と反対論者の意見がその代表例であった。

筆者は、「エコノミスト」を職業とする者である。だが、財政の専門家でもないし、利害関係者でもない。また、データを用いた定量分析を日々行っているからか、「極論」をふりかざすことが苦手である。そこで、その「利点」を生かし、本書を執筆するにあたり、なるべく、客観的に消費税問題とその背景にある経済問題について考察することを心がけたつもりである。

最後に本書の企画、および編集を進めていただいたすばる舎の吉田真志氏に深く感謝申し上げる。

安達 誠司

【著者紹介】
安達 誠司（あだち・せいじ）

エコノミスト。1965年生まれ。東京大学経済学部卒業。大和総研経済調査部、富士投信投資顧問、クレディ・スイスファーストボストン証券会社経済調査部、ドイツ証券経済調査部シニアエコノミストを経て、丸三証券経済調査部長。
著書に『世界が日本経済をうらやむ日』（共著、幻冬舎）、『昭和恐慌の研究』（共著、東洋経済新報社、2004年日経・経済図書文化賞受賞）、『脱デフレの歴史分析―「政策レジーム」転換でたどる近代日本』（藤原書店、2006年河上肇賞受賞）、『恐慌脱出―危機克服は歴史に学べ』（東洋経済新報社、2009年政策分析ネットワーク賞受賞）、『円高の正体』（光文社新書）、『ユーロの正体―通貨がわかれば、世界がみえる』（幻冬舎新書）、『英EU離脱 どう変わる日本と世界 経済学が教えるほんとうの勝者と敗者』（KADOKAWA）、『ザ・トランポノミクス 日本はアメリカ復活の波に乗れるか』（朝日新聞出版）、『デフレと戦う―金融政策の有効性 レジーム転換の実証分析』（共編著、日本経済新聞出版社）ほか多数。

BookDesign：内川たくや（ウチカワデザイン）
カバー・扉写真：

消費税10%後の日本経済

2019年10月19日　第1刷発行

著　者――安達 誠司
発行者――徳留慶太郎
発行所――株式会社すばる舎
〒170-0013 東京都豊島区東池袋3-9-7 東池袋織本ビル
TEL　03-3981-8651（代表）03-3981-0767（営業部直通）
FAX　03-3981-8638
URL　http://www.subarusya.jp/
振替　00140-7-116563
印　刷――株式会社シナノ

落丁・乱丁本はお取り替えいたします

ISBN978-4-7991-0786-7